学前儿童健康教育

职业教育学前教育专业教材编写组 编

河南大学出版社
HENAN UNIVERSITY PRESS
·郑州·

图书在版编目（CIP）数据

学前儿童健康教育/职业教育学前教育专业教材编写组编．——郑州：河南大学出版社，2017.12（2018.8 重印）

ISBN 978-7-5649-3165-0

Ⅰ．①学… Ⅱ．①职… Ⅲ．①学前儿童—健康教育—高等职业教育—教材 Ⅳ．① G613.3

中国版本图书馆 CIP 数据核字（2017）第 323187 号

责任编辑　林方丽
责任校对　刘利晓
封面设计　郭　灿

出　版　河南大学出版社
　　　　　地址：郑州市郑东新区商务外环中华大厦 2401 号
　　　　　邮编：450046
　　　　　电话：0371-86059701（营销部）
　　　　　　　　0371-86059712（高等教育与职业教育出版分公司）
　　　　　网址：www.hupress.com
排　版　河南大学出版社
印　刷　开封日报社印务中心
版　次　2018 年 2 月第 1 版
印　次　2018 年 8 月第 2 次印刷
开　本　787mm×1092mm　1/16
印　张　12.5
字　数　266 千字
定　价　32.00 元

（本书如有印装质量问题，请与河南大学出版社营销部联系调换）

前　言

随着社会生活水平的逐渐提高，人们对"健康"的认识也逐渐加强，健康不再只是单纯的身体健康，学前儿童健康主要包括生理上的健康、心理上的健康与良好的适应性。

《幼儿园教育指导纲要》（以下简称《纲要》）明确要求："幼儿园必须把保护幼儿的生命和促进幼儿的健康放在工作的首位。"处于学前期的儿童，具有生长发育十分迅速但远未完善、心灵稚嫩纯洁但容易受到伤害、活泼好动但自我保护能力欠缺等特点。儿童身心发育的这些特点决定了健康教育是学前儿童教育的首要任务，是终身健康教育的基础，是幼儿园教育中最重要的组成部分。

为适应我国职业教育理论实践一体化教学改革的需要，现编写《学前儿童健康教育》一书。本书主要介绍了幼儿健康教育概述、学前儿童健康教育活动的目标与内容、幼儿园健康教育活动的设计与实施、学前儿童安全教育活动、幼儿园身体保健教育活动、幼儿园心理健康教育活动、学前儿童体育教育、幼儿园健康教育活动的评价。

本书适用于职业院校学前教育专业学生，也可作为相关人员的培训教材使用。

由于编者水平有限，本书难免有疏漏之处，敬请广大读者提出宝贵意见和建议，以使本书更臻完善。

编　者

目录

第一单元　幼儿健康教育概述 ………………………………… 001
　模块一　健康教育的含义 ……………………………………… 001
　模块二　学前儿童健康教育及影响健康的主要因素 ………… 006

第二单元　学前儿童健康教育活动的目标与内容 …………… 015
　模块一　学前儿童健康教育活动目标 ………………………… 015
　模块二　学前儿童健康教育活动内容 ………………………… 029

第三单元　幼儿园健康教育活动的设计与实施 ……………… 039
　模块一　幼儿园健康教育活动的设计 ………………………… 039
　模块二　幼儿园健康教育活动的组织形式 …………………… 051

第四单元　学前儿童安全教育活动 …………………………… 068
　模块一　学前儿童安全教育概述 ……………………………… 068
　模块二　学前儿童意外伤害 …………………………………… 077
　模块三　学前儿童安全教育的组织与指导 …………………… 086

第五单元　幼儿园身体保健教育活动 ………………………… 095
　模块一　学前儿童饮食与营养 ………………………………… 095
　模块二　学前儿童身体生长发育教育 ………………………… 102
　模块三　学前儿童生活常规教育 ……………………………… 110

第六单元　幼儿园心理健康教育活动 ……………………… 118
- 模块一　心理健康教育概述 …………………………………… 118
- 模块二　学前儿童心理健康教育的目标和实施 …………… 125
- 模块三　学前儿童常见心理卫生问题与对策 ……………… 132

第七单元　学前儿童体育教育 …………………………………… 149
- 模块一　学前儿童体育教育概述 ……………………………… 149
- 模块二　幼儿园体育活动的组织与指导 ……………………… 156

第八单元　幼儿园健康教育活动的评价 ……………………… 172
- 模块一　幼儿园健康教育活动评价概述 ……………………… 172
- 模块二　幼儿园健康教育活动评价内容与方法 …………… 177
- 模块三　幼儿园健康教育评价的组织与实施 ……………… 188

参考文献 …………………………………………………………… 194

第一单元　幼儿健康教育概述

【学习目标】
- 了解健康及健康教育的含义。
- 明确健康的标志及影响健康的主要因素。
- 理解学前儿童健康教育的含义、任务及意义。

模块一　健康教育的含义

从古至今，任何时代和民族无不把健康视为人生第一需要。健康是基础，健康是保障，健康是根本，健康是人类最宝贵的财富。享有健康是全人类共同追求的理想。同时，健康不仅是个人资源，更是社会的最重要资源，是经济发展、社会进步、民族兴旺的保证。达到尽可能高的健康水平，是全世界范围内的一项重要的社会性目标。正如古希腊大哲学家赫拉克利特的名言："如果没有健康，智慧就不能表现出来，知识无法利用，才能无从施展，力量不能战斗，财富变成废物。"可见健康对于我们每一个人来说是多么重要！

一、健康的含义

《辞海》对健康的定义是：人体各器官系统发育良好，功能正常，体质健壮，精力充沛，并具有良好的劳动效能的状态。事实上，健康是一个极具时代特征的综合概念。人们对健康的认识与理解，随着社会的发展和人类自身认识的深化，有一个不断更新、扩展，并赋予其更丰富内涵的过程。

1948年，联合国世界卫生组织（WHO）指出："健康是一种生理、心理与社会适应都臻于完满的状态，而不仅是没有疾病和摆脱虚弱的状态。"这是人类在健康认识上的一次飞跃，把健康内涵拓展到了一个新的认识境界。

世界卫生组织（WHO）1948年在其《世界卫生组织组织法》中提出了"健康不仅是没有疾病或不虚弱，而是一种身体上、心理上和社会适应方面的完好状态"的三维健康观。

生理健康是指身体各器官组织结构完整，发育正常，功能良好，生理生化指标正常。生理健康是人们正常生活和工作的基本保障，达不到这一点，就谈不上健康。

心理健康是指人格发展健全，智力、情感、意志行为活动正常，人际关系良好，社会适应能力强。据医学家测定，良好的心态能促进人体分泌出更有益的激素，能增强机体的抗病能力，促进人体健康长寿。

社会健康包括家庭教育、群体关系、社会环境、应变能力、处理角色的能力和工作能力等方面的内容。

道德健康是健康新概念中的一项内容，主要指能够按照社会道德行为规范准则约束自己，并支配自己的思想和行为，有辨别真与伪、善与恶、美与丑、荣与辱的是非观念和能力。巴西著名医学家马丁斯研究发现，屡犯贪污受贿罪的人易患癌症、脑出血、心脏病和精神过敏症；品行善良、为人正直、心怀坦荡则会心理平衡，有助于身心健康；有违社会道德准则，胡作非为，则会导致心情紧张、恐惧等不良心态，有损健康。由此可见，健康是人与环境之间、心理与身体之间整体关系和谐的结果。

二、健康的标志

世界卫生组织提出健康的十条标准是：

第一，精力充沛，能从容不迫地应付日常生活的压力而不感到过分紧张；

第二，积极乐观，态度积极，勇于承担责任，心胸宽阔；

第三，精神饱满，情绪稳定，善于休息，睡眠良好；

第四，自我控制能力强，善于排除干扰；

第五，应变能力强，能适应外界环境的各种变化；

第六，体重得当，身材匀称；

第七，牙齿清洁，无空洞，无痛感，无出血现象；

第八，头发有光泽，无头屑；

第九，反应敏锐，眼睛明亮，眼睑不发炎；

第十，肌肉和皮肤富有弹性，步伐轻松自如。

三、学前儿童健康

学前儿童健康是指学前儿童各个器官生长发育正常，能较好地抵抗各种疾病，性格开朗，情绪乐观，无心理障碍，对环境有较快的适应能力。

学前儿童健康主要包括生理上的健康、心理上的健康与良好的适应性。

（一）学前儿童的生理健康

儿童的生理健康是指儿童各个器官、组织的生长发育正常，没有生理缺陷，能有效抵抗各种急、慢性疾病，体质不断增强。体质是人体的质量，是一切生命活动的基础，健康是体质状况的反映和表现。儿童身体各个器官组织的正常生长发育、生理系统的正常运作是保证健康的前提。明显的生理缺陷必将产生生理障碍，因而，诸如器官组织的缺损或功能异常、视力不良、贫血、呼吸道感染等常见疾病，以及肥胖、瘦弱、体格生长偏离等，都属于不健康状态。

1. 生长发育良好

生长发育良好是指身高、体重、头围、胸围等各项体格发育指标、生理机能指标和生化指标符合健康标准，食欲好，睡眠好，精力充沛等。

考察儿童生长发育的规律，可以发现，生长发育是一个有阶段性和顺序性的连续过程。由于遗传基因及环境条件的差异，儿童的生长发育具有一定的个体差异性，但正常个体的发展过程基本稳定且差异幅度有限。虽然儿童身体各部分的生长速度不均等，但各系统统一协调。因此，儿童各个器官的大小、重量的变化以及身高、体重的增加速度，不同的儿童可以不完全一致，但总体发展水平必须保持在正常范围内，与同龄儿童的发展水平接近。

儿童生长发育最常用的评价指标是形态指标，即身体各部分在形态上可测出各种量度，如长、宽、围度及重量等。形态指标有身长（身高）、体重及头围、胸围、臀围、坐高、皮下脂肪、上下部量及指距等项目。其中，身长（身高）、体重及头围这三项指标不仅测试方便，而且能为准确评价儿童生长发育的水平提供重要信息。儿童生长发育评价标准参照国际通用的由世界卫生组织推荐的"0～6岁的幼儿体格发育标准"。

体格生长偏离是儿童生理的异常发育，主要包括低体重、消瘦、肥胖和身材矮小。其中，低体重是指儿童的体重比相应年龄组人群按年龄的体重均值数低两个标准差以上；肥胖指体重超过身高计算的标准体重的20%以上，超过20%～30%为轻度肥胖，超过30%～50%为重度肥胖；身材矮小（又称侏儒）是指儿童身高比相应年龄组人群按年龄的身高均值低两个标准差以上。导致儿童体格生长偏离的原因是复杂的，包括遗传因素、营养因素、疾病因素、体质因素、心理因素等。

2. 机体对内、外环境有一定的适应能力

机体有一定的适应能力是指机体具有一定的抵抗疾病的能力，较少得病；对冷热等环境的变化具有适应能力；能适应多种体位（如旋转、摆动等）变化。

儿童常见疾病主要有呼吸道疾病、消化道疾病、营养性疾病、先天发育不良等，世界卫生组织将"小儿四病"（即缺铁性贫血、维生素D缺乏性佝偻病、肺炎、婴幼儿腹泻）列为世界范围内的重点防治对象。

3. 体能发育良好

体能发育良好是指学前儿童的活动能力发展正常，各种基本动作（如转头、抬头、翻身、坐、爬、站立、走、跑、跳等）适时出现；肌肉较有力，身体动作较平稳、准确、灵敏和协调；手眼的协调能力发展良好等。

(二) 学前儿童的心理健康

心理健康是人的内心世界与客观环境的平衡，是自我与他人的平衡。当前对心理健康的界定尚不统一，但一般人认为心理健康的个体具有以下特征：有幸福感和安全感，遵守社会规范，适应周围环境，能够调节人际关系，具有应变、应急及从疾病或危机中恢复的能力，具有自我实现的理想和能力。

儿童时期是培养心理健康素质的重要时期，心理卫生已越来越受到人们的高度重视。儿童心理健康是指儿童整个心理活动和心理特征的相互协调、适度发展、相对稳定，并与客观环境相适应的状态。

从医学专业上讲，人们的心理健康只有相对标志，没有绝对界限，只有量的变化，没有质的区别。众多医学专家、儿童心理和教育专家主要从动作、认知、情绪、意志、行为及人际关系等方面衡量儿童的心理健康。

儿童心理健康的标志有如下几个方面。

1. 动作发展正常

动作发展与脑的形态及功能的发育密切相关，幼儿躯体大动作和手指精细动作的发展水平处于正常范围是心理健康的基本条件。

2. 认知水平发展正常

一定的认知能力是学前儿童生活与学习的重要条件。学前期是儿童认知发展最为迅速的时期，保护儿童的大脑不受损伤或不适宜的刺激，可有助于预防学前儿童产生不健康的心理。心理健康的儿童智力是正常的，多数孩子的智商在 65～115 分。他们能够适应一定的学习和生活，与周围环境取得平衡。天才儿童的记忆力极强，对事物观察细致，想象力丰富，才智超群，有独立的、独创的、机敏的、充满活力的人格特征。智力低下的儿童社会适应能力差，常常不能适应幼儿园的集体生活与学习，心理压力大，需要特殊的教育和护理。

3. 情绪健康、反应适度

心理健康的儿童以积极的情绪表现为主，充满了喜悦与欢乐，这样的情绪有助于提高活动效率，多会受到父母和邻居的表扬与称赞，而积极的情绪得到强化会使孩子进入良性循环。儿童也有喜、怒、哀、乐，健康的孩子也会出现短时间的消极情绪，当消极情绪表现得太过分、太频繁，如焦虑、恐惧、强迫、抑郁等情绪反复出现，就难以称得上心理健康了。

4. 人际交往和谐

儿童的人际交往关系主要是指他们与父母、教师以及同伴之间的关系，从这些人际交往中可以看出儿童的心理健康状态。

儿童之间的交往活动是一种全新的人际关系的体现，它既是维持心理健康的重要条件，也是获得心理健康的必要途径。心理健康的幼儿乐于与人交往，能与伙伴合作，会跟伙伴快乐地游戏。心理不健康的幼儿，其人际关系往往是失调的，或自己远离同伴，或成为群体中不受欢迎的人。

5. 性格特征良好

性格是个性中最核心、最本质的表现，它反映为人对客观现实的稳定态度和习惯化了的行为方式。心理健康的儿童性格相对稳定，具有开朗、热情、大方、勇敢、主动、合作等性格特征；心理不健全的儿童性格发展不良，表现出胆怯、冷漠、孤僻、自卑、缺乏自尊心等性格特征。

6. 没有严重的心理卫生问题

心理健康的儿童3岁前就有意志的萌芽表现，能初步借助言语支配自己的行动，表现出独立行动的愿望。3岁后，意志中的自觉性、坚持性和自制力得以发展，但总的来说，发展有限。意志不健全的孩子挫折容忍性差，怕困难，做事三心二意，注意力不集中，缺乏自控力，在行为表现上前后矛盾、思维混乱，行为反应变化无常，为一点小事就要大发脾气，或是对强烈的刺激反应淡漠。

（三）良好的社会适应能力

社会适应是指个体为了适应社会生活环境而调整自己的行为习惯或态度的过程。在社会生活中，每一个人都有人际交往、合作、友情、尊重等愿望和需要，这些需要的满足，都依赖于自己对社会的适应，同时，它们又能促进个体社会适应能力的发展。如幼儿需要一定时间的睡眠和休息，需要合理的营养，需要适当的运动；幼儿需要一定的安全感，需要依赖于成人并受到成人的保护；幼儿需要爱，需要自尊，需要被同伴接受；需要独立，需要自己动手去解决一定的生活问题等。对幼儿来说，良好的社会适应能力主要表现在以下三个方面：

（1）能较快地融入集体生活的能力；

（2）乐于与人交往合作，有良好的人际关系的适应能力；

（3）能积极主动地应付各种压力，以保持他们与环境之间及自身内在的平衡的能力。

延伸阅读

卫生部办公厅关于开展全民健康生活方式行动倡议书

（卫办疾控发〔2007〕189号）

2007年9月1日，卫生部发布《全民健康生活方式行动倡议书》，全文如下。

健康是人的基本权利，是幸福快乐的基础，是国家文明的标志，是社会和谐的象征。在全面建设小康社会的过程中，我国人民的健康水平明显提高，精神面貌焕然一新。然而，社会发展和经济进步在带给人们丰富物质享受的同时，也在改变着人们的饮食起居和生活习惯。与吸烟、酗酒、缺乏体力活动、膳食不合理等生活方式密切相关的高血脂、高血压、高血糖、肥胖等已成为影响我国人民健康素质的大敌。

面对不断增加的生活方式病，药物、手术、医院、医生的作为受到限制，唯一可行的是每个人都从自己做起，摒弃不良习惯，成为健康生活方式的实践者和受益者。为此，卫生部疾病预防控制局、全国爱国卫生运动委员会办公室与中国疾病预防控制中心以"和谐我生活，健康中国人"为主题，共同发起全民健康生活方式行动，并向并能运用所学会的保健技能保护和增强自身和他人的身心健康，预防各种疾病的发生，提高个人及全民族的健康和素质水平。日本教育家小原国芳认为，人类文化有六个方面，即学问、道德、艺术、宗教、身体、生活等。学问的理想是真，道德的理想是善，艺术的理想是美，宗教的理想是圣，身体的理想是健，生活的理想是富。教育的理想就是创造真、善、美、圣、健、富这六种价值。幼儿健康教育既是帮助幼儿实现"身体理想"的唯一捷径，也是使其他教育理想成为现实不可或缺的重要活动。

（二）幼儿健康教育的意义

《纲要》明确要求："幼儿园必须把保护幼儿的生命和促进幼儿的健康放在工作的首位。"可见，对幼儿进行健康教育具有十分重要的意义。

1. 幼儿健康教育是保护幼儿健康成长的特殊需要

幼儿的身体和心理处于不断生长发育的阶段，身体器官的发育尚未完善，比较娇嫩，易受损伤；机体的免疫功能还不健全，容易感染多种传染病；幼儿心理发展迅速，容易受到多重因素影响，发生多种行为问题和心理异常。例如，幼儿骨骼尚处于骨化过程中，如不注意坐、立、走的姿势，就容易发生脊柱弯曲变形。世界卫生组织的资料显示：在发达国家3～15岁的儿童中，发生持久且影响社会适应等心理问题的比例达到5%～15%。因此，幼儿应接受适当的健康教育，参与力所能及的健康活动，以学到更多的健康知识，改善自己的健康态度，形成有利于自身和他人的健康行为。

2. 幼儿健康教育是保证幼儿全面发展的基本条件

幼儿园教育的目标是促进和保证幼儿在体、智、德、美等方面的全面发展，而幼儿的全面发展必须有健康教育和卫生保健措施的保证才能实现。我们在生活中可以看到，体弱多病的幼儿通常精神萎靡、情绪低落、少言寡语、注意力不集中、学习困难又易疲劳，而健康的孩子则精力充沛、活泼敏捷、理解力强、学习轻松、注意力集中而持久。这说明身心健康是幼儿全面发展的基础条件。因此，必须重视幼儿健康教育，这样不仅能提高幼儿的生命质量，而且能为其以后一生的健康奠定基础，赢得时间。

3. 幼儿健康教育是国家、民族发展的需要

《中共中央国务院关于深化教育改革，全面推进素质教育的决定》指出："健康的体魄是青少年为祖国和人民服务的基本前提，是中华民族旺盛生命力的体现。"幼儿的健康直接关系到国民的素质和国家的前途。人类的发展，社会的进步，需要一代又一代人的不断努力和创造，而科学技术的进步，国家经济的发展，乃至整个社会文明的进步，在根本上都取决于人口素质的提高。幼儿健康教育对幼儿了解一定的健康知识，养成良好的生活、卫生、行为习惯，促进幼儿正常生长发育，预防身心疾病，提高其身心健康水平有着非常积极的意义。幼儿健康教育效果的好坏，明显影响到个人素质和民族素质。因此，进行幼儿健康教育是提高人口素质的关键之一。

（三）幼儿健康教育的任务

1. 传授健康的基本知识

幼儿健康教育的一个重要方面就是健康知识的传授，它是使幼儿确定健康信念和行为的基础。有时儿童的不健康行为和习惯，往往是由于他们缺乏健康知识造成的。例如，有的幼儿在集体生活中不能很好地被其他小朋友所接受，是因为他们不懂得应该怎么与别人交往；有的幼儿刷牙的方法不对，是由于他们不知道该如何正确刷牙。所以，幼儿对健康知识的掌握对他们的健康行为和习惯的形成起着积极的指导作用。教师和家长在传授卫生保健知识时也要考虑幼儿的身心发展水平和理解能力，如对较小的幼儿进行健康知识传授时可以结合日常生活来进行，不必非得要求系统性。健康教育也可以寓于讲故事或游戏中，把知识性和趣味性结合起来，才能引起幼儿学习卫生知识的兴趣。

2. 树立健康的态度和信念

态度是情感领域的一个重要方面，幼儿有了对待健康问题的正确态度，才能将知识转化成健康的行为和习惯。一个人的态度和信念一旦确定，就不容易改变，并能对他们的行为起到直接的、持久的影响作用。对于幼儿而言，为了培养他们形成自我保健的意识和能力，就要使他们确信：只要自己掌握了必要的卫生保健知识，从小养成良好的卫生习惯，自身的健康就不必完全依赖于医护人员和他人。例如，在进行计划免疫时，有些幼儿因为怕疼而不愿意注射预防针，可向他们讲明注射预防针的作用和好处，使其自愿接受注射。这样，有了健康的态度和信念，幼儿才能逐渐学会自觉地利用一切有益于自身健康的保健机构和保健服务，从而增进自身的健康。

3. 培养健康的行为和习惯

幼儿正处于人生的初始阶段，一切都要学习，可塑性强，自控能力较差，既是养成良好行为习惯的关键时期，又是沾染不良行为习惯的危险阶段，如果不适时培养幼儿良好的行为习惯，便会错失良机，使其养成不良的行为习惯。所以，探讨幼儿健康行为建立、改变和巩固的一般规律是幼儿健康教育研究的重点。

（1）健康行为的定义。

健康行为指人们为了增强体质和维持身心健康而进行的各种活动，如充足的睡眠、平衡的营养、运动等。健康行为不仅能使人不断增强体质，维持良好的身心健康和预防各种行为、心理因素引起的疾病，而且能帮助人们养成健康习惯，因为多发病、常见病的发生多与行为因素和心理因素有关，而且各种疾病的发生、发展最终都可找到其与行为、心理因素的相关性。可见，健康行为是保证身心健康、预防疾病的关键所在。

（2）健康行为的特征。

健康行为具有以下八个特征，这些特征也可以作为健康行为的标准。

① 有利性，即行为表现对自身、他人、环境有益。

② 规律性，即行为表现有一定的重复性，如起居有常，饮食有节。

③ 适宜性，即行为强度在常态水平及有利健康的方向上。

④ 习惯性，指已形成动力定型。

⑤ 合理性，表现为行为可被他人和社会理解、接受，不荒唐。

⑥ 同一性，表现为外在行为与内在思维动机协调一致，与所处的环境条件无冲突。

⑦ 整体性与和谐性，即个人行为具有的固有特征，与他人或环境发生冲突时，表现出容忍和适应，随着自身和外界条件的变化能调试自己的行为。

⑧ 创造性，指不墨守成规，勇于探索，能适应环境的新变化。

（3）幼儿健康行为的促成。

可以通过以下四个方面来促使幼儿形成健康的行为。

第一，树立行为信念。行为信念是人们对于在自己生活中所应遵循的原则和理想的信仰，通常和情感、意志融合在一起，支配着人们的行为。例如，幼儿一旦有了"多运动身体棒"的信念，就容易改变怕苦怕累、不爱活动的行为。

第二，模仿学习。在日常生活中，人们通过自觉和不自觉地模仿学习获得了不少行为规范、知识和技能，这是人类学习的一条重要途径。模仿学习自婴儿期开始持续至人的一生，在生活的早期影响最为强烈。所以，必须为幼儿设立适当的、可信的榜样，使之成为他们自我指导的标准。

第三，特殊人物的导向作用。对幼儿来说，对其影响较大的人群包括教师、父母以及同伴，尤其是父母的行为对其影响最大，父母要注意自己的言行举止。

第四，建立行为资源。人的行为总是建立在一定的行为资源之上。在此说的资源主要是指卫生资源。卫生资源是实现健康行为所必需的技术和资料，主要包括三个方面：其一，保健人员、设施、学校、医院、诊所或任何相关的资源；其二，各种资源的可得性，即费用、交通工具、距离、开放时间等；其三，自我保健技能。例如，对于一个得了病的儿童来说，为了治病而采取的行为就受卫生资源的影响。

幼儿健康教育将幼儿健康行为的养成视为核心目标。幼儿的身心健康归根结底取决于幼儿的健康行为和习惯。幼儿健康教育所期望获得的结果就是让幼儿自觉地、主动地产生和形成各种有益于自身、社会和民族健康的行为和习惯。我国著名的教育家陈鹤琴先生曾经说过：人类动作十之八九是习惯，而这种习惯大部分是在幼年期形成的。英国有句谚语："行动养成习惯，习惯形成性格，性格决定命运。"此话深刻揭示了良好行为习惯对人一生的重大影响。幼儿的行为可塑性大，接受能力强，是养成良好习惯的最佳时期，而且行为一旦成为习惯，就会形成条件反射并具有动力定型的作用，长期不易改变。因此，在幼儿期还未受到不良卫生行为影响时就应当适时地进行健康教育，这对于幼儿健康行为的形成和确立能起到事半功倍的作用。

三、影响健康的主要因素

人类的健康是由多方面内容构成的，疾病是由多种因素引发的，所以影响人类健康的因素也是多种多样的。健康是诸多相互交叉、渗透、影响和制约的因素相互作用的结果。

（一）行为和生活方式因素

（1）行为和生活方式因素是指给个人、群体乃至社会的健康带来直接或间接危害的人们自身的不良行为和生活方式因素，具有对机体有潜袭性和广泛影响性的特点。

不良行为和生活方式涉及范围十分广泛，如不合理饮食、吸烟、酗酒、久坐而不锻炼、吸毒、药物依赖、驾车与乘机不系安全带等。

据 WHO 估计全球 60% 的死亡是由不良的生活方式和行为造成的。美国通过 30 年的努力，使心血管疾病的死亡率下降 50%，其中 2/3 是通过改善行为和生活方式取得的。

（2）不良行为和生活方式影响健康的特点。

① 潜伏期长：不良生活方式形成以后，一般要经过相当长的时间才能对健康产生影响，出现明显的致病作用。

② 特异性差：不良生活方式与疾病之间没有明确的对应关系，表现为一种不良生活方式与多种疾病和健康问题有关，而一种疾病或健康问题又与不良生活方式中的多种因素有关。

③ 协同作用强：当多种不良生活方式同时存在时，各因素之间能协同作用、互相加强，这种协同作用最终产生的危害将大于每一因素单独作用之和。

（3）健康的四大基石。

1992 年国际心脏保健会议提出的《维多利亚心脏保健宣言》指出：健康的四大基石是合理膳食、适量运动、戒烟和限制饮酒、心理平衡。这说明行为和生活方式对健康的影响具有举足轻重的意义。

（二）环境因素

环境因素是指以人为主体的外部世界，包括自然环境和社会环境。人与环境，像鱼和水一样密不可分。环境创造了人类，人类依存于环境，并受其影响，不断与之相适应；人类又通过自身的生产活动不断改造环境，使人与自然更加和谐。我们通常所说的环境包括自然环境和社会环境。自然环境中的阳光、空气、水源以及气候等，给人们提供了基本的生活条件，人类的健康需要良好的自然环境。近年来对自然环境的人为破坏日趋严重，已经对人类健康产生了不良影响，严重的环境污染能造成生态系统的危机，导致人类的灾难。流行病学研究证明，人类的疾病 70%～90% 与环境有关。所以，保护自然环境，保持人与自然的和谐已经成为全人类的共识，这也是维护人类健康的基本要求。社会环境主要由社会政治、经济、法律、文化、教育、民族、职业等构成。社会环境能直接影响人类的生活质量和健康水平。不同的社会为人们提供的生活环境和生活条件是不同的，尤其是社会经济和政治发展水平是影响健康最主要的社会因素。近几十年来，国际社会大众健康领域提出的首要问题就是社会不平等造成的健康差异问题，全世界在健康方面所面临的公认挑战是如何降低社会的不公平，降低健康的不公平等。

（三）生物学因素

生物学因素包括病原微生物、遗传、生长发育、衰老等。

（四）卫生服务因素

卫生服务因素指卫生机构和卫生专业人员为了防治疾病、增进健康，运用卫生资源和各种手段，有计划、有目的地向个人、群体和社会提供必要服务的活动过程。从社会发展的角度，我们可以清楚地看到，随着社会的发展与经济水平的提高，社会的医疗卫生服务逐步完善，医疗机构日益健全，卫生资源投入逐步增加，卫生服务的网络覆盖越来越广泛，医疗卫生服务质量的提高有效地保障了广大人民群众的卫生条件和健康水平。正如世界卫生组织1978年在《阿拉木图宣言》中所指出的，达到尽可能高的健康水平是世界范围内的一项最重要的社会性目标，而其实现，则要求卫生部门及社会与经济各部门协调行动。世界卫生组织把卫生保健服务分为初级、二级和三级，实现初级卫生保健是当代世界各国的共同目标，其基本内容是：① 健康教育；② 供给符合营养要求的食品；③ 供给安全用水和基本环境卫生设施；④ 妇幼保健和计划生育；⑤ 开展预防接种；⑥ 采取适用的治疗方法；⑦ 提供基本药物。这些无疑对人类健康提供了根本性的保障。

 **延伸阅读**

将健康教育放在首位

《纲要》指出："幼儿园是基础教育的重要组成部分，是我国学校教育和终身教育的奠基阶段。"幼儿健康教育是终身健康教育的奠基阶段，应放在首位。因此，幼儿园健康教育必须根据幼儿的身心发展规律、健康状况、影响因素以及根据新时代的特点和要求来开展。

一、转变健康教育观念

传统的健康教育观认为，健康就是体格健壮，无病。而新的健康教育观认为，幼儿不仅要身体健壮，发育匀称，而且要心理稳定、情绪愉快、乐观主动、坚强勇敢、精力充沛，能建立良好的人际关系，有较强的环境适应能力与自理、自主能力，具有良好的生活、行为习惯等。

过去我们认为无病就是身体没有产生症状和体征的异常或心理变化的异常。现代健康观认为,除无病状况外,还有处于健康与不健康之间的"亚健康状态"。身体疾病与心理疾病经过不断的量变处于"亚健康状态",最后由一定的量变发展为质变,出现疾病。因此,我们要特别关注了解,发现临界"亚健康状态"或处于"亚健康状态"的幼儿,并给予他们及时有效的健康教育。

二、为幼儿创设健康的精神环境

幼儿不是依附于成人的个体,不是成人智慧的被动接受者,每个幼儿在性格、爱好、需要各方面都有着独特的个体差异。要尊重幼儿的人格和权利,要为幼儿创设一个宽松、自由的环境,鼓励并倾听幼儿诉说他们内心真实的想法,允许孩子"不可思议"的想象和创造。我国著名教育家陶行知先生曾经睿智地提出"六大解放"的重要思想,即解放幼儿的头脑、眼睛、嘴巴、双手、时间和空间,目的就在于为幼儿营造一个宽松和谐、富有创造激情的环境,而这种环境首先是有利于幼儿健康成长的良好的精神环境。他还提出,要培养幼儿的创新精神,还必须给予幼儿丰富的营养。他认为,幼儿的体力和心理都需要适当的营养,有了适当的营养,才能激发起孩子高度的创造力。总之,幼儿的身体健康是一切教育活动开展的基础和保障。此外,还应满足幼儿寻求保护与自卫的需要、满足幼儿游戏及活动的需要等。

三、健康教育应渗透于幼儿一日生活的各项活动之中

幼儿健康教育的根本目的是提高幼儿的生活乃至生命质量,为幼儿一生的健康发展奠定基础。入园、进餐、盥洗、如厕、睡眠、游戏、郊游、外出等日常生活中蕴含着丰富的教育内容和教育价值,我们要密切结合幼儿的生活进行安全、营养和保健教育,提高幼儿的自我保护意识和能力,提高幼儿关于健康与卫生知识的水平。

在各领域的教育中,教育内容没有绝对的划分,只是侧重点不同,健康教育的渗透应放在教育的首位。如在电、燃烧等科学实验中,培养幼儿的安全意识和急救方法;在画画、看书活动中,培养幼儿正确的坐姿和握笔姿势,手眼保持一定的距离;在语言活动中,通过儿歌、故事等培养幼儿良好的行为习惯、品质,以及自救的办法;通过数学活动认识我们身体的四肢、五官等;在艺术活动中,引导幼儿自由表现、想象、创造,大胆表达情感、想法;在体育活动中,不仅锻炼幼儿身体,还要培养幼儿的合作精神、安全意识和积极、乐观、自信的情绪。总之,把健康教育渗透于幼儿一日生活的各项活动之中是回归幼儿生活,促进幼儿身心健康发展的重要途径和载体。

四、不断研究、反思健康教育的教育价值

在健康教育中,我们要不断研究怎样才能更好地、科学地从各个方面促进幼儿生理、心理和社会适应性的健康发展,研究幼儿健康与不健康行为的一般规律的表现是什么,研究成人保护与幼儿自立、自理之间的关系,不断反思我们的健康教育目标是否真正促进了幼儿生理、心理、社会适应性发展的要求,研究怎样制定符合本园、本班幼儿健康状况的教育目标,让健康教育在反思中得到加强,让幼儿在反思中的健康教育下得到哺育和发展。

五、指导家长成为健康教育的合作者

21世纪需要的是身心健康的具有创造精神的人才。因此，我们要指导家长培养幼儿良好的生活、行为习惯，正确了解幼儿的生理、心理、社会适应性发展的要求，科学合理地安排幼儿的饮食，培养幼儿良好的饮食习惯，依幼儿的冷热感受穿合适的衣服，不要穿得太厚或太薄，也不要经常给幼儿服药、打针。加强锻炼是增强幼儿体质和抗病能力最有效的办法。要指导家长在关心幼儿身体健康的同时，高度重视幼儿的心理健康。成人自己必须要乐观、开朗、积极进取，给幼儿树立一个健康的形象。在家庭中要营造平等、和谐的亲子关系，让幼儿"顺其自然"地健康成长。

第二单元　学前儿童健康教育活动的目标与内容

【学习目标】
- ➢ 了解学前儿童健康教育活动的目标。
- ➢ 掌握学前儿童健康教育活动的内容。

模块一　学前儿童健康教育活动目标

幼儿健康教育的目标是指通过幼儿园健康教育使幼儿的身心发展应该实现的健康水平或教育成果。它是幼儿园健康教育的出发点和归宿，对幼儿身心健康的发展具有预知和规范作用，也是衡量健康教育成效的评价尺度。

一、确定幼儿健康教育目标的依据

幼儿健康教育的总目标是确定相应的年龄阶段目标及具体活动的目标的重要依据，是幼儿健康教育的最终目的，对幼儿身心保健起到规范的作用。制定幼儿健康教育目标应依据以下几个方面的内容。

（一）遵循幼儿身心发展的特点和规律

制定幼儿健康教育的目标首先依赖于幼儿群体发展的一般规律。《幼儿园工作规程》（以下简称《规程》）中指出："幼儿园教育工作要遵循幼儿身心发展的规律，符合幼儿的年龄特点，注重个别差异，因人施教，引导幼儿个性健康发展。"由此可见，促进所有幼儿在原有水平上的和谐发展是学前教育工作的最终目标，而发展的实质是不断开发其个性潜能，即表现为各方面都由"现有发展区"向"最近发展区"不断发展的过程。如果对幼儿提出过高、过难或过低、过易的要求，都违背身心发展规律，达不到发展潜能的目的。所以，幼儿身心发展的特点和现状是学前教育制定目标的准绳，也是确定幼儿健康教育目标的根本依据。

与此同时，同一年龄阶段的幼儿，由于遗传、性别、环境、教养等因素的影响，其身心发展又各有具体的特点，表现出一定的个体差异。不但同一年龄阶段的不同儿童身心发展会存在一定的差异，就算是同一幼儿在不同时期的生长发育速度也是不一致的。因此，幼儿健康教育目标的制定者必须首先进行深入的幼儿健康教育理论与实践方面的研究，探索幼儿健康教育的一般性和特殊性，应与国内外幼教同行进行广泛的交流和深入的研究，以期真正把握幼儿的健康需求，从而制定出符合幼儿身心发展需要的健康教育目标。

（二）依据幼儿教育和健康教育的目标要求

幼儿健康教育是对幼儿进行的有计划的、系统的健康教育，是学前教育的重要组成部分，因而幼儿健康教育目标的确立必须既遵循幼儿教育的总目标，又遵循健康教育的总目标。

《中共中央、国务院关于卫生改革与发展的决定》（1977年）第18条指出："健康教育是公民素质教育的重要内容，要十分重视健康教育，提高广大人民群众的健康意识和自我保健能力。""破除迷信，摒弃陋习，积极参加全民健身运动，促进合理营养，养成良好的卫生习惯和文明生活方式，培养健康的心理素质。"

1980年，我国卫生部颁发《城市托儿所工作条例（试行）》，明确规定了我国托儿所的性质、任务、保育和教育要求等，是托儿所工作的依据。托儿所的保教任务是：

（1）保障小儿健康。贯彻预防为主的方针，实行科学育儿，控制传染病，降低传染病的发病率；发展小儿基本动作，能够进行适当的体格训练，增强小儿的抵抗力，提高健康水平，促进小儿身心正常发展。

（2）培养小儿饮食、睡眠、活动、穿衣、盥洗及与人交往等各方面的良好习惯。

（3）发展小儿的语言能力，使其获得知识，发展智力。

（4）对小儿进行友爱、礼貌、诚实、勇敢等良好的品德教育，培养小儿活泼开朗的性格。

（5）给小儿适宜的艺术形式的陶冶，萌发小儿初步的美的情感。

1996年，《规程》第一章总则中明确规定我国幼儿园保育和教育的主要目标是：

（1）促进幼儿身体正常发育和机能的协调发展，增强体质。培养其良好的生活习惯、卫生习惯和参加体育活动的兴趣。

（2）发展幼儿智力，培养其正确运用感官和运用语言交往的基本能力，增进其对环境的认识，培养其有益的兴趣和求知欲望，培养其初步的动手能力。

（3）萌发幼儿爱家乡、爱祖国、爱集体、爱劳动、爱科学的情感，培养其诚实、自信、好问、友爱、勇敢、爱护公物、克服困难、讲礼貌、守纪律等良好的品德行为和习惯，以及活泼开朗的性格。

（4）培养幼儿初步感受美和表现美的情趣和能力。

幼儿教育和健康教育的总目标是制定幼儿健康教育目标的最直接依据，幼儿健康教育的目标应有助于幼儿教育和健康教育总目标的整体实现。

（三）依据社会发展与要求

教育产生于社会需要，与一定的社会现实及其发展有着密切联系，要更好地服务于社会，必须依据社会现实和发展需要来选择和确立教育目标。特定的社会政治、经济、文化发展水平是制定教育目标的客观依据。首先，不同的社会发展阶段、不同的社会政治制度有不同的教育目的。其次，不同国家的文化背景也使教育培养的人各具特色。

健康教育活动的目标既关注主体自身的身心和谐发展，又关注主体与环境的关系和谐。社会环境对人的思想、行为具有潜移默化的影响作用。学前儿童的接受水平较强，所以，社会发展与要求是学前儿童健康教育目标确定的重要依据。学前儿童教育要积极适应社会发展需要，适时调整健康教育目标内容，促进学前儿童身体、心理及社会性的和谐发展。

二、幼儿健康教育活动目标的表述

幼儿健康教育的目标需要通过一定的表述方式加以展示，一般而言有三种表述方式，即行为目标、生成性目标和表现性目标。

（一）行为目标

所谓行为目标，就是用具体的、可操作的行为形式陈述的教育教学目标，它指向教育教学过程结束后儿童所发生的行为变化，有助于选择学习经验和指导教学。教育实践中，行为目标使教师可以更加清楚教学任务，更容易准确判断目标是否达成，可以作为学习效果评价的依据。我国台湾健康教育专家黄松原认为，行为目标在健康教育中运用的价值已经是显而易见的。以行为方式来制定教学目标是分析教学过程最有意义的方法。这种情况下，教师在拟订教学计划前势必考虑自己的意向，这样教学就具有专业性、决定性的作用。教师若能明确知道他所期望的在教学结束后学生所能做的事情，则他除了能制定最恰当的学习计划外，还能有效地评价学生的学习成果。美国学者通过研究发现，儿童若能积极地参与学习情境，即通过根据健康概念和相关行为目标而设计的学习机会，则比较容易表现出预期的行为。

行为目标的表述一般有如下句式："知道……""理解……""学会……""用自己的话来……""区分……""把……配对""对……进行分类"，等等。例如，在健康教育领域，往往可以看到这样的行为目标："知道吃多种食物对身体有利""分辨常见的蔬菜和水果"。但有时幼儿对于健康的态度和情感很难在短时间内以可观察的行为预先确定。

（二）生成性目标

所谓生成性目标，是指在教育情境中随着教育过程的展开而自然生成的教育教学目标，它是教育情境的产物和问题解决的结果。生成性目标的本质是过程性，幼儿可以对自己感兴趣的问题进行深入的探究，因而产生对结果的新的设计。"尝试……"

是生成性目标较为典型的表达方式之一，但生成性目标在实践中是较难确定的，因为有时无论教师还是幼儿都不知道学习什么是最好的或是最合适的。另外，值得注意的是，"生成性目标"这一概念不同于"生成的目标"或"目标的生成"。

（三）表现性目标

所谓表现性目标，是指每一个幼儿在与具体教育情境的种种"际遇"中所产生的个性化表现。教师们常常发现，幼儿在具体的教育情境中的行为表现和得到的进步往往出乎预料，因此很难预先规定其发展变化的结果。表现性目标追求的不是幼儿反应的同质性，而是反应的多元性。譬如，大班心理健康教育的目标之一："欣赏诗歌《微笑》，讨论愿为别人做什么（让别人高兴）。"中班营养教育的目标之一："参观农贸市场，说说喜欢吃的菜。"表现性目标对幼儿活动及结果的评价是一种鉴赏式的评价，它不同于行为目标，无法追求结果与预期目标的一一对应关系。

总之，在健康教育活动设计中，教师可以从行为目标、生成性目标和表现性目标等不同的层面设计目标。从上述分析可知，不同取向的目标只是从某一特定的角度把握健康教育活动的目标，它们之间是相互补充和联系的，并不是相互排斥或对立的，因此都有其存在的价值。在健康教育活动的设计和实施中，教师对于行为目标的把握是最基本的，但并非唯一的。如果我们过分地强调行为目标，便有可能把行为目标作为一个可预先决定和操控的机械过程，或是视为不可变化和更改的教条，从而会忽视活动过程中幼儿学习的主体性和教师工作的创造性，导致分裂目标与手段、结果与过程之间的有机联系。而从行为目标取向发展到生成性目标取向，再发展到表现性目标取向，体现了对幼儿的主体价值和个性培养的追求，弥补了单纯地强调行为目标的缺失。因此，我们应该全面辩证地看待行为目标、生成性目标和表现性目标的关系，根据幼儿身心发展和社会发展的需求，以及健康教育活动的内容和特点，科学合理地设计健康教育活动的目标，从而促进幼儿在健康知识、态度和行为等各方面整体的和谐发展。

三、幼儿健康教育的总目标

幼儿健康教育的总目标是一个由多种内容构成的、多层次的体系。目前幼儿健康教育目标共分为以下六个层次：总目标（也称健康领域目标、课程目标）、学年目标、学期目标、月目标、单元教育活动目标（周目标）、具体教育活动目标。促进幼儿身心健康发展既是幼儿教育的根本目的，也是幼儿健康教育的终极目标。2001年正式颁布并实施的《幼儿园教育指导纲要（试行）》根据《幼儿园工作规程》精神提出四条幼儿园健康领域总目标，即第一，身体健康，在集体生活中情绪安定、愉快；第二，生活、卫生习惯良好，有基本的生活自理能力；第三，知道必要的安全保健常识，学习保护自己；第四，喜欢参加体育活动，动作协调、灵活。

这一目标表述既比较集中地表明了健康领域的发展方向和要求，又突出体现了《纲要》的基本精神，强调了情感、态度、兴趣、个性等方面的价值取向，着眼于培养幼儿终身学习、终身幸福的基本理念。我们可以这样理解：

1. 身心和谐

目标中将"身体健康"放在健康的首位，意味着健康的幼儿首先要生长发育良好，体型正常，各个组织与器官结构完整、功能正常，没有生理缺陷，体能不断增强。"在集体生活中情绪安定、愉快"，要求心理发展达到相应年龄组的正常水平，情绪积极，稳定性逐渐增强，性格开朗，对环境具有较好的适应能力。因此在日常保育和教育中，特别要加强系统的幼儿心理健康教育，善于发现和挖掘一日活动中的教育契机，在维护幼儿身体健康的同时，一定要促进其心理健康发展。

2. 保护与锻炼并重

结合幼儿的身心发展特点，究竟该怎样解决安全问题？是过多地保护照顾还是通过锻炼来提高他们的反应能力？是设法限制活动还是放手让他们尝试？多年来这一直是困扰幼教工作者的一大难题。《纲要》中明确要求教师"既要高度重视和满足幼儿受保护、受照顾的需要，又要尊重和满足他们不断增长的独立需要，避免过度保护和包办代替，鼓励并指导幼儿自理、自立的尝试。"由此可见，幼儿健康目标既重视掌握必要的保健知识，提高幼儿保护自身的能力，又强调通过体育活动提高幼儿的身体素质。其中了解必要的安全保健知识并提高相应技能是保健教育的主要目标，培养对体育活动的兴趣、增强动作的协调性和灵活性是体育锻炼的主要目标。换言之，成人既要重视安全适宜的生活环境的创设，鼓励幼儿掌握必要的安全保健常识，又强调通过体育活动提高身体素质，增强幼儿躲闪、滚爬、跨越、呼喊等的快速反应能力，从而提高幼儿保护自身的能力。

3. 技能与兴趣并重

健康目标中将"喜欢参加体育活动"放在"动作协调、灵活"这一要求之前，实质是强调把培养幼儿对体育活动的兴趣作为幼儿园体育的重要目标。究其原因，一方面是因为只有幼儿喜欢参加体育活动，对体育活动充满了向往和期盼，才可能调动其运动积极性，较好地发展体能和素质，更因为童年时的运动兴趣和愉快体验将推动其今后积极参与体育锻炼。健全的身心素质是幸福人生的源泉，从这个意义上讲，改善幼儿的健康态度、培养儿童的健康行为更应成为幼儿健康教育的重点。

四、幼儿健康教育目标的分类

1. 生活习惯

（1）培养幼儿良好的作息、睡眠、排泄、盥洗、整理等卫生习惯。

（2）帮助幼儿了解初步的卫生常识和遵守有规律的生活秩序的重要意义。

（3）帮助幼儿学会多种讲究卫生的技能，逐步提高幼儿的生活自理能力。

2. 饮食与营养

（1）帮助幼儿认识常见食物的名称、种类及其特点，知道不同食物有不同的营养。

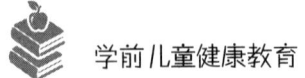

（2）培养幼儿良好的饮食习惯。

（3）帮助幼儿了解膳食均衡的简单知识及其意义，培养幼儿不偏食的良好习惯。

3．人体认识与保护

（1）帮助幼儿认识身体的主要器官，并了解其主要功能。

（2）帮助幼儿获得预防常见病的简单知识，初步培养幼儿不怕伤痛、乐于接受预防接种和疾病治疗的态度及行为。

（3）帮助幼儿理解心情愉快对身体有好处。

（4）帮助幼儿学习保护身体主要器官的最基本方法。

4．保护自身安全

（1）帮助幼儿认识遵守交通规则的意义。

（2）帮助幼儿了解水、火、电、煤气、刀具、常用药物的使用常识和注意事项。

（3）帮助幼儿获得应付意外事故（尤其是火灾、雷击、地震、台风等）的常识，使其懂得要及时避开危险场所。

5．运动能力

（1）在教师的帮助下，使幼儿对体育活动产生兴趣。

（2）引导幼儿乐意尝试着玩各种小型运动器材，并能玩出花样。

（3）冬季引导幼儿乐意参与室内热身活动，坚持在户外进行短时间运动。

（4）在教师、保育员的提醒、帮助下，注意随时增减衣服，知道用毛巾擦汗。

6．心理健康教育

（1）使幼儿逐渐形成积极乐观的态度、活泼开朗的性格。

（2）使幼儿有初步的自我概念、独立性和控制能力。

（3）使幼儿乐于与人（尤其是同伴）交往，并掌握初步的社交技能。

（4）使幼儿对环境具有较强的兴趣和适应能力，形成健全人格，为终身发展奠定良好基础。

五、幼儿健康教育的年龄阶段目标

幼儿健康教育的年龄阶段目标，指的是根据幼儿园健康教育总目标确立的、按幼儿年龄段划分的中短期发展目标。它一般分为小班（3~4岁）、中班（4~5岁）、大班（5~6岁）各年龄班的健康教育目标。幼儿园健康教育的年龄阶段目标是总目标在各阶段上的具体体现，是总目标的具体化，它把健康教育的总目标按不同年龄幼儿的发展水平做了具体的划分。因此，年龄阶段目标的要求在指导思想上和总目标完全一致。年龄阶段目标是幼儿发展的年龄特征在健康教育目标中的体现，它反映了不同年龄阶段幼儿的目标要求的差异性。幼儿的年龄不同，其身心特点、需求、兴趣也不同，这就决定了我们必须要根据他们的年龄特点，提出不同于其他年龄段的适宜的目标，以适应幼儿的发展需求。另外健康教育的各年龄阶段目标之间是具有连续性的，这种连续性反映了幼儿发展的连续过程。例如，在进餐方面对小班幼儿的要求是"喜欢自己进餐，爱吃各种食物"，中班是"学会使用筷子，正确使用餐具，爱吃各种食物，知道不同的食物有不同的营养"，大班的要求则是"动手整理自己的生活场所，养成良好的文明进餐习惯，对食物的营养有初步的认识，具有初步的自我控制饮食的意识"，体现出低年龄阶段目标是高年龄阶段目标的基础，高年龄阶段目标是低年龄阶段目标的延伸和发展。同时各年龄班幼儿健康教育目标既有区别又有联系，由简单到复杂，由易到难，呈螺旋式上升的趋势。

幼儿园健康教育的年龄阶段目标可具体表述如下。

1. 小班

（1）身心保健目标。

① 了解盥洗的顺序，初步掌握洗手、刷牙的基本方法；学习穿脱衣服；会使用手帕或纸巾；养成坐、站、行、睡的正确姿势；能及时排便；有良好的作息习惯。

② 进餐时保持愉快的情绪，愿意独立进餐；认识最常见的食物，爱吃各种食物，主动饮水。

③ 了解身体的外形结构，认识并学习保护五官，能积极配合疾病的预防与治疗。

④ 知道过马路、乘坐交通工具、玩大型运动器械时要注意安全，了解日常生活中的安全常识。

⑤ 基本适应集体生活，愿意与人交往，初步体会到与老师和小朋友交往的乐趣，对幼儿园产生安全感和信赖感。

⑥ 知道自己和家人的性别。

（2）身体锻炼目标。

① 能上体正直、自然地走和跑；能向指定方向走和跑；能在指定范围内四散跑、追逐跑；能步行一公里，连续跑约半分钟；能一个跟着一个走，走成一个圆；能较轻松地双脚交替跳着走。

② 能在平行线（或窄道）中间走；能在宽25厘米、高（或斜高）20厘米的平衡木（或斜坡）上走。

③ 能在65~70厘米高的障碍物（如绳子、皮筋、拱形门等）下钻来钻去；能手膝着地自然协调地向前爬；能倒退爬；能钻爬过低矮的障碍物；能在攀登架上爬上爬下，或从网的一侧爬越至另一侧（必要时教师可以帮助）。

④ 能较轻松自然地双脚同时向前跳、向上跳；能从25厘米高处自然地跳下。

⑤ 能双手用力将球向前、上、后方抛；能单手自然地将沙包等轻物投向前方。

⑥ 初步学会听各种口令和信号并做出相应动作；能边念儿歌或边听音乐边做模仿操或简单的徒手操。

⑦ 喜欢并愿意参加体育活动；初步掌握体育活动的有关知识和规则，团结合作，爱护公物；能合作收拾某些小型体育器材。

⑧ 会玩攀登架、滑梯、转椅等大型体育活动器械并注意安全；会骑小三轮自行车；会滚球、传球、抛接球和原地拍皮球；会推拉独轮车；会利用球、绳、棒、圈等小型多样的体育器材进行身体锻炼。

2．中班

（1）身心保健目标。

① 初步学会穿脱衣服、整理衣服；学习整理活动用具，能保持玩具清洁；有初步的生活自理能力。

② 结合品尝经验，进一步认识各类常见食物，爱吃各类食物的同时，懂得要科学合理地进食，逐步形成良好的饮食习惯。

③ 进一步认识身体的主要器官，逐步形成接受疾病预防与治疗的积极态度和行为；在成人帮助下学习处理常见外伤最简单的方法；知道快乐有益于健康。

④ 认识有关安全标志，能够在成人提醒下遵守交通规则；不接触危险物品，遇到危险时能告诉成人；有初步的自我保护意识。

⑤ 愿与父母分床而眠。

⑥ 主动与人交往，能与同伴合作，会谦让；愿意参加幼儿园各种集体活动，并能保持积极愉快的情绪。

（2）身体锻炼目标。

① 能听信号按节奏上下肢协调地走和跑；能听信号变速走、变速跑；能听信号变化方向走；能前脚掌着地走、倒退走；能跨过低障碍物走；能绕过障碍物跑；能快跑20米，走跑交替（或慢跑）200米左右；能在一定范围内四散追逐；能步行1.5千米，连续跑约1分钟；能听信号切断分队走、一路纵队走。

② 能自然摆臂连续纵跳触物（物体离幼儿举手指尖20厘米左右）；能双脚熟练地向前跳或双脚在直线两侧行进跳；能立定跳远，跳距不少于30厘米；能双脚站立由30厘米高处往下跳，落地轻；能助跑跨跳平行线，跳距不少于40厘米；能单、双脚轮换跳，单足连续向前跳。

③ 能肩上挥臂投掷轻物；能自抛自接低（高）球；能两人近距离互抛互接大球；能滚球击物；能左右手拍球。

④ 能熟练协调地在60厘米高的障碍物（如圈、拱形门等）下较灵活地侧钻；能手脚着地协调地向前爬；能手脚熟练协调地在攀登架、攀登网上爬上爬下；能团身滚。

⑤ 能在宽20厘米、高30厘米的平衡木（或斜坡）上走；能原地自转至少3圈不跌倒；能闭目向前走至少10步。

⑥ 会玩跷跷板、秋千等各类大型体育活动器械；会骑小三轮车、带辅轮的小自行车；会用球、绳、棒、圈及其他废旧材料（如易拉罐、可乐瓶、报纸等）开展小型多样的体育活动。

⑦ 能较熟练地听信号集合、分散、排成4路纵队（包括切断分队）；能随音乐

节奏较准确地做徒手操和轻器械操。

⑧ 喜欢并能较积极地参加体育活动,初步养成参加体育活动的习惯;能较自觉地遵守体育活动规则;互助合作,爱护公物,能及时收拾小型体育器材。

⑨ 具有一定的抵御寒、暑、饥、渴的能力和抵抗疾病的能力。

3. 大班

(1) 身心保健目标。

① 保持个人卫生,关心周围环境的卫生;进一步提高独立生活的能力,初步养成良好的学习习惯。

② 初步理解不同的食物有不同的营养,身体需要各种营养;会使用筷子;进一步养成独立进餐的习惯。

③ 进一步认识身体的主要器官及重要功能,并懂得简单的保护方法;了解有关预防龋齿及换牙的知识;注意用眼卫生。

④ 初步了解应付意外事故(如火灾、雷击、地震、台风等)的常识,具有粗浅的求生技能。

⑤ 认识安全标志,学习主动遵守交通规则;不玩火,不接触煤气,不触摸电器开关,注意防止意外事故发生;乘汽车、乘轮船、过桥时能注意安全;遇到危险时能尽快告诉成人,有初步的自我保护能力。

⑥ 知道男女厕所,初步具有性别角色意识。

⑦ 尊重别人的意愿,能比较自觉地控制自己的情绪和行为;能文明大方地与人交往,以积极恰当的方式参与或发起活动;学习解决活动中同伴间的纠纷,并学会评价自己与他人,愿意学习同伴的优点,并与同伴建立起友好的关系。

(2) 身体锻炼目标。

① 能原地蹬地跳起,连续纵跳触物(物体离幼儿举手指尖 25 厘米左右);能双脚熟练地改变方向(前、后、左、右、转身)跳;能从 35~40 厘米高处自然地跳下,落地轻稳;能立定跳远,跳距不少于 40 厘米;能助跑跨跳平行线,跳距不少于 50 厘米;能助跑跳远,跳距不少于 40 厘米;能助跑屈膝跳过高度约 40 厘米的垂直障碍物,能连续向前跳跃多个高 40 厘米、宽 15 厘米的障碍物。

② 能半侧面单手投掷小沙包等轻物约 4 米远;会肩上挥臂投掷轻物并投准目标(如直径不少于 60 厘米的标靶,投掷距离约 3 米);能抛接高球,或两人相距 2~4 米互抛互接大球。

③ 能在宽 15 厘米、高 40 厘米的平衡木上交换手臂动作(叉腰、平举、上举等)或持物走;能两臂侧平举闭目自转至少 5 圈,不跌倒;能两臂侧平举单足站立不少于 5 秒钟。

④ 能轻松自如地绕过障碍物进行曲线走和跑;能快跑 30 米或接力跑;能走跑交替(或慢跑)300 米左右;能步行 2 公里,连续跑约 1 分半钟;能听信号左右分队走。

⑤ 能熟练地听各种口令和信号并做出相应的动作；能听信号迅速地集合、分散、整齐列队、变化队形；能随音乐节奏有精神地做徒手操和轻器械操，动作有力、到位。

⑥ 能熟练协调地侧身、缩身钻过50厘米高的障碍物（如拱形门等）；能手脚交替协调熟练地在攀登架上爬上爬下；能在单杠或其他器械上做短暂的悬垂动作；能熟练地在垫子上前滚翻、侧滚翻。

⑦ 具有较强的抵御寒、暑、饥、渴的能力和抵抗疾病的能力。

⑧ 会玩低单杠、秋千、脚蹬车或其他大型体育活动器械，会踩高跷、跳皮筋、跳绳（50次以上）；会运球、传接球、用脚踢（带）球；会用球、绳、棒、圈、积木、报纸、轮胎或其他废旧材料开展各种身体锻炼活动。

⑨ 热爱体育活动，有积极参加各种身体锻炼的习惯；能自觉遵守体育活动的规则和要求，合作、负责、宽容、谦让、爱护公物；有较强的集体观念；敢于克服困难，能体验克服困难取得胜利后的愉悦。

⑩ 能独立或合作收拾各种小型体育器材。

六、幼儿健康教育目标

幼儿健康教育的总目标和年龄阶段目标都必须转化为具体活动的目标，才能落实到幼儿的身心发展过程中，因此幼儿健康教育活动目标的制定尤为关键，这是幼儿健康教育总目标和年龄阶段目标的具体体现。在制定幼儿健康教育活动目标时，应该从知识、情感和态度、能力发展三个方面进行系统构建。因而健康教育活动目标在内容表述上一般包括丰富健康知识、培养健康态度和形成健康行为习惯等三方面，而且要求难度适中。

幼儿健康教育活动目标列举与分析：

【案例一】 活动名称：今天，你喝牛奶了吗？（中班）

活动目标：

(1) 认识多种乳类食品：牛奶、酸奶、豆奶等。

(2) 了解喝牛奶有利于牙齿和骨骼的生长。

(3) 愿意每天喝牛奶或豆奶。

本活动的第1、2条目标对幼儿的认知提出了较为恰当的要求，第3条目标则对幼儿的态度与行为提出了要求。由于科学合理的营养对幼儿生长发育的作用是毋庸置疑的，良好的饮食行为也必须从小养成，所以第3条目标要求虽然较高（要求每天喝牛奶），但却是合理的，而一旦幼儿愿意喝（牛奶）、喜欢喝，每天喝也就不难了。同样是这个活动，有些目标的制定却存在较多的缺陷，例如有这样的表述：

活动名称：今天，你喝牛奶了吗？（中班）

活动目标：

(1) 认识各种乳类食品：牛奶、酸奶、豆奶等。
(2) 让幼儿懂得喝牛奶有利于身体健康。
(3) 培养幼儿喝牛奶的良好习惯。

上述表述虽然意思与前面相近，但存在三个主要问题：其一，目标1提出认识"各种"乳类食品，在实践中有可能较难实现，因为受到地区、风俗习惯的制约，一般难以收集到所有种类的乳类食品，譬如马奶、羊奶等，应根据具体情况提出合适的目标；其二，3条目标中第1条为发展目标，而第2、3条目标却是教育目标，表述方式没能统一；其三，目标2"喝牛奶有利于身体健康"的表述过于笼统，没有能够以通俗的语言揭示牛奶（或其他乳制品）的特殊营养价值。

【案例二】 活动名称：牙齿为什么会有龋洞（大班）

活动目标：
(1) 了解龋齿发生的原因和危害。
(2) 巩固刷牙的正确方法，愿意每天早晚自己刷牙。

无论城乡，幼儿龋齿的发生率都居高不下，让大班幼儿了解龋齿发生的原因和危害是必要的也是适宜的；大班幼儿应该掌握刷牙的正确方法，但仍需要成人的随时提醒，而幼儿是否愿意每天早晚刷牙则是教育的难点，上述两条目标应该说是很有针对性的。同样是这个活动，有些目标的制定却留有缺憾，譬如有这样的表述：

活动名称：牙齿为什么会有龋洞？（大班）
活动目标：
(1) 了解同伴中有哪些人有龋齿，为什么会有。
(2) 学习刷牙的正确方法，坚持每天刷牙。
(3) 知道龋齿会很疼，尽量不患龋齿。

这一表述存在的问题为：第1条所表达的意思不应作为目标提出，哪些人患有龋齿只是一种现象，每个人患龋齿的原因也无法一下理清，只能做大致分析；小班就已学习刷牙，故对于大班幼儿而言是巩固而非新学；龋齿初期患者并不一定有疼痛感，我们应预防龋齿，但无法保证不患龋齿。因此，应对第1、2条目标做修改，删除第3条。

七、幼儿健康教育各层次目标的相互关系

幼儿健康教育的总目标是确定其他层面目标的依据，是幼儿健康教育的最终目的。年龄阶段目标是对总目标的细化，又是制定具体活动目标的直接依据。总目标和年龄目标都必须转化为一个个具体活动的目标，才能落实到幼儿的发展中，真正得到

实现。从理论上讲，若干个活动目标的积累，便构成了年龄目标和总目标，每一个活动目标的实现，都是向年龄目标和总目标迈进的一步。

 **延伸阅读**

从幼儿健康教育活动目标谈起

一、幼儿园健康教育活动目标的定位

我们知道，不同的健康教育活动对幼儿发展的意义不完全相同，即使同一名称的活动，如果目标定位不同，对幼儿发展的意义也会有差异。这里以健康教育活动为例加以比较、分析。

例1 活动名称：酸甜的水果（小班）

原定目标：

（1）知道各种水果的名称，喜欢吃水果。

（2）能根据水果的颜色将水果分类。

修改目标：

（1）认识常见水果。

（2）能够自己剥香蕉和橘子，喜欢吃多种水果。

修改理由：原目标1中"知道名称"这一要求太狭隘，实际上幼儿若能真正说出水果的名称便意味着幼儿对水果的形状、颜色、大小等有了整体认知，因此"认识常见水果"比"知道各种水果的名称"要贴切；原目标2的提法司空见惯但不太适宜，因为许多水果的表皮不是单色的，小班幼儿为此常常左右为难，犹豫不决。有时按水果形状（并不标准的几何形状）分类也会出现类似问题，因为"分类"必须以事物的典型特征为线索。

修改价值：只有遵循幼儿心理发展的实际和事物的实际，才能开展有效的教育，牵强附会的"领域整合"不足取。

例2 活动名称：蛋宝宝的衣服（中班）

原定目标：

（1）认识各种禽蛋，知道经常吃禽蛋有益于身体健康。

（2）喜欢吃各种有营养的蛋。

修改目标：

（1）认识几种常见的禽蛋。

（2）会剥煮熟的蛋，愿意同时吃蛋黄和蛋白。

（3）学习用蛋壳拼图。

修改理由：原目标1形同虚设，因为活动中幼儿无法体验吃了禽蛋是否"有益于身体健康"；而"剥蛋壳"不仅为活动预设了操作环节，更重要的是这是幼儿应该掌握的基本生活技能;"用蛋壳拼画"则关注到健康教育领域与美术教育领域之间的整合。

修改价值:避免了幼儿无法亲身体验却要幼儿有所感受时常常出现的说教;体现了幼儿健康教育是生活教育的理念,提倡幼儿从小做力所能及的事;自然地预设了领域整合内容。

例3 活动名称:食物的旅行(大班)

原定目标:

(1)知道食物所经过器官的名称和顺序。

(2)初步了解消化器官的功能,并能理解"磨""蠕动""进入""送到""排出"等动词用在各消化器官的含义。

(3)能用肢体动作表现食物消化的过程,体验奇妙的乐趣。

修改目标:

(1)初步了解主要消化器官的名称和功能,并能理解"磨""蠕动""排出"等动词的含义。

(2)能随音乐节奏用肢体语言表现食物消化的过程,体验游戏的快乐。

修改理由:原目标1难度过大,既无实现的可能,也无实现的必要;目标2的修改注意到了健康教育活动对幼儿节奏感的培养。

修改价值:幼儿健康教育不是小学生(甚至中学生)健康教育,幼儿的接受程度以及教育的必要性是确定教育目标的两个不可或缺的要素;有节奏的肢体语言能让幼儿感受到健康教育原本就是身体美和艺术美的统一。

二、幼儿健康教育与其他各领域教育的关系分析

从以上实例中我们可以看出,幼儿健康教育具有自身特定的目标体系。修改后的目标就是较为典型的健康教育目标,这些目标是其他任何一个领域的教育目标都无法完全替代的。由于目前我国幼儿健康教育理论研究还十分薄弱,实践中常常出现幼儿健康教育活动目标定位不当的现象,主要表现在以下两个方面。

第一,实践中有以"幼儿体育"替代"幼儿健康教育"的现象。这里就"幼儿健康教育"与"幼儿体育"的关系做一梳理。

首先,从概念来看,幼儿体育有广义和狭义之分。广义的幼儿体育包含幼儿身体保育和幼儿身体锻炼,狭义的幼儿体育是指通过发展幼儿的动作增强幼儿体质的身体锻炼活动。幼儿健康教育是根据幼儿身心发展特点,提高幼儿健康认识,改善幼儿健康态度,培养幼儿健康行为,保持和促进幼儿健康发展的教育活动。幼儿健康教育是广义的"幼儿体育"的重要组成部分,它以帮助幼儿获得基本的健康常识、形成健康态度、养成健康行为作为主要任务,与狭义的"幼儿体育"共同构成幼儿身心发展不可或缺的两个方面,即身心保健与身体锻炼。

其次,从学科发展的历史来看,"体育"几乎一直包含"健康教育"。中外历史

上许多教育家往往在论述"体育"时谈及"健康教育"。比如，瞿葆奎主编的《教育学》文集第5卷《体育》内容中包含健康教育；斯宾塞在《教育论——智育、德育和体育》中也对儿童的吃、穿、用脑时间、生活作息制度、身体健康与心智发展的关系等做了阐释；日本教育家小原国芳将体育称为"健"的教育，认为体育包含运动与保健。

再次，从相关学科或专业来看，"体育"与"健康教育"又呈现并列关系。基础教育新课程设置仍然将体育与健康教育作为两门课程来看待，只不过认为两者具有"健康第一"的相同内涵。

最后，从近年幼儿园课程改革来看，幼教界将幼儿园教育内容相对划分为健康、语言、社会、科学及艺术五大领域，隐含"健康教育"包含"体育"这一思想。《幼儿园教育指导纲要（试行）》也做了这样的选择。对于广大幼教工作者而言，《纲要》带来的启示是：为了促进幼儿的健康成长，既要重视幼儿的身心保健教育，也要通过体育锻炼增强幼儿的体质，即保健和锻炼并重。由此可见，只重视幼儿体育却不重视幼儿安全、营养等方面的保健教育，只重视日常生活中有碍健康的突发事件的补救处理却不重视开展具有前瞻性和系统性的促进健康的教育，只重视通过"健康课"教给幼儿健康知识却不重视通过与幼儿生活密切相关的随机教育及时培养幼儿的健康行为等，都是无益于幼儿健康教育取得成效的表现。

第二，实践中有以其他某领域教育的目标取代健康教育目标的现象。

比如进行饮食营养教育时，活动目标强调的却是对食物原料——植物或动物的探究兴趣，或强调进餐中的与人分享，而不够突出本应突出的健康饮食态度和健康饮食行为的养成。虽然前者是后者的有益前提或有益扩展，但对于幼儿饮食营养教育而言，最核心的目标不在于培养幼儿探究动植物的兴趣或对幼儿进行关爱他人的教育，而在于幼儿对相应食物的主动接纳。笔者认为，幼儿园应当考虑本园课程实施的指导思想，如果进行分领域教育，那么首先需要明确的是包含健康在内的各领域教育自身固有的特点、规律和实施的方法、途径及其教育意义，其次应当关注领域之间的必然联系，尽可能挖掘每一教育活动对幼儿的发展价值，不要人为割裂；如果进行综合教育，那么首先需要熟练把握各领域内容，在此基础上进一步明确领域之间的关系，其次需要寻找符合本园幼儿实际的整合突破口以及将各领域教育加以整合的方法和手段，确保幼儿的发展是全面的和必要的。就幼儿健康教育而言，能与其他领域相互渗透的就不应当割裂（比如例2、例3），但不能为整合而整合，甚至有意拼凑（比如例1）。笔者认为，就目前幼儿园课程发展现状与趋势而言，没有绝对的领域教育，也没有绝对的综合教育。个别性永远存在，渗透性也无所不在（除目标、内容的整合外，还可以是方法手段的整合以及环境创设方面的整合等）。幼儿健康教育是个别性鲜明的生活教育，同时它与其他各领域教育的渗透又是本质的、必要的和可行的。

模块二 学前儿童健康教育活动内容

一、幼儿健康教育的内容

幼儿健康教育的内容就是教育工作者为了实现幼儿健康教育目标而选择的，供幼儿学习和维护，与促进幼儿的身心健康有着直接关系的各种形式的活动。

《纲要》提出了幼儿园健康教育的内容和要求：

第一，建立良好的师生、同伴关系，让幼儿在集体生活中感到温暖，心情愉快，形成安全感、信赖感。

第二，与家长配合，根据幼儿的需要建立科学的生活常规，培养幼儿良好的饮食、睡眠、盥洗、排泄等生活习惯和生活自理能力。

第三，教育幼儿爱清洁、讲卫生，注意保持个人和生活场所的整洁和卫生。

第四，密切结合幼儿的生活进行安全、营养和保健教育，提高幼儿的自我保护意识和能力。

第五，开展丰富多彩的户外游戏和体育活动，培养幼儿参加体育活动的兴趣和习惯，增强幼儿体质，提高幼儿对环境的适应能力。

第六，用幼儿感兴趣的方式发展基本动作，提高幼儿动作的协调性、灵活性。

第七，在体育活动中，培养幼儿坚强、勇敢、不怕困难的意志品质和主动、乐观、合作的态度。

根据《纲要》的要求，结合近年来幼儿健康教育的研究成果，幼儿园健康教育的内容可以概括为三大方面：幼儿身体保健、幼儿体育活动和幼儿心理健康。

（一）幼儿身体保健

1. 饮食与营养

饮食与营养是指幼儿饮食习惯的培养和向幼儿进行初步的营养教育。

良好的饮食习惯涉及进餐时文明行为的养成，也关系到学前儿童身体对食物中营养物质的消化与吸收。向儿童进行饮食与营养教育是十分必要的，通过教育，使学前儿童初步了解食物与人的身体健康、与人脑的发育有着密切关系，使他们从小就养成良好的饮食习惯。其主要内容有：

（1）学会正确使用餐具，保持地面、桌面清洁。

（2）认识常见食物，平衡和合理膳食，知道应该食用各种食物，不偏食，不挑食，不过食，尤其要多吃富有粗纤维的蔬菜等食物；少吃零食，主动饮水。

（3）情绪愉快，愿意独立进餐，能自己使用勺子、筷子等餐具进餐。

（4）按时进餐、定时定量、保持清洁、进餐习惯良好，例如，进餐前洗手、进餐时细嚼慢咽、掌握使用餐具的方法、不乱吃零食和过多饮用冷饮等。

（5）初步感受中外饮食文化的差异，比如餐具、食物、习惯等的区别。

2. 生活卫生习惯

养成良好的生活卫生习惯，可减少疾病的感染，并使人体的生活活动更富有节律，更均衡、协调，从而直接影响幼儿的身体健康。同时，良好的生活卫生习惯还有利于幼儿行为习惯和道德品质的培养，例如，幼儿独立性、组织性的养成，做事仔细、认真，待人有礼貌等道德品质的培养。

（1）生活自理习惯。

生活自理习惯指自己盥洗、穿脱和整理衣服鞋袜、吃饭、收拾整理玩具和用具等生活自理能力和习惯。

（2）良好的作息习惯。

良好的作息习惯指按时睡眠，定时定量饮食及大小便、盥洗，养成每天参加体育锻炼和户外活动等有规律的生活习惯，一日生活有规律性。

（3）清洁卫生习惯。

清洁卫生习惯指讲究个人卫生，养成勤洗手、勤洗头、勤洗澡和勤换衣、勤剪指甲、勤理发等清洁卫生习惯，学会使用自己专用的手帕、面巾和浴巾、茶杯，或一次性使用的卫生纸巾，特别是咳嗽、打喷嚏时，会用手帕或纸巾捂住口鼻，不挖鼻孔。

（4）学习习惯。

学习习惯指养成良好的阅读、绘画、写字、唱歌等习惯，坐、站、行、睡姿势正确，注意用眼卫生，保持书籍、文具和玩具的清洁，养成自己整理活动用具的习惯。

（5）关心周围环境卫生的习惯。

关心周围环境卫生的习惯指爱护周围环境，养成关心和自觉保护周围环境卫生的习惯。

（6）保持良好的坐、立、行等姿势，讲究用眼卫生，学会科学用眼等。

3. 身体生长

教育幼儿对人的身体和人的生命活动有初步的认识，知道要关心自己的身体，并学习保护自己的身体，其主要内容有：

（1）认识身体主要器官的构造及其功能，包括口、眼、耳、鼻、皮肤、心脏、胃、大脑、食道等，知道它们在人体的位置，是人体的重要组成部分并了解上述器官的基础知识、功能和保护方法。

（2）逐步学习科学简洁的性知识，防止产生性压抑和性神秘感，形成正确的性别认同和性别角色意识；循序渐进，帮助幼儿形成健康的性心理；正确处理幼儿的性游戏；矫正不良的玩弄生殖器和大腿摩擦等不良习惯。

（3）了解常见疾病，如感冒、发烧、拉肚子等；知道生病的原因，如着凉、细菌感染等；知道平时及时添加衣物、积极参加体育锻炼、饮食营养均衡能预防疾病；生病后能及时消除恐惧情绪，不怕吃药、打针，能积极配合医生治疗等。

（4）能区分生命物和非生命物，初步理解生命的概念；主动探究生活中常见生命物，关照植物，关爱动物；珍惜生命，爱惜生命。

4. 安全生活教育

幼儿生活的环境中，存在着一些不安全因素，因此要教育儿童遵守有关规则，注意安全，学习保护自己的方法。其主要内容有：

（1）日常生活中安全常识和规则的了解与遵守，过马路、乘坐交通工具、玩大型运动器械时能注意安全。

（2）认识有关安全标志，遵守交通规则，初步形成自我保护意识。

（3）丰富生活中的自我保护意识，使其具有基本的求生技能。

（4）了解应付意外事故（如火灾、地震、雷击、台风等）的常识，具有基本的求生技能。

（二）幼儿体育活动

《纲要》健康领域指出，幼儿园要"开展丰富多彩的户外游戏和体育活动，培养幼儿参加体育活动的兴趣和习惯，增强体质，提高对环境的适应能力"；要"在体育活动中，培养幼儿坚强、勇敢、不怕困难的意志品质和主动、乐观、合作的态度"。好动、好奇是幼儿的天性，游戏性又是幼儿教育活动的主要特征，体育活动正满足了他们的这种爱好和身心需要。游戏给予幼儿快乐的同时，还为其提供了创造、发明、学习世界的机会。体育活动在培养幼儿发展自我的同时，也发展了幼儿与他人、社会的关系，使幼儿由个体的人成为社会的人。

幼儿体育活动组织形式包括体育教学、户外体育活动、幼儿体操、运动会、体育活动区、远足活动，以及轮滑、健美操、跆拳道、网球、游泳等个性化体育活动。

1. 体育教学

体育教学是一种有计划、有目的、有组织的教育活动。它采用课堂教学的形式，以基本动作、队列练习、体操动作、体育游戏等为活动形式，以身体练习为主要手段，有目的、有计划地发展幼儿的基本活动技能，提高幼儿的身体素质，增强体质，促进幼儿身心全面和谐发展。

2. 幼儿体操

幼儿体操是幼儿园体育活动的重要组成部分，是幼儿园体育活动的基本组织形式，是幼儿在教师指导下以基本体操为主的一种教育过程，是满足幼儿健身、想象、审美、创造等多种需要的综合性教育活动。它能有针对性地全面发展幼儿的身体，培养匀称的体型和优美的体态；能促进幼儿运动知觉、观察能力、想象力和动作及记忆能力的发展；能够满足幼儿的多种审美需要，促进审美感受力、表现力和审美情感的发展。体操活动通过身体各部位科学有序、循序渐进的活动，使相关部位的关节肌肉得到锻炼，从而增强幼儿的灵活性和柔韧性，促进骨骼发育，达到锻炼身体的目的。因此，体操是一种可促进幼儿全面发展的教育活动。

3. 户外体育活动

户外体育活动是幼儿园体育活动的重要组成部分，是落实教育目标与发展幼儿基本动作的重要途径之一。在户外分散活动中，幼儿有了更加自主、自由的空间，不仅能够自由选择游戏内容，还能够根据自己的能力选择各种游戏材料以及一起游戏的伙伴。

4. 体育活动区的活动

体育活动区的活动是幼儿园户外体育活动的一种特殊类型。在活动时间的安排上，一般的户外体育活动每天正常进行，时间一般不少于一小时，而体育活动区的活动一般每两周进行一次。在活动形式上，体育活动区的活动打破班级的界限，由幼儿自由选择活动内容展开活动。这不但扩大了幼儿之间接触和交往的机会和范围，而且为幼儿提供了更多的互相学习、合作与帮助的机会和条件。

5. 运动会

运动会是将幼儿的表演和小型的比赛结合起来的一种体育活动，其目的在于满足幼儿对运动、娱乐、表演、竞赛等多方面的需要和愿望，激发幼儿参加体育活动的兴趣，培养他们的集体意识，丰富他们的生活。运动会是个人参与社会活动的一种方式，是得到社会评价、社会反映的途径。幼儿观看运动会，也是幼儿了解他人、参与评价、找到社会学习榜样，使自己成为社会成员的机会。幼儿在和家人观看电视里的奥运会和各种各样的体育比赛后，就有了对一些运动健将的个人了解，有了对他们的评价，也有了自己向往的榜样。如110米栏跨栏世界冠军刘翔就是孩子们心中的偶像，通过认识刘翔，不仅让幼儿更喜欢参加体育活动了，也使幼儿有了作为中国人的民族自豪感，有了学习的好榜样。幼儿园举行运动会的形式主要有亲子运动会、主题运动会等。

6. 远足活动

远足活动又可以称为短途旅游，是幼儿园体育活动的一种补充形式，是孩子们走出幼儿园、接触社会、了解社会的一种实践活动，包括踏青、参观、采摘等，也可以与其他大型活动相结合形成主题性远足活动。

另外，幼儿园还可以遵循幼儿身心发展的规律和特点，开设轮滑、跆拳道、形体、网球、游泳等个性体育活动的内容，激发幼儿的运动兴趣，挖掘幼儿的运动潜能，培养幼儿终身锻炼的意识。

由此可见，幼儿园的体育活动并不是一种单一的体能训练，而是一种综合的游戏实践活动。在体育活动中对幼儿进行社会化教育，对幼儿的人格发展有着极其深远的意义：既要保持自我个性，又要融入社会生活，成为一个发展健全的人。体育活动既能促进幼儿的生长发育，增强体质，又会对幼儿的心理发展产生一定影响。因此，在注重身体运动锻炼价值的同时，还要有意识地把体育与其他相关的教育因素有机地结合起来，以促进幼儿身心的和谐发展。

（三）幼儿心理健康

心理健康是人们对环境的一种高效而愉快的适应状态，是个体在适应环境的过程中，在生理、心理和社会方面达到协调一致，保持一种良好的心理功能的状态。幼儿心理健康教育是为促进幼儿心理健康发展，充分发挥其潜能而进行的系列教育活动，主要包括以下内容。

1. 学会调整自己的情绪

（1）懂得哪些要求合理，哪些要求不合理。幼儿发脾气、暴怒，在很大程度上是因为需求未得到满足。要让幼儿懂得，哪些需求是合理的，哪些需求是不能给予满足的。不合理的要求，即使发脾气、哭闹、在地上打滚也无济于事。

（2）学会合理发泄不良情绪。受到挫折、委屈，心里有气，要用合理的方式宣泄，以减轻心理上的压力。不该用打人、骂人、毁坏东西等方式发泄心中的怒气。让幼儿懂得，不高兴的事人人都会遇到，别去想它，高高兴兴地去玩，就什么都忘了。

（3）学会用语言和非语言（神态、表情、动作等方式）表达、调节积极的和消极的情绪。

2. 培养社会交往能力

（1）移情教育。所谓移情，就是设身处地为别人着想。在日常生活中要引导幼儿注意自己的行为给别人带来的影响。比如，打了别的小朋友，要让他知道被打的小朋友在伤心；主动把玩具让给别人玩，要让他体会那个小朋友多么开心。移情教育使幼儿更具同情心，在与人交往中会更友好、合群、乐群。

（2）分享与合作。培养幼儿学习分享给同伴玩具、食品、快乐的技能；在生活和游戏中学会合作互助，乐于助人，自己有困难会请求帮助。

（3）恰当的自我评价。家长或教师对幼儿的批评或表扬要恰当，尤其是批评，本着"否定行为，肯定人"的做法，爱护幼儿的自尊心。通过对幼儿进行恰当的评价，不使幼儿觉得"自己什么都不行"，产生自卑感；也不使幼儿觉得"自己什么都好"，下盘棋也只能赢不能输。

（4）有初步的公平竞争的意识和行为。在竞赛性的活动中，逐步理解公平竞争的含义，正确面对输赢并懂得通过自己的努力获得成功。

（5）懂得基本的礼貌礼节。见面、道别等要使用礼貌用语，知道称呼、问候他人；学会尊重他人、待客、恭贺喜事、拜访答谢亲友、看望病号等基本礼节。

3. 锻炼独立生活和学习的能力

（1）学会在日常生活中独立自理，自己的事情自己做，不依赖他人；在学习和游戏中有主见，学会独立思考并解决问题、独立操作并完成任务。

（2）学习自我保护的常识和技能。

（3）帮助幼儿体验独立自主获得成功的喜悦情感，培养幼儿良好的独立个性。

4. 性教育

研究表明，3~6岁是幼儿的性别意识发生、发展的关键时期。这一时期所接受的性教育会影响到他们性知识、性别自我表现、性别角色行为、动情反应以及今后性目标的选择。因此，从小进行性教育，使幼儿懂得性别差异和性角色，知道一些简单的性知识，纠正不良性行为习惯是非常必要的。

（1）性认同和性角色。正确的性认同和性角色意识，有利于幼儿更好地适应社会生活，形成健康的性心理基础。

（2）科学简洁的性知识。对于幼儿的提问和质疑，我们应该以科学求实的态度，简洁地回答孩子。

（3）纠正玩弄生殖器和大腿摩擦的不良习惯。

（4）正确处理幼儿间的性游戏。教师和家长要正确对待幼儿的这些性游戏，不能仅是粗暴制止，更不能羞辱，否则会损害幼儿性心理的健康发展。应因势利导，晓之以理，帮助幼儿形成健康的性心理。

5. 幼儿心理障碍和行为异常的预防

采取"三级预防"是预防幼儿发生心理障碍和行为异常的基本策略。

一级预防：防止心理障碍和行为异常的发生，增进健康，即病因预防，从根本上杜绝心理障碍和行为异常的发生，并提高幼儿的心理健康水平；

二级预防：早期发现和及时治疗心理障碍和行为异常，防治疾病进一步发展；

三级预防：为了疾病的康复，减少复发和残疾程度，尽量恢复病儿的生活自理能力。

其中一级预防是最重要、最基本、最有效的防病保健的预防措施。

二、选择幼儿健康教育内容应注意的问题

（一）教育的内容与目标要保持一致

幼儿健康教育内容的选择应该根据教育目标来定，教育目标要以教育内容为依托才能得到落实。事实上，幼儿健康教育的目标已经界定了幼儿健康教育的内容，并且提示了内容要点。幼儿健康教育的目标是选择幼儿健康教育内容的基准。例如，目标中提出要培养幼儿不偏食、不挑食的饮食习惯，为此就要选择那些与认识、品尝各类食物相关的内容。又如，教育目标中提出要认识常见的安全标志，在教育内容的选择上要紧紧围绕目标，可以选择多种形式，利用图片、录像、儿歌等让幼儿认识安全标志。再如，对小班刚入园的幼儿，教师制定并提出了"情绪稳定，对幼儿园环境有兴趣和愿意与同伴交往并参加本班的活动"的培养目标，在教育内容的选择上，应紧密围绕目标，可以选择木偶表演《乖宝宝上幼儿园》，参观幼儿园各项活动，学习歌曲《我上幼儿园》等内容。因此，在选择教育内容时，教育者必须选择与幼儿行为发展目标相匹配的内容，从"是什么""为什么"到"怎么做"层

层深入，其中"怎么做"是中心内容。值得注意的是，"条条大路通罗马"，实现相同的健康教育目标可以选择不同的健康教育内容，应体现同一健康教育目标下健康教育内容的多元化。

（二）教育内容要具有时代性

幼儿健康教育的内容应紧密联系当前实际，体现出时代性。我国著名教育家陶行知先生主张："生活即教育，社会即学校。"学前教育不能局限于狭小的教室里，幼儿所生活的大自然、社会都可以作为学前教育的场所、范围和内容。教育内容应该是来源于生活且服务于生活的。我国著名的幼儿教育家陈鹤琴先生提出"活教育"理论，指出"活教育"的目的就是"做人、做中国人、做现代中国人"，强调"大自然、社会，都是活教材……（教育内容应该）生机勃勃"。当前社会飞速发展，新生事物层出不穷，在幼儿健康教育内容的选择上，应体现一定的时代特点，与幼儿当前的生活紧密结合。例如，可针对社会治安问题，教给幼儿一些最基本的自我保护措施和策略，如不吃陌生人的东西，不随便跟人走；针对家庭的现代化，有必要让幼儿了解和掌握防电、防火的粗浅知识和简单技能；教师在开展幼儿安全自护教育时，针对手机已经普及每个家庭且幼儿对手机非常熟悉的情况，完全可以将使用手机求救列入教育内容。

（三）教育内容与幼儿身心发展及生活经验相关联

幼儿健康教育内容的选择要与幼儿的身心发展及生活经验相关联，任何背离幼儿身心发展规律的目标最终都无法达成。幼儿身体各器官、各组织的发育还不成熟，功能不完善，心理正处于发展阶段，思维水平相对较低。同时还需正确判断幼儿已有的生活经验和习惯，以使健康教育活动的开展有的放矢，健康教育的内容也能符合幼儿的接受能力。

此外还应根据幼儿健康现状和发展趋势来选择教育内容。例如，幼儿中存在着消瘦、肥胖、胆小、任性、尿裤子、偏食等现象，就要选好相关的内容，进行有的放矢的教育。对不同年龄阶段的幼儿，健康教育的内容也要考虑其适宜性。例如，大班的幼儿普遍出现换牙现象，教师可设计"换牙了"这个健康教育活动，开展保护牙齿的教育，幼儿容易理解，教育效果突出，但如果将此内容放到小班去进行，则意义不大，因为此活动不符合他们的身心发展特点，也脱离了他们的生活经验。当然，有时同样的健康教育内容也可以在不同的年龄班开展，但教育目标和对幼儿的具体要求不一样，教师应该根据幼儿的年龄特点和个体差异，选择适宜的教育内容。

（四）教育内容要为幼儿一生的发展服务

幼儿健康教育要体现终身教育的理念。教育的根本目的是使幼儿能够一生持续地学习，有尊严、有质量地生活，不仅是未来的生活，也包括现在的生活；是让他们能够为自己所处的环境做出充分的贡献，并且有能力把握自己的人生。

教育应围绕四种基本学习加以安排，可以说，这四种学习将是每个人一生中的知识支柱：学会认知，即获取理解的手段；学会做事，以便对自己所处的环境产生影响；

学会共同生活，以便与他人一道参加人的所有活动并在这些活动中进行合作；学会生存，这是前三种学习成果的主要表现形式。

《纲要》明确指出："幼儿园教育是基础教育的重要组成部分，是我国学校教育和终身教育的奠基阶段，应为幼儿一生的发展打好基础。"幼儿健康教育应符合《纲要》的要求，精选"为幼儿一生的发展打好基础"的内容，不能只注重眼前效益、短期效益。例如，开展"爱护牙齿"健康教育活动，有些教师更热衷于教幼儿学习《刷牙歌》，不注重刷牙知识的获得和行为、习惯的养成，而从健康教育的角度来讲，后者对幼儿终身的发展更为有益。再如，有些小班教师和保育员为了完成带量食谱规定的进食量，不顾幼儿感受，大声呵斥幼儿加快进餐速度，更有甚者，强行一匙一匙地塞饭，导致幼儿害怕吃饭、厌食，甚至不想上幼儿园，但教师振振有词，认为孩子不吃饭会影响健康，这样做是为了孩子好。还有些教师只注重身体保健，忽视了心理保健，殊不知，因此而导致的后果更加严重。

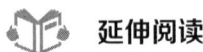 **延伸阅读**

幼儿健康教育应重视的几个问题

幼儿期是建立全面发展的身体素质和健康行为方式的关键时期，开展幼儿健康教育有利于幼儿身心的全面发展，能为幼儿一生的健康和生活奠定良好的基础。为了更好地开展幼儿健康教育，提高幼儿健康教育的质量和效率，使幼儿健康教育收到事半功倍的效果，应重视几个问题。

一、重视幼儿心理健康教育

健康是身体、心理和社会适应的健康状态。早期的心理健全，对一个人未来的发展很重要。《纲要》指出："树立正确的健康观念，在重视幼儿身体健康的同时，要高度重视幼儿的心理健康。"然而，现实中幼儿心理健康教育往往被忽视了，是一个薄弱环节，幼儿心理健康的状况也不容乐观，比较突出的心理问题表现为情绪不稳定、行为控制力差、意志力薄弱、怕苦怕累、以自我为中心、孤僻等。幼儿心理及行为问题的发生率还在呈上升趋势，因此，大力开展幼儿心理健康教育，增强幼儿心理素质，进一步提高幼儿心理健康水平，是幼儿园、家庭和社会面临的重大课题。

幼儿园应设置幼儿心理健康课程，根据幼儿的特点，向幼儿传授心理知识，培养幼儿的心理品质，目的是帮助幼儿更好地认识自己的身心发展特点和发展状况，及时了解自己身上存在的心理问题，自觉维护心理健康。幼儿教师在各教育领域中，要有意识地对幼儿进行心理健康教育，并且不断改善自己的个性品质和心理健康状况，避免将个人的不良情绪带到幼儿园。父母应努力克服自己性格上的缺点，营造温馨和睦的家庭氛围，多与幼儿交流，让幼儿在情感上得到满足，建立并保持良好的亲子关系。同时，应优化社区的教育环境，使幼儿在自然的、社会的、规范的环境中，心理得到健康的发展。

二、提高幼儿教师的健康教育专业水平

幼儿园是实施幼儿健康教育的主要场所。幼儿教师在健康教育中起着主导作用，其专业水平、自身素质直接影响整个教学活动的开展和教育效果的取得。当前，幼儿健康教育工作还没有得到足够的重视，幼儿教师在这方面的知识和经验明显不足。随着社会对幼儿健康教育越来越重视，幼儿教师的素质急需进一步提高，我们将通过加大培训力度来提高在职幼儿教师的健康教育专业水平，推动幼儿健康教育工作向专业化方向发展。

三、发挥家庭在幼儿健康教育中的作用

对幼儿实施健康教育，指导纠正幼儿行为中的不良倾向，教师要认真探究幼儿行为问题产生的家庭原因，脚踏实地地与家长一起克服家庭教育中存在的问题。一方面需要通过举办家长学校、开展健康教育专题讲座等多种途径，大力向幼儿家长介绍健康教育的重要性以及健康教育的目标、内容和方法，使家长成为健康行为的执行者、幼儿健康教育的支持者和指导者。另一方面，家长应树立科学的幼儿健康观，不能只关注幼儿的吃、穿，还要重视幼儿心理与适应性发展。对幼儿的期望也必须合理，为幼儿设计的发展目标要充分考虑幼儿自身的条件，考虑社会的需要及目标实现的可能性。总而言之，家庭教养行为必须科学化，使幼儿获得全面的、有利于健康的环境。

四、注意幼儿健康教育的社会性

幼儿健康教育具有广泛的社会性，不能只局限于学校和家庭，需要社会各部门和各种力量的共同关注、积极参与，并发挥各自的优势和特点，联合为孩子营造一个健康、安全、优美的园所环境、家庭环境和社区环境，全方位地发挥健康教育功能。

随着时代的发展，电视、网络等先进科学技术与幼儿日常生活更加密切，各种社会传媒将直接影响幼儿道德观念和行为的形成，对其身心发展产生重要影响。因此，家长要加强指导，充分利用各种教育资源，拓展幼儿的生活和学习空间，使幼儿"择其善者而从之"。

五、发挥幼儿的主动性

幼儿年龄小，但也有自己独立的人格，有自己的观点、独特的需要与兴趣。在幼儿健康教育中必须处理好成人保护与幼儿自立之间的关系，尊重幼儿的主体地位，鼓励发挥幼儿的主动性。教师与幼儿建立一种平等的伙伴关系，通过营造宽松的心理环境，使幼儿有话敢说敢讲，遇事敢想敢做。凡事不要包办过多，要留给幼儿自己选择

和决定的机会，并且鼓励幼儿自己做决定，以发展幼儿的自信心，提高他们适应环境和解决问题的能力。

第三单元　幼儿园健康教育活动的设计与实施

【学习目标】
- 了解幼儿园健康教育活动的原则及实施要求。
- 掌握幼儿园健康教育活动实施的基本步骤。
- 掌握幼儿园健康教育活动的组织形式。

模块一　幼儿园健康教育活动的设计

一、幼儿园健康教育活动的原则

1. 科学性原则

幼儿的学习活动离不开教师的支持，而教师的知识结构、能力水平等关系到教师如何更好地引导幼儿达到教育目标。从广义上说，健康教育是以生物科学（生物学、化学、生态学）、健康科学（解剖学、生理学、微生物学、流行病学）以及行为科学（社会学、心理学、社会心理学）等学科为基础的，因此教师需要具备充分的健康知识和能力。幼儿健康教育是启蒙而规范的教育，虽然浅显易懂，但健康技能的培养常常需要一步到位。例如，刷牙技能、进餐习惯的培养等，一开始就需要正确、规范的教育。幼儿教师在设计、准备幼儿健康教育活动时，科学健康的教育理念与健康知识必不可少，特别是身体生长与保护、营养配餐、疾病防护等相关知识结构需要不断完善。

健康教育需长期进行，每一个阶段都应该有重点，循序渐进，既要做好集中的教育，又要做好日常生活中的能力培养。身体素质的发展是有连贯性的，因此活动内容的安排要讲求连续性、合理间隔、循序渐进，才能使幼儿获得很好的发展。讲究科学性，不能消极地理解为避免伤害，而应理解为遵循规律，谋求高效，使幼儿身心潜能得到更好的发展。

2. 兴趣性原则

健康教育活动主要是通过幼儿感兴趣的游戏或其他形式进行的。游戏是幼儿园教学活动的主要形式，所以游戏既是教材又是手段。我们在设计游戏时，首先要考虑不同年龄幼儿的特点，选择教材，研究教法，有目的地发展幼儿各项基本动作的技能，提高幼儿参加游戏活动的积极性、主动性和兴趣，促进幼儿身体的正常发育和机能的协调发展，增强体质，全面锻炼幼儿的身体。

我们应该使幼儿的注意力指向并集中在活动上，使幼儿带着浓厚的兴趣把注意力高度集中在"学"的活动上。活动的内容、形式，组织的方法等都应体现丰富性和多样性，以激发幼儿参与活动的兴趣，促进幼儿积极主动地投身于活动之中，练得开心，玩得尽兴。

《纲要》把"培养幼儿对体育活动的兴趣"作为"幼儿园体育的重要目标"，还指出幼儿园健康教育应该使幼儿"情绪安定、愉快""喜欢参与体育活动""用感兴趣的方式发展基本动作，提高动作的协调性、灵活性"。显然，幼儿健康教育的重心从侧重发展动作、增强体质转向了兼顾培养体育兴趣、形成健康的生活习惯和运动习惯。因此，教师要树立正确的教育观，在健康教育活动的设计中要以幼儿为主体，积极引导幼儿参加活动，使幼儿在轻松愉快的活动中学习知识，丰富经验，从而促进幼儿的健康发展。

3. 面向全体幼儿与重视个体差异的原则

面向全体幼儿是我们的教学原则之一，也是我们作为幼儿教师的师德之一。幼儿园的每一个孩子，对人类、对社会、对家庭、对未来都具有同等的重要性。这就要求我们，教育要面向所有幼儿，而不应因孩子的个体差异性来决定对其的重视程度。我们应该尊重幼儿身心发展的规律和个体差异，根据幼儿的发展水平、已有经验及学习方式，选择有效的活动内容、形式和教育方法，使每个幼儿都有充分活动和表现的机会。

"注重个体差异，因人施教，引导幼儿个性健康发展"，是《幼儿园工作规程》确定的幼教工作原则之一。在中国幼教改革日益深入的形势下，这一原则已经越来越被广大幼儿教师所掌握和运用。在教育教学的过程中，我们应重视把幼儿的"个体差异"考虑进去，为那些在集体中放不开自己的孩子提供能让他们施展自己"才华"的机会和条件，关注有特殊需要的幼儿，并积极地给予支持和帮助，促使每个幼儿富有个性地发展。尤其是在安排体育内容、发展幼儿素质时更要重视和研究每个幼儿在体育素质上发展的需求，既要重视不同幼儿间的差异，又要重视每个幼儿自身在体育素质方面发展上的差异，尽量使体育内容能满足每个幼儿发展的需要，避免"一刀切"。要以"扬长避短"的积极态度，善待幼儿的"内差"，让每一个孩子都能在活动中得到锻炼并有所收获，使每一个幼儿都能在原有的基础上得到最大限度的发展。

4. 生活性原则

教育生活化是一种开放型的课程观念，也符合幼儿生命存在、学习与发展的实际。众所周知，幼儿生命的存在几乎完全依赖于成人，年龄越小越是如此，教育与生活的关系也越发密切。对幼儿来说，生长是首要的。教育离不开生长，更不能脱离生活。

陈鹤琴先生认为:"儿童离不开生活,生活离不开健康教育,儿童的生活是丰富多彩的,健康教育也应把握时机。"

幼儿健康教育的出发点和归宿是培养幼儿的健康行为,根本目的是提高幼儿的生活乃至生命质量,幼儿健康教育的主要内容涉及幼儿生活的全部范畴。因此,幼儿健康教育是生活教育,应当在盥洗、进餐、清洁、睡眠、锻炼、游戏等日常生活的每一环节渗透健康教育理念,实施健康教育策略;要充分认识到仅仅依靠传统意义上的健康教学活动(尽管这是不可或缺的教育形式)是无法真正达成幼儿健康教育的目标的;要积极探寻日常生活中的幼儿健康教育的特点和规律,将健康教育与日常生活相结合,使儿童在日常生活中促进健康,在健康观念、健康情感及健康行为的指导下生活,真正实现《纲要》所倡导的"寓教育于生活,在生活中进行教育"。如流鼻血是幼儿园中比较常见的现象,教师借助这一事件,安排了"保护鼻子"的活动,活动中幼儿认识了人的五官之一(鼻子),了解了必要的安全保健常识,并学会了正确的、科学的自我保护方法,同时,幼儿知道了怎样保护鼻子,也有助于他们健康行为习惯的养成。

5. 整合性原则

任何领域的教育都必须将维护和促进幼儿的健康放在首位,因此,健康领域与其他领域的融合是必要的。《纲要》明确指出:"教育活动内容的组织应充分考虑幼儿的学习特点和认识规律,各领域的内容要有机联系,相互渗透,注重综合性、趣味性、活动性,寓教育于生活、游戏之中。""幼儿教育是以3～6岁的幼儿作为对象的教育,幼儿的身心发展特点和学习特点决定了幼儿教育必须是整体性的教育,幼儿教育需要高度的整合……幼儿的发展是整体的、全面的,幼儿教育应注重整体性和全面性。"

在开展幼儿健康教育时,应该具有整合的观念,切不可人为地割裂有益于幼儿发展的整体经验。可以在本领域内整合幼儿健康教育的课程,如整合幼儿身体保健和幼儿心理保健的内容,整合幼儿身心保健与幼儿身体锻炼的内容,也可以进行超领域的整合。如整合幼儿健康教育领域和幼儿科学教育领域的内容,整合幼儿健康教育领域与幼儿艺术教育领域的内容等,实现课程的整合,更好地促进幼儿的发展。事实上,幼儿身心发展的特点决定了幼儿园任何领域的教育都应该把幼儿的健康放在第一位,开展幼儿健康教育必然要和其他领域的课程相融合。例如,开展幼儿唱歌、绘画活动时,要讲究卫生,要注意保护发声器官,形成正确的姿势;开展语言活动时,要引导幼儿学习与人交往,促进幼儿健全人格的形成,等等。

6. 适量的运动负荷原则

适量的运动负荷原则是指在组织幼儿进行身体锻炼活动时,教师应合理安排及注意调节幼儿练习时身体和心理所承受的负荷量,保证幼儿在运动后能取得超量恢复的最佳效果,提高身体运动的机能,达到增强体质的目的。这既是人体机能适应性规律的要求,也是人体生理机能能力变化规律的要求。幼儿园健康教育除了应遵循上述主要活动原则外，还应遵循幼儿园教育活动的一般原则和规律。只有将两者有机地结合起来，才能更好地实现幼儿园健康教育的目标。

二、幼儿园健康教育活动的实施要求

1. 明确指导思想

一个健康的幼儿既是一个身体健全的幼儿，也是一个"愉快""主动""大胆""自信""乐于交往""不怕困难"的幼儿。皮亚杰也曾说过儿童是自己的。哲学家教育的第一条件就是要尊重主体、认识主体、热爱主体。只有充分地尊重幼儿，使其发挥应有的主体性，幼儿才有可能主动、积极、创造性地活动。幼儿健康教育既然将促进幼儿的健康作为最直接的目的，那么其教育过程就不应使儿童感到压抑或痛苦。实施幼儿健康教育时应努力将幼儿的兴趣与必要的规则相结合，使幼儿健康教育成为真正意义上的幸福教育。

2. 细化教育目标

促进幼儿的身心健康发展既是学前教育的根本目标，也是幼儿园健康教育的终极目标。在幼儿园健康教育实践活动中，必须进一步将这些目标细化，使其具有可操作性。

（1）结合年龄特点细化。

在确定幼儿园健康教育活动的目标时，首先要结合本班幼儿的年龄特点、发展水平，细化总目标，使其具体化。尤其在不同年龄班的幼儿进行同一内容系列活动时，目标的制定更要把握其准确性，做到各系列活动之间既有联系又有区别。例如，对于饮食和营养的有关内容，在制定目标时可以这样定位：小班认识几种常见营养食物，知道它们对身体有益处；中班知道身体的生长发育与营养摄入状况有关系，知道常见的富有营养的食品的名称和作用；大班懂得简单的营养知识，知道营养与健康的关系，初步了解营养不良的症状及矫正方法。

（2）结合具体活动细化。

在设计具体的健康教育活动时，目标的确定应该突出活动的重点，要有针对性。例如，中班的"刷牙"活动中将目标定为"学习使用牙刷，培养幼儿良好的生活卫生习惯"。这一目标的确定太过笼统，不如改成"学习正确的刷牙方法，养成早晚刷牙的好习惯"更确切。

3. 涵盖教育内容

幼儿健康教育包含日常生活习惯教育、饮食营养教育、身体认识与保护教育及安全教育。教育者为3~6岁的幼儿选择的内容应能涵盖上述四个方面。每一方面内容的实施都应从"怎样做""是什么"到"为什么"，层层深入。其中，"怎样做"是中心内容。

4. 丰富教育途径

《纲要》要求：既要高度重视和满足幼儿受保护、受照顾的需要，又要尊重和满足他们不断增长的独立需要，避免过度保护和包办代替，鼓励并指导幼儿自理、自主的尝试。因此，幼儿园健康教育活动是教师以多种形式有目的、有计划地引导幼儿生动、活泼、主动发展的教育过程。

幼儿园应与家庭、社区密切合作，与小学相互衔接，综合利用各种教育资源共同为幼儿的发展创造良好的条件。就幼儿健康教育而言，取得家庭、社区的积极配合更为重要，否则来自任何一方的消极影响都将抵消幼儿园健康教育的积极作用。家庭是幼儿园重要的合作伙伴，幼儿园应本着尊重、平等、合作的原则争取家长的理解、支持和主动参与，并积极支持，帮助家长提高教育能力。环境是重要的教育资源，应通过环境的创设和利用有效地促进幼儿的发展。幼儿园健康教育实施中不仅应重视幼儿园物质环境的创设，而且应重视幼儿园心理环境的创设。

5. 灵活组织教育形式

"教育活动的组织形式应根据需要合理安排，因时、因地、因内容、因材料灵活地运用。"幼儿园的健康教学应与日常生活中的健康教育相结合，集体教育小组活动与个别交谈相结合。教师在幼儿园健康教育活动中应根据不同的教育内容，针对幼儿的不同特点，合理地利用各种环境资源，调动幼儿的感官，灵活地运用集体、小组、个别活动的形式，为幼儿提供充分的主动活动的机会。不同的教育活动形式产生的教育影响是不同的。集体活动、小组活动、个别活动相结合的活动方式，从形式上保证了不同层次幼儿的发展，也扩展了幼儿的发展空间和学习机会，为幼儿的发展提供了条件。

同时，教师还应将幼儿园健康教学与日常生活中的随机教育紧密结合起来。健康教育就是生活教育，应当渗透到幼儿日常生活的各个环节，两者相互结合，共同促进幼儿的健康发展。

6. 合理运用教学方法

教学方法是开展教学的有效手段，是教师激发幼儿的学习兴趣，有效传递健康教育信息，帮助幼儿理解健康教育内容，促进健康活动顺利进行，实现健康教育目标的重要因素。

教师在开展幼儿园健康教育活动时应根据健康教育的目标、内容，以及幼儿的年龄特点、身心发展水平，灵活选择适当的教学方法，使其具有针对性、多样性、趣味性的特点。

7. 审慎进行教育评价

教育评价的目的是了解教育的适宜性、有效性，调整和改进工作，促进每一个幼儿的发展。由于不同幼儿的身心发展存在着很大差异，有些差异是先天因素造成的，故对幼儿健康水平的评价应重视个体差异，慎用横向比较，将评价的重点放在幼儿个体身心发展的速率与趋势上。

《纲要》指出：教育评价是幼儿园教育工作的重要组成部分，是了解教育的适宜性、有效性，调整和改进工作，促进每一个幼儿发展，提高教育质量的必要手段。

幼儿园健康教育活动的评价是对幼儿园健康教育活动计划执行情况进行的评价，它是科学制定幼儿园健康教育计划的基础和依据。通过评价活动能够了解幼儿健康水平，把握幼儿园健康教育的开展现状，准确发现存在的问题，及早采取有效的改进措施，促进幼儿健康发展。因此，评价活动必须真正做到客观公正，从目标、准备、环节、组织形式、方法等各方面进行全面评价，重点评价幼儿健康知识、态度、行为习惯的改善情况，保证幼儿园健康教育水平不断提高。

8. 尝试整合领域教育

（1）以科学领域为中心设计的整合课程，例如，以青菜为例，可以设计以科学活动为中心整合健康教育的主题活动：在种植园地撒菜籽、观察菜籽的萌发、记录菜籽的生长过程（美术和科学）、了解青菜的营养价值（语言），等等。

（2）以社会领域为中心设计的整合课程。

【案例一】　了不起的保育员

活动目标：

初步了解保育员与我们生活的关系；懂得用实际行动珍惜保育员的劳动成果。

活动准备：

有关保育员的幻灯片；已对保育员一天的工作进行调查。

活动过程：

(1) 交流感知：保育员阿姨每天都做哪些事情？你们认为保育员阿姨了不起吗？

(2) 观察讨论：保育员阿姨正在消毒的画面、擦窗和打扫卫生的画面、准备午餐时的画面。

(3) 迁移：保育员阿姨这么辛苦，我们应该为她做什么？

【案例二】　谈话活动：洗澡真开心

活动目标：

指导洗澡的方法和程序，感受洗澡的乐趣，能坚持洗澡。

活动准备：

故事"魔力澡盆"。

活动过程：

(1) 引出话题：图片上的小朋友在干什么？

(2) 自由交谈：你们喜欢洗澡吗？洗澡时怎样才能把身体洗干净？

(3) 拓展谈话：洗澡会给我们带来什么感受？为什么要坚持洗澡？

(4) 幼儿自由交流洗澡的感受。

(5) 幼儿听音乐模仿洗澡动作。

9. 活动准备全面充分

全面充分的准备是幼儿园健康教育活动成功的基础。全面充分的准备应当体现在各个方面，包括教师的准备、幼儿的准备等。

（1）教师的准备。

① 知识、能力方面的准备。

《纲要》指出：教师是幼儿学习活动的支持者、合作者、引导者，教师的知识结构、能力水平直接影响对幼儿学习活动的支持和引导。

教师首先要有广博的知识。幼儿教师的知识水平可以广而不深，也就是说，懂得的知识要多，知识面要广，这样才能对幼儿的求知和时时刻刻的提问做到有问必答。幼儿教师尤其要积累扎实的幼儿卫生学知识、营养学知识、安全知识、心理健康知识等，这是进行幼儿健康教育的前提。在设计幼儿园健康教育活动时，教师要做好自身相关知识结构方面的准备，以便准确、科学地向幼儿传播健康知识，解答幼儿提出的意料不到的问题并及时纠正幼儿错误的、模棱两可的回答。其次，教师还应提高自己的能力水平。幼儿园健康教育活动需要与家庭、社会联系，这要求教师具备良好的组织协调能力、沟通合作能力；对幼儿园健康教育活动主题的选择要符合幼儿的特点和实际，这要求教师有敏锐的观察能力；当然教师还应具备恰当选择幼儿园健康教育活动的内容、方法、途径的能力，良好的语言表达能力等。

② 心理准备。

首先，教师要调整好自己的心态，以积极、饱满的热情投入教育活动，用自己良好的情绪感染、带动幼儿积极主动地参与到活动中来。

其次，教师要有对于教育活动可能发生变化的心理准备，这有助于教师沉着应对突发事件。

③ 物质资料（玩具、教具）的准备。

幼儿的思维活动具有具体、形象的特点。在学习过程中，幼儿是通过感官认识、辨别事物特性的。教师要准备丰富的玩具、教具，让幼儿通过对玩具、教具的操作使用，将一些抽象的知识变成看得见、摸得着的知识，并且在动手操作的过程中对活动产生兴趣，轻松愉快地学习知识、增长技能。教师还要准备适当的电化教育设备。幼儿园健康教育涉及许多卫生知识，将这些稍显枯燥的知识搬到生动的屏幕上，会增加幼儿的学习兴趣，增强教学效果。

（2）幼儿的准备。

① 知识经验方面的准备。

教学活动的开展必须在幼儿已有知识经验的基础上进行。在进行新的健康教育教学活动前，教师必须了解幼儿已经掌握了哪些与本活动相关的知识技能，具备了哪些能力，还有哪些不足，从而通过事先参观、学习等方式帮助幼儿做好相关的知识准备，让幼儿能够在原有基础上建构新的经验。例如，在体育活动"小蚂蚁运粮食"开展前，教师就先和幼儿学习了蚂蚁生活习性的相关知识，增强了幼儿在活动中模仿、练习爬行的欲望和兴趣，使得活动高效生动地完成。

② 心理准备。

良好的心理准备有助于幼儿集中注意力、珍惜机会，能够唤起幼儿的内心期待，激发其情绪，调动幼儿活动的积极性、主动性。例如，在体育活动前，教师通过组织幼儿玩"切西瓜""老狼老狼几点了"等体育游戏，体验协作游戏的快乐和乐趣，激发儿童主动参与活动的愿望。同时，良好的心理准备还能减缓紧张、焦虑、害怕等不良情绪，从而减少对幼儿的伤害。例如，日常生活中，向幼儿渗透打针、吃药的重要及不舒适感觉等，这样就能给幼儿留下一定的心理准备空间，可以适当缓解幼儿生病时的不良情绪。

当然，幼儿园健康教育活动的准备还应包括：根据季节、天气选择安全卫生、光线适宜的活动场所；提供充足的桌椅、教具、学具等；教师还应组织幼儿做好活动前的如厕、着装检查等准备。

三、幼儿园健康教育活动设计的基本步骤

（一）确定活动目标

活动目标指明了教育要达到的标准和要求，是开展教育活动的依据。它不仅对活动内容、活动方法、活动手段和活动形式产生影响，也影响着活动的结果，即幼儿的发展。目标的制定可以从以下三个方面来考虑：认知、情感态度、行为技能。目标的表述，从活动的主体看有两种方式：（1）表述教师的行为：说明教师在活动中应该做什么，如"教会""培养""重点示范……动作"。（2）表述幼儿的行为：表述幼儿的行为变化，如"学会""懂得""知道"等。无论使用哪种方式来表述目标，都要保持角度统一，不能混淆。在设计健康教育活动时，教师要考虑健康教育的终极目标要求，结合幼儿的发展特点和接受能力，根据活动内容的不同，设计出明确、具体、适宜的活动目标。

【案例三】 中班体育活动"蚂蚁搬豆"的目标，从教师的角度可以表述如下：

（1）教会幼儿两手两膝着地向前爬的方法和技能，培养幼儿动作的灵活性和协调性。

（2）培养幼儿热爱劳动、做事认真的好习惯。

【案例四】 中班健康活动"嘴巴里的牙宝宝"的目标，从幼儿的角度可以表述如下：

（1）了解门牙、尖牙、磨牙的一些简单特征和功能。
（2）掌握保护牙齿的方法，了解换牙的一般常识。
（3）体验探索自身奥秘的快乐。

（二）选择活动内容

活动内容是实现活动目标的载体，内容选择是否恰当，会影响目标实现的程度。幼儿园健康教育活动内容的选择应考虑既要贴近幼儿的生活，又要与幼儿的年龄特点和接受能力相符合，注重科学性、趣味性、通俗性，同时应具有较强的可操作性，使幼儿对活动内容感兴趣，从而乐于参与，充分发挥幼儿学习的主体作用，提高幼儿健康认知水平及态度，使其形成健康的行为习惯。

（三）确定活动方法

由于幼儿园健康教育活动的目标和内容不同，因而在方法的选择上也有所区别。常用的活动方法有以下几种。

（1）动作与行为练习法，指让幼儿对已学过的生活技能、健康行为等进行反复练习，加深理解，形成稳定的技能和良好的行为习惯的方法。

（2）讲解示范法，指教师边讲解边结合动作演示，或以实物、模型演示，具体而形象地向幼儿传授有关健康的知识和技能，提高幼儿对健康的认识水平。讲解是指教师用语言组织幼儿的活动，指导他们理解和掌握活动的名称及练习内容，领会动作的要领和做法的一种方法。示范是指教师以个体的动作为范例，使幼儿看到所要练习和掌握的动作或技能的具体形象、结构和完成的先后顺序等。在具体的活动中，讲解和示范应当合理结合。

（3）情景表演法，指现场或通过录像向幼儿展示生活情景，让幼儿观察和分析情景中所涉及的健康问题。

（4）讨论评价法，指在幼儿参与健康教育的过程中，让他们提出问题，发表自己的意见和看法，最后得出结论，形成共识。

（5）感知体验法，指让幼儿通过各种感官来认识和判别事物的特征。

（6）游戏法，是指以游戏的形式组织幼儿进行健康教育活动的方法。

幼儿园健康教育活动的方法多种多样，在确定方法时需要注意以下几点：第一，重视幼儿的感知和体验；第二，重视幼儿的动作与行为练习；第三，充分利用电教手段；第四，注意多种方法的有机结合，发挥最佳功效。

（四）设计活动过程

活动过程是实施活动目标的流程，是教学过程的具体环节。幼儿园健康教育的活动过程应遵循一般的教学规律，体现活动顺序的层次性，一般可以分为开始部分、基本部分和结束部分三个环节。

1. 开始部分

开始部分又叫导入部分，在开始部分中，教师可以通过多种多样的方式来吸引幼儿的注意力，调动幼儿的情绪，使幼儿乐意参与到活动中。俗话说，万事开头难，良好的开端意味着成功的一半。所以，开始部分教师应充分准备，选择恰当的方式导入，经常用到的导入方法有以下几种。

直接导入是指教师直接点出活动主题，阐明活动程序，提出活动要求，也称"开门见山""单刀直入"。

经验导入是指教师根据幼儿已有的生活经验和现实素材，通过生动而富有感染力的讲解、谈话和提问，引起幼儿回忆和联想，自然地导入新活动的一种导入方法。

激趣导入是指教师通过采用猜谜、唱歌、跳舞、讲故事、设置悬念、游戏等形式，激发幼儿兴趣的一种导入方法。

直观导入是指通过让幼儿观察实物、标本、模型、挂图、幻灯片、电影、电视录像等，引起幼儿兴趣，从中提出问题、创设活动情景的一种导入方法。

旧知导入是指教师通过引导幼儿回忆已掌握的有关知识导入活动的一种方法。

2. 基本部分

在设计基本部分时，教师要善于设疑启思，通过各种手段和方法，激发幼儿学习活动的主动性，使幼儿在教师设计的活动中达到增进健康认知和态度，形成健康行为能力和习惯的目的。教师主要可以考虑以下几点：

（1）大体分哪几个步骤？

（2）每个步骤必须完成哪些内容？采用什么方式、方法？

（3）哪一个步骤是重点？哪一个步骤是难点？怎样突出重点？怎样突破难点？

（4）每个步骤的时间大体怎样分配？

（5）每个步骤如何进行清楚的阐述？

（6）用什么方式来进行步骤之间的过渡？

3. 结束部分

结束部分的设计主要考虑结束的方式。教师要精心设计活动的结束方式，既要使本次活动圆满结束，又不能就此结束幼儿对活动的积极性。活动结束的方式主要有以下几种。

复述式结束是指教师指导幼儿用口头语言重复所学知识的结束方式。通过复述，加深幼儿对知识的理解，使幼儿对所学知识进一步巩固。

游戏式结束是指在活动的结尾，安排与活动内容相关的游戏，促进幼儿对所学知识技能的理解、掌握和运用的一种结束方式。这种方式符合幼儿的心理特点，能提高幼儿参与活动的积极性，适用范围较广，是幼儿园教育活动经常选用的一种结束方式。

小结式结束是指教师通过概括、总结教育活动，使幼儿把握活动的精华，简约化、系统化地掌握知识技能的一种结束方式。它是幼儿园教师结束教育活动的主要方式之一，适用于以传授知识技能为主要活动目标的教育活动。

提问式结束是指教师通过提出问题，检查幼儿知识、技能的掌握情况，启发幼儿进一步展开想象，进行思考的结束方式。这种方式对于培养幼儿的想象力、思维力，增强幼儿的求知欲具有十分明显的作用。

（五）注重活动延伸

幼儿园健康教育是一个整体，一日活动的各个部分都蕴含了丰富的教育契机，应将专门组织的健康教育活动和生活活动结合起来，更好地促进幼儿健康行为和习惯的养成。活动延伸就是为了保持健康教育活动的完整性、连贯性。一个健康教育活动结束后，需要延伸活动把幼儿的一日生活与幼儿园、家庭和社区的活动紧密联系在一起，以帮助幼儿加深印象，巩固知识技能，从而保证教育活动目标的实现。例如，在大班健康教育"身边的危险"活动中，幼儿了解了一些身边常见的危险事物后，教师可以发动家长和幼儿一起发掘家庭常见的危险事物和外出时常见的危险事物，并且教给幼儿相应的保护措施，切实提高幼儿的安全自护意识和能力。

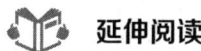 **延伸阅读**

健康教育活动中的幼儿自主发展

《幼儿园教育指导纲要》中指出："幼儿园健康教育是要根据幼儿身心发展特点，通过适宜有效的多种活动，提高幼儿的健康认识水平，改善幼儿的健康态度，培养幼儿的健康行为，最终使幼儿形成健康的生活方式。"《纲要》还强调，幼儿是活动的主体，要尊重主体、认识主体、热爱主体，使其发挥应有的主体性，幼儿才有可能主动、积极、创造性地活动。可见，在幼儿园健康教育活动中也应突出幼儿自主性的发挥，从幼儿对健康的认识水平、态度、行为入手，让幼儿自身形成初步的、健康的生活方式。但长期以来，幼儿园在对幼儿进行健康教育活动时，都是以教师为主体，以抽象的说教和讲道理为主要形式，告诉和要求幼儿如何去做。幼儿是被动的受体，只是被动地按教师的要求去做，很难形成自觉、主动的行为。为此，我们尝试运用多种形式、多种方法，努力将抽象的概念转化为幼儿可以理解的、具体的知识，通过活动使幼儿关注和了解自己的身体情况，帮助幼儿积累有关健康的经验，包括动作经验、知识经验和生活经验，建立有益于健康的行为，提升和调节幼儿的行为能力，使幼儿在健康教育活动中获得自主的发展。

一、以直观、具体的形式调动幼儿的情感体验，引发幼儿主动参与

幼儿阶段的思维特点是以具体形象思维为主，年龄越小的幼儿，越需要具体形象的支持。对于抽象的科学常识，我们会采取游戏或具体化的形式，帮助幼儿更好地感知和理解，同时也能激发幼儿参与活动的积极性，促使幼儿自主发展。例如，大班幼

儿进行"胖与瘦"的活动时，教师首先让幼儿观看了胖人与瘦人的生活照片和视频资料，直观地展示出过胖和过瘦给人们生活带来的困扰。然后教师为全班幼儿测量体重，并根据记录绘制出大幅的"学前儿童体重标准表"（正常范围为绿色、超正常范围为红色、低于正常范围为黄色），请幼儿将自己的名字卡片放在相应颜色的体重表格内，使幼儿很清晰地看到自己的身体状况。之后，教师又组织幼儿讨论"为什么小朋友的名字有的在绿色范围内、有的在红色或黄色范围内？为什么有的小朋友胖，有的小朋友瘦？"（请幼儿寻找原因：偏食、吃得少、吃得多……）接下来，教师带领幼儿认识并了解幼儿园的食谱，使幼儿明白食物要搭配吃才有营养，而且进食量要适当。最后，教师组织幼儿和厨房师傅一起制作自助餐。我们惊喜地发现，孩子们已经不再只选自己爱吃的食物了，而是开始有意识地考虑食物搭配，部分超重幼儿也开始注意进食量了。借着这次活动的良好效果，我们又延伸出了一些相关的活动。例如，请幼儿周末与父母一起制定"家庭食谱"，做到营养搭配；日常生活中提醒幼儿坚持调整自己的饮食习惯；每过一个月后进行一次体重测量，并绘制成表格，让幼儿看到自己体重的变化情况，等等。

二、教师亲身参与，激发幼儿的兴趣，带动幼儿自主成长

在孩子们的心目中，老师是"权威"。很多家长反映，同样的话由老师说出来和由家长说出来的效果是不同的。加之幼儿具有爱模仿的天性，愿意模仿老师的言行举止，因此，我们在日常教育教学活动中非常注重发挥教师的榜样作用和对幼儿的巨大影响力。通过让教师亲身参与幼儿的活动，激发幼儿参加活动的兴趣，带动幼儿自主成长。例如，大班跳绳活动是幼儿体育达标的项目之一，以往很多教师都把它当成一项任务去完成。在户外集体游戏之后，常常要求幼儿每天户外活动必须练习，甚至会出现"谁会跳了谁才能去玩"的现象。幼儿完全在被动状态下学习，有些幼儿甚至出现不愿来园的情况。为了激发幼儿的兴趣，我们组织了"跳绳表演"活动。首先由班上已会跳绳的小朋友表演，请其他幼儿为他们数数；然后由教师分别进行单摇、双摇、花样跳绳的表演，孩子们看到自己的老师跳得如此之棒，异常兴奋，大声地为她们加油，一部分幼儿情不自禁地为老师计数。另外，我们还将此活动的全过程录了像，教师在班内利用过渡环节给幼儿播放，感染幼儿，激发幼儿的兴趣，有时会听到孩子们议论："××老师跳得最棒！老师跳得真多！"从"跳绳表演"活动后，孩子们学习跳绳的积极性得到了极大的提高。每天户外活动时，孩子们不需要教师去提醒和要求，而是主动地拿起跳绳去练习。另外，教师每天也都会和孩子们一起参加跳绳活动，这也更加激发了幼儿的兴趣，使幼儿体验到学习和进步的乐趣。

三、利用家长资源，培养幼儿主动参加运动的意识

家长是幼儿园开展各方面活动必不可少的合作伙伴。充分利用家长资源，调动家长参加活动的积极性，形成家园合力，是我们培养幼儿主动参加运动的又一个尝试。例如，我们在全园各班开展了"嘉宾有约"的活动，请作为"网球教练"的妈妈来园

给孩子们介绍网球的打法，请作为"瑜伽教练"的妈妈带孩子们尝试练习瑜伽，请作为"体育教师"的家长给孩子们上体育课，等等。通过这一系列活动的开展，幼儿开阔了视野，了解到了不同形式、不同种类的运动项目，知道各种各样的体育活动形式都可以锻炼身体，都可以让身体长得更棒，从而强化了幼儿主动参加体育活动的意识。

四、体育活动中充分发挥幼儿的主动性

幼儿园体育活动是多种多样、丰富多彩的，我们尽可能利用各种活动和机会发挥幼儿的自主性，使幼儿在活动中获得主动发展。我们在幼儿园感统教室中，准备了大量的、丰富的感统器械，对全园幼儿开放。教师教给基本的玩法后，幼儿可以根据自己的能力和需要进行组合，自主活动。

我园开展的区域体育活动是分两个时间段和两个年龄段（婴、小班组和中、大班组）进行的。对于中、大班幼儿，活动前是由他们自己摆放材料，活动中自己选择活动区域，活动后自己收拾和整理材料。由于给了幼儿充分自主的空间和时间，他们参加区域体育活动的积极性得到了很大提高，相应地，身体运动能力和身体素质等都得到了加强，同时也培养了幼儿自我服务的习惯和能力。

通过上述几方面的探索与尝试，我们深深体会到：只有从幼儿的年龄特点出发，引导和挖掘幼儿的内在动力，只有让幼儿亲身感受和体验，并充分调动幼儿参加活动的兴趣，才能改变幼儿以往的被动角色，从而获得自主发展，也才能逐步使幼儿形成健康的生活态度、习惯和方式。

模块二　幼儿园健康教育活动的组织形式

学前儿童健康教育的组织形式从体育活动、身体保健、心理健康教育活动三方面内容进行表述。

一、学前儿童体育活动

（一）学前儿童体育活动的组织形式

在幼儿园中，最常见的幼儿身体锻炼的组织形式有以下几种。

1. 正规性体育活动

学前儿童在幼儿园中的正规性身体锻炼活动是幼儿体育课。体育课是实施学前儿童身体锻炼的基本途径。体育课是指教师有目的、有计划、有组织地引导学前儿童积极开展各种身体锻炼活动。它是以身体动作（如队列队形动作、基本动作、体操动作等）为主要内容，以身体练习为主要手段，以增强学前儿童体质，提高幼儿的身体素质，促进学前儿童身心全面和谐地发展，培养学前儿童良好个性品质的活动。

2. 户外体育活动

作为一种独立的身体锻炼的组织形式，它是指除早操活动以外的其他学前儿童户外体育活动的形式。

学前儿童户外体育活动的内容是多种多样、丰富多彩的。各类游戏、大型轻器械练习、小型多样的体育游戏、基本体操，包括队列练习、"三浴"锻炼、散步、远足等，都可以作为学前儿童户外体育活动的内容。

应结合日常生活活动实施幼儿身体锻炼。例如，午饭后学前儿童的集体散步就是一种身体锻炼的形式，它和早操一样属于幼儿身体锻炼的非正规性教育活动。

3. 早操活动

早操活动是锻炼幼儿身体、增强幼儿体质的良好手段之一，具体有以下几点作用。

（1）能全面增强幼儿运动系统和心肺器官的功能，发展幼儿动作的节奏感、协调性、准确性和控制能力，养成幼儿良好的身体姿态。

（2）早操活动能使神经系统由睡眠后的抑制状态顺利地转向良好的清醒工作状态，并激活幼儿身体其他主要器官、系统的机能和活动能力，提高整个有机体的工作能力，从而使幼儿能心情愉快、精神饱满地开始一天的生活，精力充沛地投入一天的生活、学习和游戏中去。

（3）培养幼儿自觉参与和积极参加身体锻炼的良好习惯和态度。坚持冬季做早操，不仅能培养幼儿持之以恒、不怕严寒、不怕困难等良好的意志品质，还可以有效地提高幼儿机体对外界气温变化的适应力，增强机体的抗寒能力和对疾病的抵抗力；坚持冬季做早操，还能使幼儿的整个机体逐步进入良好的状态，培养幼儿积极锻炼身体的态度和良好的习惯，使幼儿的生活有规律。

（4）培养幼儿良好的组织性和纪律性。

4. 其他的组织形式

除了上述三种最常见、最基本的幼儿身体锻炼的组织形式外，幼儿园还可以组织开展幼儿运动会、室内体育活动、远足活动及短途旅游等其他形式的身体锻炼活动。

（1）运动会。

运动会是指将学前儿童的表演和小型比赛活动相结合而进行的全园性集体锻炼活动。它可以是大型的角色游戏活动，甚至可以邀请家长一起参加。其目的是满足学前儿童运动、娱乐、表现、竞赛等需要和愿望，激发学前儿童参加体育活动的兴趣，培养学前儿童的集体意识，丰富学前儿童的生活。

（2）室内体育活动。

室内体育活动主要有以下三种形式。

一种是开辟专门的幼儿室内体育活动场地，相当于体育馆，供户外气候条件不利于幼儿外出活动时使用，可以让幼儿在室内进行早操活动、上体育课或开展其他形式的身体锻炼活动。没有专门室内体育活动场地的幼儿园，也可借用幼儿园内场地比较大的活动室或舞蹈房进行。

二是利用幼儿园中现有的音乐活动室或舞蹈房进行室内体育活动。一般室内应铺设木地板或地毯。活动的内容一般是在音乐的伴奏下,让幼儿模仿或创造性地进行各种身体表现活动,旨在提高幼儿身体动作的表现力,发展幼儿的想象力和创造力,培养幼儿良好的审美情趣和积极的个性。

三是在市内开辟专门的体育活动区,如塑料海洋球、蹦蹦床、充气小城堡等。这些活动区既弥补了户外体育活动器材的不足,又为幼儿提供了在户外天气不利、场地条件有限的情况下仍能进行身体锻炼的机会和条件。没有专门空间设置室内体育活动区的幼儿园,也可在楼梯平台的角落或大厅放置一些活动器材供幼儿必要时开展室内体育活动。

需要特别说明的是,在进行后两种室内活动时,可以让幼儿光足参加活动,一方面是为了保持室内空气的清洁,减少灰尘的产生,另一方面是为了让幼儿参加活动时能直接刺激和按摩足底,取得锻炼和保健的双重功效,并促进幼儿触觉和动觉的发展。另外,在室内开展活动时,最好做到开窗通风,保持空气流通,减少疾病发生。

(3) 远足活动及短途旅游。

远足活动更强调让幼儿徒步行走到某一目的地的过程,更注重幼儿体质的锻炼和增强。

短途旅游是指充分利用当地的资源条件,走向大自然,进行身体活动,包括到幼儿园附近的草坪游戏、玩耍或者到附近的公园、儿童乐园、动植物园或其他人文景观进行参观、游览活动。其作用是让幼儿走向自然和社会,充分进行身体锻炼活动,增强幼儿的体质,培养幼儿的组织性、纪律性,丰富他们的生活,开阔他们的视野,培养幼儿热爱大自然的情感。这种形式的活动如果能和科学、社会、语言等领域的内容有机结合的话,其意义更深远,活动效果也会更好。

(二) 学前儿童体育活动的形式

学前儿童体育活动的形式是指在学前儿童身体锻炼活动中学前儿童活动的方式,主要有以下几种。

1. 集体活动

集体活动指教师组织全体幼儿共同进行一项身体锻炼的内容,如集体进行队列队形练习、集体做操或集体进行一个体育游戏等。

2. 小组活动

小组活动指将全班幼儿分成若干小组,在教师的要求下,同时进行一项活动,活动内容可以相同,也可以不同,如若干个小组分别进行丢手绢游戏或若干个小组进行绕障碍物跑、比赛等。

3. 自选活动

自选活动是指学前儿童自选器材或运动项目,或独立活动或自由结伴游戏,如有的玩丢沙包，有的玩拍球，有的结伴玩跳绳等。

教师在组织幼儿开展各种形式的身体锻炼活动时，应注意各种活动形式综合运用，灵活安排。一般说来，在组织正规体育活动（幼儿体育课）时，应多采用集体活动和分组活动的形式，而在户外体育活动和早操活动时，应多采用集体与各别自选活动。集体做操时，采用集体活动形式，此外可采用幼儿自选活动形式。

（三）学前儿童体育活动的方法

教师在组织幼儿开展各种内容的体育活动时，不仅要灵活运用多种组织形式和多样的活动方式，而且要灵活运用多种组织方法。学前儿童体育活动的组织方法，常用的有以下几种。

1. 讲解示范法

运用这种方法时应注意以下几点。

（1）讲解要语言清楚、生动有趣、形象逼真。

讲解时的语言要能够引发学前儿童积极参与体育活动的兴趣；讲解要正确且通俗易懂，便于学前儿童理解活动的内容、方法和规则，掌握正确的活动方式及准确的动作要领和方法；讲解要突出重点和难点，注意少而精，要避免因讲的过多或过于烦琐而减少学前儿童的练习时间；讲解要使学前儿童注意听讲，并注意语言的启发性，可结合提问引导学前儿童积极思考，相互交流，以促进学前儿童注意力、思维力和语言能力的发展；讲解的语言要能起到示范作用。

（2）示范要正确、优美。

示范要正确、优美，尤其是首次示范要给学前儿童留下完美的印象，以激发学前儿童参与练习的愿望，帮助学前儿童建立准确的动作表象和感受体态美；示范时教师不要模仿学前儿童的错误动作，也不要让有错误动作的学前儿童出来做动作，以免学前儿童因好奇而模仿错误动作或伤害学前儿童的自尊心；要以教师示范为主，需要幼儿示范时，教师应早做准备，保证示范动作准确无误；教师要注意示范的位置，保证每个幼儿都能看清示范动作的全过程。示范时要保证学前儿童的站队尽量背风、背阳和避开易分散注意力的刺激物。示范时，还应灵活地选择示范的方向，比如，为了让学前儿童看清跑步时的上肢动作，教师可采用侧面示范；教学前儿童做操时，教师必须使用镜面示范，尽量少用背面示范。示范时，教师还要考虑示范的速度，一般是先做一次正常速度的完整示范，然后根据练习内容和幼儿的具体情况再做 1~2 次速度减慢的或分解的示范。示范的次数不宜过多，以免分散学前儿童的注意力，影响学前儿童锻炼的积极性，减少练习的时间。

（3）讲解和示范要合理结合。

讲解和示范相结合，应根据学前儿童的年龄特点和学前儿童对身体练习内容熟练的程度确定讲解和示范的次数。示范能补充讲解的不足，而讲解又能补充示范不易表达的内容。因此，边示范、边讲解、边组织学前儿童进行练习是适合学前儿童特点的有效方法。另外，在小班活动中，一般示范多于讲解，中大班可逐步加强讲解的作用。在幼儿熟悉的动作练习或游戏中应减少示范，在新授或较复杂的活动内容中，讲解和示范的运用应多于复习或较简单的身体锻炼活动。

2．练习法

练习法是指通过讲解示范后，幼儿在初步建立与活动有关的表象和概念的基础上，在教师的指导下进行各种身体练习，以实现体育活动目标的方法。它是体育活动中最基本，也是最重要的方法。

幼儿园常用的练习法有以下几种。

（1）条件练习法。条件练习法是指设置一定的具体条件或在改变练习条件的情况下，要求幼儿按规定的条件进行练习的方法。如在规定"高度"的条件下让幼儿练习纵跳触物，在改变平衡木的高度和宽度或改变走平衡木时的身体动作后，让幼儿按要求练习平衡等，都采用了此种方法。

（2）重复练习法

重复练习法是指在不改变动作结构和练习条件的情况下反复做一个练习的方法，如重复做某一节体操。使用此法，应根据教材特点和学前儿童体力及心理特点确定重复次数，注意突出教学重点。

（3）完整练习法和分解练习法

完整练习法是就教材完整地进行练习的方法，分解练习法是把完整的教材分解成几个部分，按部分逐次地进行练习，最后再组合成完整的动作进行练习的方法。完整练习法一般用于掌握较容易的动作或游戏和复习教材，分解练习法一般用于较难的教材和改进较薄弱的环节，或强化重点环节。分解动作时不要破坏教材的完整性，要注意把分解练习法和完整练习法结合运用。

在使用练习法时，应注意以下几点。

灵活运用多种练习方法，以帮助幼儿正确掌握练习的内容和动作技能，增强幼儿的体质，激发幼儿练习的兴趣。

第一，练习的目的要明确，要求要具体。不同的练习内容有不同的要求。不同的练习阶段，要求要有变化，并注意逐步提高。每次练习要分清主次，突出重点和难点。

第二，练习时，教师要注意纠正幼儿的错误，要认真分析错误发生的原因，可用语言提示和具体帮助的方法有针对性地加以纠正，必要时可领做或中断练习，重新示范、讲解，以帮助幼儿掌握正确的动作概念。

第三，练习过程中要注意贯彻循序渐进的原则，耐心、细致，不要操之过急。对不同幼儿的练习，既要有一般要求，又要注意区别对待和因人施教。此外，要合理安排好练习时间，注意动静结合，并及时了解幼儿的体力等情况，灵活地调节练习的内容和过程，保证练习具有合理的运动量。

第四，把练习过程与思维活动结合起来，逐步培养幼儿在活动中积极思考的习惯。及时了解幼儿在练习中的情绪、品德等方面的情况，并有针对性地加以引导，促使幼儿在练习中得到全面发展。

3. 游戏法

游戏法是指以游戏的形式组织学前儿童进行体育活动的方法。采用游戏法，能把学前儿童难以理解或枯燥的动作和身体素质等练习变成有趣的模仿活动或具体的游戏情节，提高学前儿童练习的兴趣，使学前儿童在轻松、愉快的条件下开展活动，并达到锻炼和增强体质的目的。

体育活动中采用游戏法经常可以利用以下几种形式。

（1）直接将有情节的体育活动性游戏作为身体锻炼的主要内容。体育活动性游戏一般都有围绕角色展开的故事情节或活动主题，让幼儿扮演角色，围绕游戏情节的发展或主题的深入开展各种身体练习活动，能使幼儿沉浸在活动之中，具有身临其境的感觉，轻松而愉快地进行各种身体动作练习，这样有利于提高幼儿的身体素质，培养其良好的道德和个性品质。

（2）利用游戏的口吻或利用头饰、玩具或新颖、变化的活动器材来吸引幼儿，激发幼儿参加身体锻炼的兴趣和愿望。例如，中班幼儿跑步时要求胸贴报纸不掉地、小班幼儿练习手持布娃娃在平行线中走等，都可以增强幼儿参与活动的兴趣。

（3）在活动的开始和结束部分，可让幼儿进行各种模仿性动作的练习，如小兔跳、小鸟飞、大象走、马儿跑、乌龟爬、开火车等。这种内容或活动形式能满足学前儿童爱模仿的天性，从而激发学前儿童参与身体锻炼的兴趣和愿望，同时也起到准备活动和放松、整理活动的作用。

（4）适当给学前儿童自由活动的时间，鼓励学前儿童在自由活动中创造新的玩法。自由活动时间往往能使学前儿童感到轻松而没有约束，因而也会比较大胆、主动地探索创造自己的玩法。自由活动后，让幼儿相互交流自己的玩法，有利于提高幼儿对活动的持续兴趣，增强幼儿进一步参与活动的主动性和积极性。

（5）对中大班的幼儿来说，在活动过程中适当增加一些竞赛成分，能增加活动的趣味性，提高幼儿活动的积极性。但活动时应强调遵守竞赛规则，避免幼儿只重视竞赛结果而轻视身体练习的要求。

4. 语言提示和具体帮助法

语言提示是指学前儿童在进行体育活动练习时，教师用简短明确的语言，提示和指导学前儿童正确活动的练习方法。

例如，在幼儿排队走步时，教师提醒幼儿"抬头、挺胸、迈大步"，做操时提醒幼儿"手臂要伸直、用力"等，都是采用了语言提示的方法。

但由于幼儿对身体的自我调节和控制能力较差，对语言的理解力和方位知觉的发展还不完善，因此，单纯依靠语言提示往往达不到指导目的。这时教师必须直接、具体地帮助幼儿改正错误，使幼儿掌握练习的要求和方法，这种方法就是具体帮助法。上述方法多用于重复练习时教师帮助幼儿纠正错误，也是实施个别指导的有效方法。

语言提示和具体帮助法在具体使用时应注意以下几点。

（1）提示和帮助要明确、具体、及时，且富有针对性。

（2）态度要积极、和蔼，不用训斥、埋怨和恐吓的语言和口吻。

5. 信号法

信号法是指用口令、哨音、音乐、鼓声、拍手等声音来帮助和指导幼儿进行体育活动的方法。

口令是身体锻炼活动中常用的信号，在组织幼儿排队和队形变换及做操时经常使用。使用时应做到声音洪亮、清晰、有节奏、有感情，并正确分清动令和预令。其他信号有利于发展幼儿动作的节奏感，活跃活动的气氛，培养幼儿分辨信号的能力。但在使用时，应注意根据动作的特点和活动情节的变化，改变信号的节奏和速度。

6. 领做法

领做法是指教师边示范、边讲解、边组织幼儿按教师要求进行练习的方法。这种方法能较好地调动幼儿的视、听、运动觉等多种感官和两个信号系统的共同活动来建立有关动作的概念和整个活动过程的条件反射，提高幼儿学习和活动的效率。

7. 比赛法

比赛法是指在比赛的条件下进行练习的方法。比赛中的幼儿争取胜利的强烈愿望有利于激发幼儿愉快的情绪和提高参与身体锻炼的积极性，增强运动难度。小组比赛中，幼儿间团结、合作的精神是发展幼儿社会性和良好品德的巨大动力。但在比赛中要注意保证幼儿的动作姿势正确及活动过程的有序性。一般在幼儿还未形成正确的动作姿势和没有完全掌握活动的全过程时，不宜采用此法。另外，小班一般不采用此法。教师对比赛结果的评判应公正合理，并以鼓励为主。

幼儿园身体锻炼的方法是多种多样的，在开展具体活动时，应注意综合使用，并根据幼儿的情况、活动的内容和组织形式、幼儿的活动方式及场地、器材等具体情况灵活运用。

二、学前儿童身体保健教育活动的方法与组织形式

（一）学前儿童身体保健教育活动的方法

1. 动作与行为练习

动作与行为练习指让幼儿对已经学过的基本动作与基本技能、健康行为与生活技能等进行反复练习，从而使幼儿加深理解，形成稳定的动作、行为习惯。

如盥洗的基本顺序、衣服的穿脱与整理、持筷的方法等，都必须在教师和家长的具体指导下反复练习，才能真正掌握。

2. 讲解演示

讲解演示指具体而形象地向幼儿讲解粗浅的健康知识，并结合身体动作、食物或模型加以演示，从而帮助幼儿尽快掌握有关技能技巧，并提高幼儿对健康的认识水平。这是学前儿童健康教育的另一种方法。

例如，在教给孩子新的动作之前，教师总是要给予适当的示范与讲解；在了解各种事物的营养价值、认识人体的内外器官和介绍如何使用体育器材时，也必须结合食物或模型进行生动有趣的讲解演示。

3. 情景表演

情景表演指教师或幼儿就特定的生活情境加以表现，然后让幼儿思考分析情境中涉及的健康教育问题。由于情景表演的主题来源于幼儿的现实生活，能激发幼儿的兴趣，所以这种方法能较好地帮助幼儿认识生活中可能遇到的问题和冲突，了解应该做出合乎健康要求的行为。

比如，就"有些食品，儿童不宜吃得太多"这一实际问题进行情景表演，让幼儿分析判断，懂得日常生活中要能控制饮食才有利于健康这个道理。

4. 感知体验

感知体验指幼儿通过感觉器官认识、判别事物的特性。这种方法能加深幼儿对事物的印象，同时由于加入了身体动作，更能激发幼儿的兴趣，引起幼儿的注意。

例如，在介绍各种有营养的食物时，如果让幼儿亲眼看一看，亲手摸一摸，亲口尝一尝，他们往往会很兴奋，留下的印象也比较深。

5. 讨论评议

讨论评议指让幼儿参与健康教育过程，为他们提出问题、发表意见、自己得出结论提供机会。这种方法能有效地帮助幼儿表达自己的真实想法，能鼓励幼儿对他人的言行加以评价，从而提高幼儿判别是非的能力。

例如，教师就多吃冷饮的害处让幼儿进行讨论，提高幼儿的认识，指导幼儿的行为。

6. 电化教育手段的运用

电化教育直观、形象，能将一些重要的现象再现、放大，并能表现其发展的过程。它能打破时间、空间限制，弥补幼儿直接经验不足的缺憾，并且这一特点不仅能激发幼儿的兴趣，让其获得不易亲身感知或接触的经验，模拟演示有关重要的过程，而且能使幼儿较好地理解所学的知识。

例如，在"人是怎样呼吸的"活动中，教师引导幼儿互相摸胸腔，了解人呼吸有什么变化，并说出感觉，知道胸腔随着呼吸的过程运动，为什么有这样的运动。为满足幼儿的探索兴趣，教师设计了电脑动画来模拟演示，使幼儿知道肺部吸气、呼气产生了胸腔的运动，有了感受的基础，又有了形象的媒体再现，幼儿的好奇心得到满足，并获得了有关人体呼吸的正确知识。

在"食物的旅行"活动中,为了让幼儿了解食物在身体里"旅行"经过的器官,教师把影片制成各器官的示意图,用波纹片移动,展现食物在各器官中的行进过程。这样,幼儿很难掌握的知识,通过电教媒体清晰明了的再现而被幼儿轻而易举地获得了。

(二)各年龄班儿童身体保健教育活动方法运用的特点

不同的教育内容选择方法具有不同的特点。

例如,生活习惯的培养,教师不仅要运用讲解演示的方法,使幼儿知道做什么、怎么做,同时更为重要的是要通过动作和练习,使幼儿学会这一动作,并逐渐养成习惯。另外认识各种食物,教师不仅要引导幼儿认识食物的形状、颜色,说出他们的名称,更重要的是应让幼儿尝一尝,知道它们的味道,让幼儿感受到这是一些很好吃的食物而愿意吃它们。

保护自身安全这一内容,大多是向幼儿进行安全教育,防患于未然。有些情况可能在个别幼儿身上发生过,也可能在他的家庭中或朋友中出现过,因此进行这一教育时,教师应结合幼儿已有的经验引导幼儿讨论,使幼儿知道什么样的行为是对的,什么样的行为是不对的,应该做什么,不能做什么。

在交通安全常识教育时,引导儿童融入游戏中,让儿童以驾驶员、交通警察、行人等角色表演,掌握交通安全中的自我保护方法及养成遵守规则的习惯。

对于年龄小的幼儿应较多地通过动作和行为练习,使其学会某一动作,养成良好的行为。

例如,小班教育活动"我有一双干净的手""小手绢"等,都让幼儿进行实际练习,学习洗手、折叠手帕的动作。又如教育活动"自己吃饭真能干",教师让幼儿练习一手拿勺、一手扶碗,学习一口饭一口菜,细细嚼,慢慢咽,学习正确进餐的行为,学习正确使用餐具。

在小班还需要多采用情境表演的形式向幼儿进行教育,使幼儿对教育内容易于理解和接受。

例如,教育活动"我们都来学习坐""小猪变干净了""手指兄弟"等,均可采用情境表演的形式,对幼儿进行教育。

对于中大班的幼儿,有的教育内容仍应通过行为练习的形式,让幼儿学习某一动作,例如,中班学习系鞋带、折叠衣服等。

有的教育内容,中大班幼儿对此已有一定的经验,教师则可以在此基础上,引导幼儿讨论,使幼儿明白应该怎样做或是需要注意什么问题。

例如,大班教育活动"牛牛换牙了",教师就可结合幼儿换牙过程中出现的情况、幼儿的感受对幼儿进行教育。

又如,教育活动"我会长大",就是在了解幼儿发展情况的基础上,让幼儿说一说自己哪些本领学得最好,并引导幼儿在集体面前展示自己的成绩、自己的进步,如展示自己的绘画作品,表演系鞋带、唱歌、跳舞等。

此外,教育活动"爸爸妈妈不在家""生活聚会"等,教师都可以引导幼儿结合自己的经验,谈谈怎样做才是正确的。

总之,教师在进行健康教育时,必须依据幼儿的年龄特点,选择合适的教育方法才能取得较好的教育效果。

(三)学前儿童身体保健教育活动的组织形式

1. 学前儿童身体保健教育要结合日常生活的每个环节进行

日常生活活动作为幼儿园健康教育活动的一种非正规的组织形式,通常采用集体和个别教育的活动方式。这种活动方式在幼儿身体保健教育活动中显得尤为重要。

首先,日常生活中的健康教育活动比有目的、有计划进行的正规性教育活动(指传统意义上的上课)来得及时,因而可以不失时机地对幼儿进行教育;其次,日常生活中的健康教育能使正规性健康教育活动得到有目的的延伸,有利于巩固幼儿的健康行为;最后,日常生活中的健康教育活动还有利于教师将集体健康行为的指导与个别健康行为的指导有机地结合起来,既面向全体,又能更好地实施因人施教。

生活包括人的一切活动——从人刚出生时最原始的觅食活动,到人最高级的驾驭政治、文化、科技的活动;从单纯具体的个体活动,到复杂抽象的全体活动,都是生活。幼儿园的生活活动则具体指幼儿吃饭、喝水、睡觉、如厕等生理需要的活动。

【案例一】 水是我们的好朋友(小班)

活动目标:

(1)结合小班幼儿刚入园不喜欢喝水和不会主动喝水的普遍现象,进行活动教育,使幼儿知道水能解渴,应多喝开水。

(2)结合日常生活经验,让幼儿讲述水与人们的密切关系,了解自来水是怎样来的,教育幼儿节约用水,保护水资源。

活动准备:

自来水净化过程图一幅,江河干枯、水库蓄水量减少的图片,用水洗菜、洗米、洗衣服、拖地、冲厕、洗手等小卡片。

活动过程:

(1)进行活动前组织幼儿到操场进行大运动量的、时间较长的体育活动,使幼儿感到口渴,回到教室后稳定情绪,然后开始进行此活动。

① 小朋友,你们在操场活动后,现在有什么感觉,需要什么?(引导幼儿说出自己的感受)

② 给每位幼儿倒满一杯开水,让幼儿喝,喝开水后,提问:现在喝完水有什么感觉?我们刚才喝的水叫什么水?

(2)知道自来水的来源。

① 我们喝的开水是从哪里来的？

出示自来水净水过程图片，向幼儿介绍自来水的净水过程：江河里的水不清洁，不能直接饮用，自来水厂将江河里的水抽上来进行加工、净化、消毒，变成自来水，通过自来水管道输送到各个地方，我们打开水龙头，自来水就会哗哗地流出来。

② 教育幼儿要节约用水，爱护水资源。

出示江河干枯、水库蓄水量减少的图片，教育幼儿要珍惜水资源，节约用水，不要随便把水浪费掉，不然总有一天我们就会没水喝，没水用。一些人把垃圾、废物扔到珠江里去，珠江水越来越脏了，我们喝了不卫生的水，会生病的，所以，小朋友要保护珠江水，使它不受污染。

(3) 讨论自来水与人们的密切关系。

① 你们看到爸爸、妈妈、爷爷、奶奶用自来水来干什么？（让幼儿自由讨论）

② 让幼儿讲出自来水与人们的密切关系。

③ 教师小结：我们人要喝水，要洗衣服、洗菜、洗米做饭、洗手、拖地、冲厕，没有了水，我们就没有水喝，就会口渴，没有了水就没办法做饭，没办法拖地，没水冲厕，房子就会很臭等。

(4) 让幼儿讲讲应如何节约用水。

水的用处那么多，我们应该怎样节约用水？（让幼儿自由讨论，教师提示幼儿讲出：我们洗手时不要把水龙头开得太大，看到水龙头滴水应马上关起来……）

(5) 教育幼儿多喝开水。

多喝水对人体有好处，我们应多喝开水，少喝饮料，因为饮料含有大量糖分，对身体没好处，对牙齿不利，多喝了对身体不好。

(6) 小结。

水对人体有好处，对人们也有很多用处，所以，水是我们的好朋友，我们要节约用水，好好保护水资源。

活动评析：

该活动能针对小班幼儿入园不大喜欢喝水和不会主动倒水喝的普遍现象进行教育，选材内容简单、常见，适合小班幼儿年龄特点。该活动采用了多次让幼儿自由讨论的形式，能使活动气氛活跃，幼儿可在无拘无束的气氛中学到知识。该活动让幼儿了解了自来水的净化过程。如有条件的地区或幼儿园，可带幼儿进行实地参观，直接了解自来水净化的过程，这样，幼儿的印象会更牢固，掌握得更好。

【案例二】 学会如厕（小班）

活动目标：

(1) 懂得定时大小便的重要性。知道在成人提示或有小便或大便时，主动去大

小便,不弄脏衣服。

(2) 培养勇敢、自信的品质。

活动准备:录像带;电教设备;奖励标志若干,事先教师要观察统计幼儿在园大小便的情况,并与家长联系,了解有关情况。

活动过程:

(1) 游戏:勇敢宝宝找朋友。

出示木偶勇敢宝宝,请小朋友帮它找朋友。说一说自己认为勇敢的事情,请勇敢宝宝做出判别,戴上标志。

(2) 播放录像,找出画面中有没有勇敢宝宝的朋友(要保护被摄录幼儿的肖像),电视画面依次出现如下:

① 教师提示如厕,幼儿没听见;

② 幼儿贪玩,尿裤子;

③ 有小便不敢说,哭闹;

④ 有小便或大便时,告诉老师;

⑤ 有小便或大便时,主动去;

⑥ 不敢在园大便。

(3) 讨论画面中的小朋友谁做得对,谁胆小。

(4) 教师根据本班幼儿情况,提出提高如厕能力的要求。

活动延伸:

在生活中,加强如厕能力的培养,特别注意区别对待。

家园配合:

请家长配合教师的工作,将幼儿在家表现及时反馈给教师,对个别能力差的幼儿要帮助。

2. 学前儿童身体保健教育必须取得家庭的密切配合

幼儿园健康教育的有关内容与家庭生活密切相关,在幼儿园有个人与公共卫生问题、饮食习惯问题、安全问题,在家庭中同样存在。如果家庭教育与幼儿园的集体教育不能协调一致,学前儿童健康教育的效果将事倍功半;反之,如果幼儿园的集体教育与家庭教育协调一致,学前儿童健康教育便起到事半功倍的作用。所以,学前儿童健康教育必须得到家庭的积极配合,家长应该成为幼儿健康教育的指导者和帮助者。

3. 集体健康行为的指导与个别健康行为的指导相结合

集体健康行为的指导有利于教师有目的、有计划、有组织地对学前儿童实施健康教育,但有时学前儿童常常存在个人特殊的健康问题。如果针对不同学前儿童的个别问题逐一进行集体教育未免浪费时间,所以必须在集体健康行为指导的同时对学前儿童进行有针对性的个别指导。

第三单元 幼儿园健康教育活动的设计与实施

例如，对爱吸吮手指的孩子要经常提醒并及时制止；对爱尿裤子的孩子也要多些关心和爱护，多提醒他及时如厕；对喜欢用衣袖擦鼻涕的孩子强调要学会使用手帕，等等。

4．学前儿童身体保健教育要结合幼儿园其他各领域教育进行

作为学前儿童健康教育，尤其是身体保健教育内容，更应结合幼儿园的音乐、美术、语言、科学等教育活动形式实施幼儿健康教育，使学前儿童健康教育生动活泼，符合幼儿的心理特点。

例如，将枯燥单调的健康知识编成朗朗上口的儿歌，通过到田间认识蔬菜培养幼儿爱吃蔬菜的习惯等，这样一些生动、有趣的教育形式能使幼儿健康教育的知识与道理易教乐学，从而收到良好的教育效果。

三、学前儿童心理健康教育的组织形式与方法

对学前儿童而言，心理健康表现为正确的自我意识，积极、健康、稳定的情绪，开朗的性格以及良好的社会适应能力。

（一）日常生活中，重视教师对幼儿情感的影响

在幼儿园里，教师的态度、教育方式、气氛，都会直接影响到幼儿的心理状态。教师亲切、和蔼的教学态度，会使幼儿产生亲近感，缩短师生间的心理距离，使幼儿产生参与活动的愿望。教师适时地对幼儿一点一滴的进步给予肯定和表扬，会让幼儿有成功的喜悦，从而积极参与活动，并愿意向同伴、教师展示自己。一般来说，在某方面有缺陷的幼儿在这类活动中的自信心一定不足。如在美工方面有欠缺的幼儿，如果教师纵向比较后发现其某一幅作品涂色有进步，就可利用晨间谈话的几分钟，请全体幼儿共同欣赏他的作品，激发幼儿展示自我的愿望。

在日常生活中，教师的一个眼神、一个动作，或是与幼儿身体上的接触，也会影响幼儿的心理状态。活动中，教师一个责备的眼神，或是一个赞许的眼神，在幼儿心中的分量是不可低估的，教师对孩子的一个细微动作，如摸摸头、点点头，或拍拍肩等，都会让幼儿产生信任感，也会让幼儿有安全感。

另外，教师应客观地看待每一个学前儿童的不同特点和不同的发展水平，对能力弱的学前儿童要给予更多的关爱，让学前儿童感受到温暖、轻松、安全，让学前儿童有自信心，这样有利于培养他们良好的情绪、积极主动的行为及活泼开朗的性格。

（二）鼓励学前儿童做力所能及的事，有主动参与的积极性

好动，是学前儿童的天性。通过对日常活动的观察，我们可以发现：自己能独立睡觉，自己洗脸、洗澡，自己爬上别人不敢爬的攀登架，自己比别人更早地学会一样新本领的幼儿，能得到更多同伴、成人的赞许，久而久之，他们会愉快地参与到活动中去，而且在活动中，他们都有较出色的表现，碰到困难时，他们也会充满自信。对大部分

孩子来说，体育活动是他们最喜欢的活动之一，在这项活动中，学前儿童也比较容易获得满足感。教师应鼓励学前儿童做力所能及的事，多参加体育锻炼，使学前儿童在满足感中形成正确的自我意识。

在日常生活中，可鼓励学前儿童参与物品的管理，自己的东西自己收拾，成人给予一定的指导，帮助学前儿童较快地完成。可鼓励学前儿童勇敢地攀上高高的没有危险的攀登架，让学前儿童体会到在攀登架顶端往下俯视的快感，形成"我很了不起"的想法和肯定自我的概念。

（三）利用艺术手段，形成良好的心理素质，是进行健康教育情感体验的有力手段

（1）利用艺术手段，可为学前儿童创设良好的心理环境，使学前儿童引起情感上的共鸣，从而达到教育目的。

目前社会上的"小太阳""小皇帝"们在集体生活中以自我为中心，容易与同伴发生摩擦和矛盾，不会解决问题，不会与同伴和谐共处。针对此类现象，作为教师，可以将本班幼儿的典型事例编成小故事，让学前儿童分析讨论，得出解决问题的正确方法，有针对性地进行引导。很多幼儿较自私，不愿与人分享玩具，可组织学前儿童每人带一件玩具到幼儿园来，教师引导学前儿童向大家介绍自己的小玩具，并和同伴交换玩具玩，共同分享游戏的快乐。在小班幼儿中，不少孩子不会向同伴表示友好，不会交朋友，教师可以利用跳集体舞"找朋友"，让学前儿童在活泼、自然的氛围中，与同伴共舞，增加彼此的肢体交流、眼神交流，为以后活动中的语言交流打基础。

（2）通过艺术手段，利用音乐、舞蹈、文学作品等帮助学前儿童树立良好的心理健康的榜样，或是在作品中让学前儿童体验成功的快乐，保持健康的情绪，以此促进学前儿童的心理健康。

学前儿童的心理健康状态影响着身体保健知识向正确的健康行为的转化。学前儿童有良好的心态，就会积极主动地参与到健康教育活动中，也就是说，学前儿童的心理健康教育是健康教育中不可缺少的部分。

学前儿童的健康教育与学前儿童的情感投入有着密不可分的关系，因为情感对认识的发展起着或正或反的动力作用。学前儿童的情感投入深，引起的共鸣大，主动学习的积极性高，健康教育的效果则好；反之，健康教育的效果则差。在心理健康教育中，学前儿童情感的满足，可以使良好的心理状态得到形成和巩固，并且会给予学前儿童源源不断的力量去维系良好的心理状态。

在健康教育中，教育者要积极调动已有知识、经验，引导学前儿童积极参与到健康过程中去，通过情境表演、讨论评议、感知体验等方法，提高情感对健康教育的促进作用，从而达到健康教育的目的。

四、实施幼儿园体育活动的指导建议

（一）幼儿体操活动的指导建议

（1）做好活动前的准备工作。

（2）给幼儿提供足够的活动器材，并提供幼儿进行自选器材、自由活动的机会和条件。

（3）在活动的不同时间，指导幼儿利用同一器材或选用不同的器材开展各种玩法，培养幼儿活动的创造性，全面锻炼幼儿的身体。

（4）丰富体操活动的内容。体操内容一般都是幼儿基本学会和掌握的内容，一般一学期更换一到两次。做操时应注意幼儿动作姿势正确、到位（教师可领做，并做镜面示范）。

（5）根据季节和气候的变化灵活调节做操的时间和内容。

（6）做好个别指导和教育。

（二）体育教学活动的指导建议

（1）做好活动前的准备工作，包括活动前的场地、器材的备置和布置，幼儿及场地的安全，卫生工作等。

（2）教师要以积极的态度和高昂的情绪投入活动的组织与指导中去，在开展活动时有一定的灵活性。采用多种指导方式，既面向全体，又应注意个体差异，做好个别教育。

（3）控制好活动时间，一般小班为15～20分钟，中班为20～25分钟，大班为25～30分钟。

（4）重视在活动中促进幼儿全面素质的发展，既锻炼幼儿的身体，又发展幼儿的智力，培养幼儿良好的个性品质等。

（5）注意做好活动后的复习辅导和检查评价工作，总结经验教训。

延伸阅读

寒冷的俄罗斯，火热的运动

我们都知道，俄罗斯地处严寒地带，冬天非常寒冷，气温一般在零下20℃左右，甚至更低，但这并不妨碍俄罗斯父母带着孩子外出活动，即便是在隆冬季节，孩子们的户外活动也非常丰富多彩。

一、让孩子感受到冬天的快乐

大多数孩子都害怕寒冷，害怕冬天。每当冬天来临时，孩子们都会从内心产生恐惧感。孩子们常常央求家长："妈妈，天气太冷，我不想去幼儿园了。"每每遇到这种情况，俄罗斯妈妈们便常常利用冬天的独特优势来消除孩子对冬天的焦虑、恐慌，进而培养他们接纳、认同和亲近冬天的积极情感，体验冬天带来的快乐。俄罗斯妈妈通过运用讲故事、童话和寓言的方式，使孩子们认识到，寒冷并不是冬天真正的象征，冬天还有许多其他季节没有的有趣的户外活动和可供观赏的漂亮景物。如可以堆雪人、打雪仗、观看天空里纷纷扬扬飘着的洁白雪花，特别是可以欣赏结冰后玻璃上的一串串晶莹似玉的冰花等。孩子们渐渐会在冬天的无穷魅力中体验到冬天的美丽，从而喜欢冬天、爱上冬天，得出"冬天很可爱，再冷，我也不害怕了"的结论，并且乐于、敢于走出温暖的房间到户外活动。

二、不把孩子当作"温室里的花朵"

在零下40℃的寒冬，一些年轻的俄罗斯父母也会把仅仅几个月大的婴儿放在推车里推到户外。看着躺在小车内冻得满脸通红的小宝宝，他们总是笑笑说"小孩子也是人，该让他呼吸新鲜空气了""我不想把孩子当作'温室里的花朵'""让孩子尽早经受风霜雨雪，对他们将来的成长会有益处的"。也许，在俄罗斯人的心目中，寒冷并不可怕，关键是要让孩子从小适应严寒的考验，将来才有可能拥有强健的体魄。俄罗斯的孩子们大都能禁得住严寒的考验，身体素质也比较好，这与其父母早期的耐寒教育是分不开的。

三、有意识地让孩子吃点"苦头"

俄罗斯家长很注意对孩子进行"吃苦教育"，有意识地培养他们的抗挫能力。在冬季，滑冰、打雪仗是孩子们最喜欢的游戏活动。孩子跌倒、摔倒是常有的事，常常由于疼痛大哭不止，向父母投去求助的目光，但这个时候的俄罗斯父母总是制造"吃苦"的机会，对孩子"置之不理"，并不急着跑过去帮忙扶起来，而是让孩子体验"被拒绝"的滋味，鼓励他们自己爬起来。孩子们往往也会自己爬起来，一会儿就忘记疼痛，重又投入热闹的嬉戏中。因此，有人曾形象地比喻"俄罗斯的孩子是爬着长大的"。俄罗斯人把自己对孩子的这种"残忍"和"不心疼"的行为解释为："让孩子吃点'苦'和'累'，有利于培养他们战胜困难的勇气和能力""要让孩子懂得，通过自己的努力，可以获得成功"。这些言词准确地体现了俄罗斯父母对孩子进行"吃苦教育"的初衷。

四、逆境中培养孩子的独立性

许多国家在家庭教育方面都注意培养孩子的独立性与自主性，俄罗斯父母亦不例外，他们总是给孩子更多的自由，让他们自由选择活动，自己决定自己要做的事。特别是在寒冷冬天的户外活动时，当孩子们一起进行游戏活动时，家长们一般不加干涉，而是尊重孩子的意愿，放开手来，在自主活动中培养孩子的独立意识和自我教育能力。尽管孩子们之间产生了较大摩擦，关系"恶化"，但家长并不即刻介入解决纠纷，以使孩子尽快摆脱"困境"，早点回家，以免挨冻受罪。他们仍在离孩子较远的地方聊天或从事其他活动，让孩子自己去化解矛盾。毋庸置疑，这种做法是非常明智的，当矛盾圆满解决以后，不仅培养了孩子独立处理问题的能力，也增强了他们战胜困难的信心与决心，体验到自尊感与成就感。除此之外，俄罗斯父母还鼓励小一些的孩子自己学着系鞋带，尽管小手冻得通红，他们也不越俎代庖，而是让他们自己慢慢系好；对于大一些的孩子，则鼓励他们在冰天雪地里帮家长买一些小食品等，以此培养他们的独立性和将来自食其力的能力。

（本文来自冯永刚的《寒冷的俄罗斯，火热的运动》学前教育家教版，2006.12。）

自离园出走，不单独外出，人多拥挤处要与大人携手同行。学会遇到坏人和走失时求救的方法。

3. 安全技能教育

（1）学会求救技能。

紧急情况下会寻求帮助，会拨打119、110等。

（2）学会逃生技能。

学会着火、有坏人时的逃生技巧等。

4. 遵守安全规则习惯的培养

在幼儿的生活实践中，交通安全，运动和游戏安全，不携带危险物品，不玩水、电、火等都是非常重要的内容，应帮助引导幼儿根据各项安全规则的要求进行活动，养成良好的生活习惯。

三、安全教育的原则

1. 时刻准备着

安全教育是不能间断的工作，不仅是父母、学校，社会也要引起重视。在家里，父母要教育孩子诚实懂事，当然也要学会自我保护。父母需要注意的是不能溺爱孩子，父母保护得越好，孩子的自我保护能力就越差，如此孩子在面对危险时的自救能力也更弱。

2. 预防为主

宝宝在好奇心和好动力的影响下，常对一些极限运动感兴趣，例如喜欢爬低、登高，这时父母需要提醒他们不能做危险动作，不去危险地方。像是爬双杠、滑滑梯等活动，一旦出现危险状况，及时制止；在外面时，要教宝宝躲避汽车，不能在马路上玩耍等。

3. 全面普及安全教育

安全教育需要从小抓起，从宝宝离家上学起，父母就要做好安全普及教育，因为幼儿园、小学、中学等场所都是人员聚集的地方，且都是未满18周岁的孩子。这些孩子活泼、好动、具有极强的表现欲，而且自我约束能力差，更容易出现安全问题，也更易成为社会不法分子盯上的目标。

四、安全教育的重要性及其意义

幼儿的安全工作是幼儿园工作中的首要工作，是其他一切工作的基础。而幼儿的自我保护能力差，安全防范意识弱，缺乏相应的自我保护能力和一定的安全知识，导致大大小小事故的发生。只有积极培养幼儿的自我保护能力和安全防范意识，才能使幼儿尽可能地避免伤害，健康成长。

（一）重要性

（1）国内经常出现拐卖、抢夺婴幼儿的案件，而且影响恶劣，伤害极大，所以加强对孩子的安全教育刻不容缓。

（2）中国在保护婴幼儿方面的相关法律发展得并不完善，尤其是0~6岁的儿童，常常是失踪就找不回了，即使父母哭得伤心欲绝也改变不了这样的结果。为了减少这类事件的发生，也为了不让父母抱憾终身，做好宝宝的安全教育势在必行。

（二）意义

1. 安全教育是保护幼儿生命、促进幼儿健康成长的需要

人最宝贵的是生命，不仅仅因为生命只有短短的几十年，更因为属于我们的生命只有一次。然而，在现实生活中，这仅有一次的生命却与形形色色的安全隐患联系在一起，稍一疏忽，就会导致生命的丧失、健康的损害。生命既坚强无比，又脆弱得不堪一击。幼儿的生命更显得弱小、稚嫩、珍贵。弱小，是因其处于生命历程的开端，与生存环境之间的互动还只是刚刚开始，所以实际生活中的很多情境他们应付不了，很多事件他们承载不起，任何危及幼儿的外来刺激都会关乎他们的生命安全；稚嫩，是因其骨骼、肌肉、器官系统的发育尚未完成，日常生活中的疏忽大意、失误便会造成身体的伤害甚至伤残；珍贵，是因为幼儿的生命刚刚开始，其中孕育着无限的未来与光明。

有调查发现，在幼儿园发生的幼儿安全事故中，发生范围较广、频率较高的安全事故主要有：同伴咬伤、打伤、坠落、摔伤、跌伤、烫伤、烧伤、运动器械致伤和尖锐物品戳伤等，食物中毒、药品中毒、破损玩具致伤、走失、交通事故、溺水等安全事故也占有一定的比例。由此可见，幼儿安全事故形势十分严峻，应引起普遍关注。

【案例一】 幼儿园午睡安全不容忽视

午睡是幼儿园生活的重要环节，孩子们在经过一上午的活动之后，身体开始感到疲劳，这时通过午睡，孩子们能恢复体力，大脑也得到充分的休息，满足了幼儿的生理需要，为下午活动的顺利开展提供了身体保障。但是因为午睡发生的安全事故，也时常见诸报端。

2017年5月10号下午一点多钟，锋锋家人接到常德市鼎城双语职工幼儿园老师的电话，称孩子午睡时，床边窗户玻璃突然破碎，孩子左眼受伤，赶到医院之后，家人几乎要崩溃。经诊断，锋锋左眼球破裂，左眼创伤性视网膜脱离。目前，锋锋已经完成了手术，但左眼依旧看不到东西，家人称锋锋左眼将面临永久性失明，仍在家休养。爷爷奶奶止不住伤心哭泣，锋锋坐在边上一脸茫然，5岁的他还不能完全理解左眼失明的概念。才5岁的孩子，左眼永久性失明，还要预防创伤性感染右眼，确实让人非常心疼，那么，好好地在幼儿园上学睡午觉，怎么就发生了这样的意外呢？

据园长介绍，窗户外面50米是一个待拆迁的房子，当天，一位拾荒老人手里捡来的水管不小心戳到了玻璃，引发悲剧。可怜的孩子只是睡一觉，结果眼睛却瞎了，

实在是令人心疼不已,也实实在在敲响了幼儿园安全的警钟。

2. 安全教育可以激发幼儿的安全意识

安全意识就是人们在日常生活、生产活动和社会活动中对自身安全做出的反应和控制,并通过思维、情感、习惯、信念等表现出来。幼儿的安全意识是指幼儿对安全知识的掌握及对保证自身安全的基本行为的认识。对于在生理和心理上都处于弱势的幼儿来说,生命成长的每一步都面临着挑战,各种危险事件也极易发生。健康的身体和安全的环境是幼儿成长的必要条件,也是幼儿从事其他活动的前提。加强安全教育,增强幼儿安全意识尤为重要。

对外界环境缺乏知识和经验,使得幼儿不能很好地预见生活中的危险因素,比如,幼儿在超市远远地看到自己喜欢的玩具,就会撒开妈妈的手不顾一切地跑过去,而不考虑与妈妈走失怎么办。有专家曾做过这样的实验,让几位母亲反复告诉孩子,不要与陌生人一道离开公园,然后,母亲们丢下孩子躲到远处观察。结果,她们震惊地发现,孩子居然与陌生人一起离开公园去寻找"丢失的妈妈们"。实验表明,平均只需花35秒,一位陌生人就可以将孩子引诱出公园。这都说明,幼儿的安全意识非常淡薄,因此,增强幼儿的安全意识是首先要考虑的问题。

3. 安全教育可以提高幼儿的自我保护能力

如今,独生子女家庭相当普遍,在家庭中处于中心地位的幼儿受到了过分的保护和关爱,缺乏足够的独立活动的机会,同时也缺乏相应的自我保护意识和能力,意外伤害事故频频发生并呈逐年上升趋势,给幼儿身心及家庭造成了极大的伤害,也给我们的幼教工作敲响了警钟。因此,引导幼儿树立自我保护意识,培养幼儿自我保护能力,是幼儿安全教育的核心内容。

人们普遍认为,家庭应该是最能保障幼儿安全的地方,可是因家庭里监护人的不慎,有许多幼儿在家中受到各种各样的伤害甚至危及生命。如2015年发生了一件令人心痛的事,一个3岁的女孩,由于妈妈的疏忽,把手指伸进了门缝里,食指被门压断了,给小女孩一生造成了心理阴影,家人痛不欲生。在日常生活中,不安全的隐患时有发生,如爬高时的意外(坠落等)、误食有毒物品、到处探险时的意外(放碗碟的柜子、药柜等)、溺水(水池、浴缸等)、割伤、窒息、跌倒,等等,再如玩玩具时受伤、游戏时磕碰伤,等等。悲剧的发生,令人深思。

曾有专家做过实验,让家养的猫和老鼠待在一个箱子里,猫不但不捕捉老鼠,反而与老鼠共同玩耍。原因就是这只猫一直都是由主人喂养,没有吃过老鼠,也从没有看见猫吃老鼠,它已经基本丧失了捉老鼠的意识和能力。由此,我们可以想象一下裹在层层"爱"的保护罩下的幼儿,他们是否也会丧失自我保护的能力?在日常生活中幼儿因滑倒而摔伤的例子随处可见,其实这些幼儿在摔倒时,只要用手撑一下地,受到的伤害就会小很多。因此,应给幼儿留一些小小的受挫折机会,让幼儿在经受挫折磨砺中积累必要的生活经验，学习自我保护的方法。

五、如何进行安全教育

幼儿园是众多幼儿集体活动的生活场所，而且越是孩子频繁使用的游戏设施或游戏场地，发生的事故越多，因为活泼好动是幼儿的天性，活动中总存在着许多不安全因素。作为新一代教师的我们，不仅要教授给幼儿安全知识，让他们知道哪里有危险，更应该让他们学会如何征服危险，如何有效地保护自己。幼儿学会自护，就等于在生存中学会向前迈进了一大步，而生存是发展的重要保障。只有把安全教育渗透到幼儿教育的各个领域中，交织在幼儿一日生活中的各个环节，才能达到培养幼儿安全意识、提高幼儿自护能力的目的，才能让孩子健康愉快地成长。

（一）创设良好的育人环境，培养良好的生活习惯

著名教育家内德勒、布罗菲和古德为幼儿园环境建设提出了11个目标，其中有"能关注幼儿的健康和安全""有积极的情绪氛围""促进幼儿自信心发展"等。因而，幼儿园的环境是十分重要的因素，我们应该精心去创设，以便幼儿能够在这种环境下得到生动、直观、形象而又综合性的教育。比如，幼儿园的室外环境，应该要设备完整，并且要对其进行一定的检查、修理。另外如楼梯、门等具有安全隐患的地方，要贴上一些标志，以便幼儿能够一下子识别，这样可以时刻提醒幼儿要注意安全。对于室内的小环境，我们也应该要格外注意。另外，可以在每天和幼儿的晨间谈话过程中，将一些有关于自我保护的常识灌输给幼儿，让幼儿有所意识，我们也要用宽容的态度去对待幼儿的一切行为，并且要很有耐心地对幼儿进行教育，让他们体会到安全和信任，在一个舒适的环境中快乐成长。

（二）提高幼儿的自我保护能力

如今的幼儿多是独生子女，爷爷、奶奶、外公、外婆、爸爸、妈妈六个大人看这一个宝贝，真是含在嘴里怕化了，捧在手里怕摔着，将孩子裹在层层"爱"的保护罩中。但是家长不知道，这样的爱也会转化为溺爱，溺爱则会变为过度的保护，而过度保护要么使幼儿更加胆小，不敢探索；要么会更加好奇，盲目模仿。我们认为：父母和老师的手臂再长，也不能随时随地保护孩子，更不能保护他们一生一世，真正能保护孩子的只有他们自己。而幼儿园安全教育的目的就是让幼儿在掌握安全知识的同时，增强安全意识，提高自我保护能力。

那么，怎样培养幼儿的安全意识，提高他们的自我保护能力呢？这就需要做好以下三点。

1. 丰富幼儿的生活知识，增强幼儿的安全意识

安全意识是指幼儿对安全知识的掌握及对保证自身安全的基本行为的认识。安全意识是幼儿自我保护能力的一个重要方面。加强安全教育，增强幼儿的安全意识尤为重要。幼儿活泼好动，好奇心强，什么都想去看一看、摸一摸。由于他们年龄小，动

作的灵敏性和协调性差，同时又缺乏生活经验，在平时玩耍时，他们不知道什么地方能去，什么地方不能去，哪些东西能玩，哪些东西不能玩，因此，日常活动及户外游戏中很容易发生一些事故。鉴于这些情况，我们应当引导幼儿正确认识世界，增强他们的自我保护意识。教师与家长应有目的地给孩子讲解一些最基本的生活常识，让幼儿知道危险的存在。比如，让幼儿知道自己身体部位的名称，哪里不舒服要及时告诉大人。让他们知道有些东西是危险的，会伤害身体，不能乱摸乱碰。如玻璃会扎伤手、开水会烫着；不能到河边、井边玩，容易溺水；不能爬高，容易摔着等。同时，还应让幼儿知道生命是很珍贵的，要懂得珍爱自己的生命。孩子掌握了这些基本知识，就会逐步树立安全意识。

2. 进行适当的锻炼、磨砺，提高幼儿的自护能力

我们都知道，孩子受保护越多就越容易出差错，因为突发的、难以预料的事很多，一旦遇到紧急情况，平常总是被"锁"在"保险箱"里的孩子会不会束手无策？因此，让年幼的孩子适当锻炼、磨砺一下，是很有必要的。幼儿的自我保护能力大部分取决于其运动能力的发展，尤其是身体动作的协调性、灵活性，只有依靠一定的体育锻炼才能得到很好的发展。我们应尽量带着幼儿多到户外活动，引导幼儿加强身体锻炼，给每个幼儿不同的锻炼内容，增强孩子的体质，如跑步、拍球、跳绳等。这样不仅可以提高孩子动作的协调能力，还能丰富幼儿的生活经验。

3. 家园合作共育，培养幼儿的良好习惯

新《纲要》指出："家庭是幼儿园重要的合作伙伴，应本着尊重、平等、合作的原则，争取家长的理解，支持和主动参与，帮助家长提高教育能力。"因此，针对现代家庭幼儿溺爱过度的特点，我们要提醒家长让幼儿在家自己的事自己做，不要因为过分的溺爱而一手包办了，这样反而让幼儿的能力得不到发展。也可以通过家长园地、开家长会、与家长个别交谈等方式让家长了解这些行为的不好之处，让家长知道帮孩子做越多的事情，越是限制了幼儿的发展能力。同时，让家长了解正确的卫生习惯，家园配合，高度重视幼儿各方面的需要，并尊重和满足他们不断增长的独立要求，防止过度的保护和一手包办，鼓励并指导幼儿进行自理、自立活动的尝试。

4. 增强自身业务素质

幼儿作为一个活动的主体，每天都与活动密不可分。幼教工作者在一日活动中尤其要加强自己的责任心，确保幼儿的安全，对一些日常活动，教师要做到及时的引导。比如，幼儿在洗手、如厕时，由于自我控制能力相对来说还比较差，有些事情自己还无法独立完成，这时候教师就应该尽到自己的责任，尽可能避免一些危险的事情发生在一日活动中。

在生活中，教师要跟在大部分幼儿边上，时刻注意，两位教师应分别照顾不定地点的幼儿。如带幼儿去室外活动，几位教师一定要分工站在幼儿的前面、中间、后面观察幼儿，监护幼儿任何时候的一举一动。这样做是为了防止一些危险事情的发生。

在进行室外活动时，教师要尽可能地站在一个视野比较开阔的地方，尽可能观察到所有幼儿的活动范围，看着幼儿的一举一动。如果某一次特殊情况只有一位教师带领幼儿上下楼梯时，应站在楼梯的转角处停下来，看着幼儿下楼梯，并及时用温和耐心的语气提醒幼儿的行动，避免顾头不顾尾。

5. 通过形式多样的教育活动，促进幼儿自我保护能力的发展

教师要有所针对地对幼儿实施安全教育，提高其自身的自我保护意识以及能力。在这方面教师要从生活抓起，教给幼儿什么该做，什么不该做，又该怎样做。对此，教师可以用特定的教学活动让幼儿从中提高安全的保护意识，并形成良好的习惯。如幼儿不能推挤相撞，上下楼梯应靠右行，更不能单双脚跳，要躲避其他人或物对自己的伤害。

良好的日常生活习惯是安全的基础，幼儿的自我保护意识则是安全的主要保证。幼儿教师可在课上让幼儿对此进行讨论，在讨论中让幼儿纷纷发表意见，从中学到如何自我保护。如为幼儿准备一些画有安全与危险事物的小图片，如火、插座、热水、药、食品、玩具等，请幼儿自己来区分哪些是安全的，哪些是危险的，提高幼儿判断事物的能力，从而提高幼儿对事情的预见性。

为了孩子真正地健康成长，希望我们幼儿园能创造更好的场地环境，让幼儿有更好的活动空间，能够尽情地跑、尽情地跳。希望我们的教师时刻注意培养幼儿良好的行为规范，培养幼儿的自我安全意识，培养新一代创新人才，为了孩子的终身教育，请不要走进安全的误区。

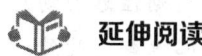 延伸阅读

国外幼儿安全教育做法之鉴

幼儿的安全及安全教育一直是我国幼儿园高度关注的问题，国外幼儿园在安全教育上各个方面的一些相关实例，可能会给我们提供一定的启发和借鉴。

一、安全环境创设是安全教育的前提

日本、美国等的相关部门都曾做过调查统计，表明儿童受伤种类一般有：骨折、挫折伤、擦伤、扭伤等，而事故发生地点最频繁的就是户外活动场地、游戏设施等处，例如滑梯、秋千、攀登架等。他们对这些事故高发场地及设施等所采取的对策是尽量保证有足够的场地与设施供孩子们户外活动使用，也尽量维持设施能提供给孩子获得运动经验的功能，创设充满"危险"的环境，让孩子在亲身体验这些随时可能生的危险的同时，尽可能地降低活动场地、游戏设施的危险性，或在恰当的时候给孩子以适当的安全提醒。

美国幼儿园的户外活动操场多是采用橡胶、木材之类的材料，但同时也有适合幼儿开展不同活动的不同地面，如草地、水泥地、沙地等。他们非常重视安全检查工作，

因为他们认为现在看上去安全的环境设施不一定在一周后甚至24小时后还是安全的，因此他们有每日、每周、每月的定期或不定期的安全检查工作。在《美国幼儿园环境安全评估标准》中，幼儿园的各项安全工作都制定了严格的标准，作为安全检查的参照。

日本幼儿园中的绝大部分户外活动场地采用了硬沙土地，以减少摔倒后的损伤程度；单杠、爬竿等攀爬类设施下面垫上塑胶垫子；秋千周围设置围栏或用白线标示，以提示孩子秋千摆的安全位置。他们的一些环境创设似乎又故意增加了危险因素，有尖尖屋顶的小房子用来给孩子攀爬，两棵高高的大树之间有着大漏洞的绳网也是允许孩子爬越的。

二、关注安全教育的实施者：教师

在幼儿园中保护幼儿的安全是教师的职责之一，教师也是幼儿园安全教育的主要实施者。国外的幼儿园教师，在保护幼儿的安全及进行安全教育时，角度是多重的，也是灵活多变的。

在户外活动时，为了培养孩子预测、判断、回避危险的能力以及探索、创新、自主的精神，教师允许孩子尝试各种他们自创的具有"冒险性"的活动及自己发明的一些游戏设施的"非常规"玩法，不会轻易制止或强调幼儿完成某一项动作或活动，相反，他们还会参与到孩子们新奇刺激的活动中去，成为孩子们活动中的"同伴"。

德国幼儿园曾调查过鼓励幼儿运动与事故发生率之间的关系。实施时间共持续8周，实验组幼儿在运动方面受到鼓励，结果发现这些孩子不仅运动能力较强，而且事故发生率也下降了，而对照组的幼儿几乎没有什么改变。

幼儿年龄小，知识经验贫乏，模仿性极强，所以，澳大利亚教师时刻注意为幼儿树立安全行为的榜样，例如，当教师使用工具、餐具、电器时总是小心翼翼。此外，教师还注意通过言传来促进身教，使身教与言教结合起来，进一步培养幼儿的安全意识和技能。比如，烹调活动时，教师边示范边讲解："当我炒东西的时候，我非常小心地不去碰摸砂锅的边缘，这样就不会被烫伤。现在你们也学我的样子，炒炒看。"教师给幼儿提供大量的练习机会，让幼儿进行操作，互相学习，互相帮助，迅速掌握安全技能。

三、制定必要的安全规则，化解幼儿的危险行为

"没有规矩，不成方圆。"在各项活动开始之前，澳大利亚幼儿园教师为幼儿制定了必要的规章制度，使幼儿明白他们能够做什么，不能做什么，以便使各项活动能顺利开展下去。比如，幼儿从事木工活动时，要戴上护目镜，以防异物进入眼内；参加积木活动时，不要靠积木架太近，以免其他幼儿取积木时踩到自己的手脚。

幼儿进行探索活动时，澳大利亚教师一般都不停地进行观察，防患于未然。对于危险性较小而幼儿又能从中获益的活动，教师只要稍加指点，就可放手让幼儿去探索。比如，当教师发现幼儿在使用餐刀切割食物时，便告诫幼儿："把餐刀拿得离手指远一点。"而不是大惊小怪，马上制止，阻碍幼儿独立性的发展及探索习惯的养成。当然，

对危险性较大的活动，教师则必须严加干预、立即阻止。教师的指令、忠告要想被幼儿接受，使幼儿乐于听从，而不产生逆反心理，做出更危险的行动，就得讲究艺术性。比如，当幼儿攀爬的高度、搭积木的高度超过了规定以后，教师便迅速地走到幼儿身边，亲切和蔼地要求幼儿表演水平式的攀爬，或鼓励幼儿造一座宽广但不是很高的教堂。这种诱发幼儿进行新的挑战行为的方式，往往能化险为夷。

四、改进安全教育中家长和社区的协同合作

幼儿园的安全工作、安全教育的目的，就是保障儿童的安全，这不仅仅只是幼儿园及教师的任务，家长和社区的参与也是必不可少的，与家长的沟通、社区资源的共享等都是幼儿园安全教育顺利进行的前提。许多到国外幼儿园参观的中国教师看到外国孩子拿着锯子或斧头等锋利的工具正在认真地敲着钉子时，都会瞠目结舌、惊叹不已，因为这在中国是绝对不可能的，即使教师提供这些工具，家长也决不会同意孩子使用。这就是我们的家长与国外家长在"什么对孩子是安全的"这一问题上存在的观念的差异，这就导致了与家长沟通时的不同成效。日本家长普遍的认同是：孩子在活动中磕磕碰碰是难免的，不必为一点小伤而"大惊小怪"，被过度保护的孩子将来可能会"没有用"。关于幼儿的安全及安全教育，国外的幼儿园始终与家长保持沟通交流，许多幼儿园在外出参观游览时都会向家长发放专门的意见书，家长签字后表示家长同意为外出危险承担一定的责任；通过亲子游戏的方式，让家长参与到幼儿园的安全教育中来；英国政府还把母亲介入幼儿教育作为一种政策性的要求；另外，国外很多幼儿园所在的社区都会提供一些免费的可进行安全教育的资源，例如让儿童参观消防局、警察局等相关的安全部门，或为孩子提供一些与安全相关的画册等。

五、将安全教育内容渗透于游戏和生活中

国外幼儿园中游戏活动的时间比例非常大，他们的安全教育是与孩子们的游戏融合在一起的，并更多地与生活相结合，让儿童在玩中自己去体会什么是安全，逐渐形成一种安全意识，以及应对危险的能力等。

模块二　学前儿童意外伤害

一、幼儿发生意外事故的原因

幼儿的意外事故主要是指日常生活中人们没有事先估计到或难以预料的偶发事件对幼儿造成的伤害。据1994年《中国儿童状况分析报告》显示，1～4岁城乡儿童的死亡原因中，意外事故排在第一位，而过去导致儿童死亡的传染病等疾病的发病率正逐渐下降。造成目前这种状况的原因，主要有以下几方面。

(一) 幼儿自身的原因

幼儿意外事故发生率高，一个不能不提到的因素是幼儿自身的弱点。幼儿在判断能力、应变能力及体力等方面远不及成年人，面对突如其来的意外事故时，很难及时做出正确反应，容易导致意外事故的发生。

从生理特点来看，幼儿的神经系统发育还不完善，尤其是视觉、听觉、触觉及运动机能的综合协调能力比较差，对物体的方向性和空间位置的判断容易出现错误。瑞典和日本的有关研究都表明，幼儿面对迎面而来的汽车常常不知道躲闪，过马路只注意一个方向的车辆而不顾另一个方向，对汽车车速的快慢缺乏正确的判断力，误认为噪声小的汽车没有危险，等等。同时，幼儿的肌肉组织发育不完善，手和腿部的肌肉组织力量小，在进行一些大型游乐活动或由高向下跳时，常常会因力不从心而发生事故。加之幼儿的小脑平衡功能发育差，不能正确判断视深度，因此在行走、跑跳时容易摔跤、磕碰。

从心理特点来看，幼儿具有好奇、好探索的特点，对自己不了解的事物都想亲自尝试，但又对危险因素缺乏认识。比如，有的幼儿用手指或铁丝去碰电源插座的小孔，就可能造成触电事故；有的幼儿见到东西就送到嘴里，就可能误食药物、变质食品和异物等有毒有害物质等。同时，幼儿期的儿童有了明显的自我意识，独立性逐渐增强，不愿处处受大人的保护，也会导致某些意外事故的发生。如过马路时，不让大人用手牵着走，非要自己走，可能会发生碰撞事故等。

(二) 成人安全意识不强，安全措施落实不力

幼儿意外事故有很多是由于家长和幼儿园保教人员安全意识不强，安全措施落实不力造成的。

【案例一】 一岁幼儿食用不明药物中毒

2017年2月16日中午，家住东海县温泉镇的鲁女士发现自己一岁多的儿子不停地哭闹，孩子边上还有一包粉末状的东西。家人立即将孩子送往当地医院，后孩子被辗转送到了连云港市第一人民医院，但是几家医院的医生都无法判断孩子到底因为什么中毒。情急之下，鲁女士报警求助，接到报警后，连云港市公安局立即指派相关派出所以及刑警支队技术大队前往开展救助工作。连云港市公安局刑警支队技术大队大队长孙桂进说："得知孩子出现多汗、湿冷、瞳孔缩小、口吐白沫等症状，结合有关医学生理指标，我们推断小孩很有可能是呋喃丹中毒。"紧接着，孙桂进立即提取了孩子吃过的疑似药粉，并采集静脉血样进行化验。"至晚上7点钟左右，通过紧急分析化验，最终认定孩子确为呋喃丹中毒。"孩子的爷爷后来说，孩子吃的东西，是他几年前买来药小鸟用的，不知怎么被孩子误食了。《现代快报》记者了解到，在确认呋喃丹中毒后，经过针对性的救治，至17日中午，孩子已脱离生命危险，但仍在监护室观察治疗。

连云港市儿童医院主任医师骆培良告诉《现代快报》记者，三四岁以后的孩子好奇心非常重，他们喜欢探索外面的世界，但是因为年龄太小无法判断一些可能存在的危险，这样就会发生一些意外的伤害。上学以后，家长不能时刻陪在身边，家长们一定要教会孩子，学会判断一些危险情况，防止意外伤害的发生。骆医生提醒家有幼龄儿童的家长，一定要照看好孩子，注意孩子的一举一动，要把药物等易发生危险的物品放置到远离小孩的地方，以免他们误食而发生意外。如果发生意外情况，家长最好选择尽快将孩子送往医院处理，尽可能减小危害的程度。

（三）周围环境的客观因素

幼儿生活环境中的某些客观因素也是导致意外事故的潜在危险因子。例如，幼儿园班级容量严重超标，造成用房拥挤，活动场地紧张，容易引发意外事故。另外，某些幼儿园活动场地不平整，家具、墙角、玩具棱角锐利也是造成幼儿意外事故发生的客观原因。

（四）幼儿园安全规章制度不健全

幼儿园安全规章制度不健全，一方面，目前幼儿园大多制定了门卫制度、饮食卫生制度等安全规章制度，但尚不完善。事实上，幼儿园的安全规章制度不仅应包括意外伤害发生前的预防制度，还应包括意外伤害发生后的处理制度（急救措施及处理备案，如安排专门人员、建立紧急联络的电话号码簿、安排运送路线、配备急救物品等）。

另一方面，安全规章制度的执行缺乏力度。如幼儿园普遍都有严格的门卫制度，但是在执行时往往比较随意，这是导致在园意外伤害事故发生的主要原因。类似问题也存在于接送制度中。现在很多幼儿园要求家长凭卡接送孩子，但事实上接送卡并没有起到太大的作用，很多教师和家长都认为只要相互认识就没必要用卡。

二、幼儿常见意外事故的急救与处理

1. 小外伤

（1）扎刺的处理。

对于幼儿扎刺的处理应先将伤口用自来水或生理盐水清洗，然后，用消毒过的针或镊子顺着刺的方向把刺全部挑、拔出来，不应有残留，并挤出瘀血，随后再用酒精消毒伤口。如果刺扎在了指甲里或难以拔除，应送医院处理。

（2）跌倒蹭破皮肤的处理。

蹭破皮肤后应先观察幼儿伤口的深浅，若伤口较浅仅仅蹭破了表皮，只需将伤口处的泥沙清理干净即可。如果伤口较深有出血，应该用自来水或生理盐水清洁伤口，并用酒精消毒伤口，处理后无须包扎。若伤势较严重，需去医院治疗。

（3）挤伤的处理。

对于挤伤的处理,若无破损,可用水冲洗,进行冷敷,以便减轻痛苦。疼痛难忍时,可将受伤的手指高举过心脏,缓解痛苦。若有出血,应消毒、包扎、冷敷。若指甲掀开或脱落,应立即去医院。

(4)剪刀、小刀等文具的划伤与切伤的处理。

对于剪刀、小刀等文具的划伤与切伤的处理应用干净的纱布按压伤口止血,止血后,在伤口周围用75%的酒精由里向外消毒,敷上消毒纱布,用绷带包扎。如果是玻璃器皿扎伤,应先用清水清理伤口,用镊子清除碎玻璃片,消毒后进行包扎。

2. 鼻出血

幼儿出现鼻出血时,教师应安慰幼儿不要紧张,要安静躺着或坐着。头略低,张口呼吸,捏住鼻翼,一般压迫十分钟可止血。前额、鼻部用湿毛巾冷敷。止血后,2~3小时内不要做剧烈运动。出血较多时,可用脱脂棉球塞入鼻腔,填塞紧些才能止血。若有麻黄素滴鼻液,可把药洒在棉卷上,止血效果更好。若经上述处理,鼻出血仍不止,应立即去医院处理。

3. 异物入体

(1)眼内异物。

幼儿眼内异物最为多见的是小沙粒、小飞虫等入眼。异物入眼后,可粘在睑结膜的表面,进入睑结膜囊内,也有的则嵌在角膜上。对于不同的情况,应采用不同的方法。具体的方法是:让幼儿轻轻闭上眼睛,切不可揉搓眼睛,以免损伤角膜。教师清洁双手后,方可为幼儿处理。沙粒粘在眼结膜表面时,可用干净柔软的手绢或棉签轻轻拭去;若嵌入眼睑结膜囊内,则需要翻开眼皮方能拭去。

(2)气管异物。

气管、支气管异物多见于5岁以下的幼儿,幼儿口含食物或小物件,哭闹、嬉笑时最易发生气管异物。幼儿气管有异物时,会出现呛咳、吸气性呼吸困难、憋气、面色青紫等现象,此时情况紧急,应立即加以处理。若发生在年龄较小的幼儿身上,可将其倒提起来,拍背。若发生在年龄较大的幼儿身上,可让其趴卧在成人腿上,头部向下倾斜,成人轻拍其后背,或成人站在患者身后,用两手紧抱幼儿腹部,迅速有力地向上勒挤。若仍不能取出,应立即送往医院处理。

(3)外耳道异物。

外耳道异物一般分为两种,一种是非生物异物,如幼儿玩耍时塞入的小石块、纽扣、豆类等;另一种是生物异物,如小昆虫等。幼儿外耳道异物属非生物异物和水时,可用倾斜头、单腿跳跃的动作,将物品跳出。若无效,应上医院处理。切不可用小棍捅、用镊子夹,否则易损伤幼儿外耳道及鼓膜。若外耳道异物为小昆虫,可用强光接近幼儿的外耳道,或吹入香烟的烟雾将小虫引出来。若不见效,应立即上医院。

(4)咽部异物。

咽部异物以鱼刺、骨头渣、瓜子壳、枣核等较为多见。咽部异物最好用镊子取出,切不可采用大口吞饭的方法，否则会使异物越扎越深，出现危险。若无法取出，应立即上医院处理。

（5）鼻腔异物。

幼儿出于好奇，常把豆子、小珠子、纽扣、橡皮等较小的物品塞入鼻中，这不仅会影响呼吸，还会引起鼻腔炎症，甚至引起气管异物。因此教师应仔细观察，及时取出异物。具体的方法是：深吸一口气，用手堵住无异物的一侧鼻子，用力擤鼻，异物即可排除。若异物未取出，切不可擅自用镊子夹取圆形异物，否则会将异物捅向鼻子深处，甚至落入气管，危及生命。发现鼻腔异物应马上去医院处理。

4．扭伤

幼儿扭伤后，应立即停止活动，让幼儿坐下或平躺休息，将扭伤部位的衣服或鞋带松解；24小时内用凉毛巾或冰袋冷敷伤处15～30分钟，冷敷3～6次以减少局部出血和肿胀；24小时后改为热敷，加速血液循环；这两者切不可颠倒，否则会加剧炎性渗出，导致剧烈肿胀，而且不易恢复。注意不可用力按摩揉搓，以免加重损伤或造成骨折。

5．烧伤、烫伤

烧烫伤紧急处理的五个基本步骤是冲、脱、泡、盖、送。

当烧烫伤发生后，首先要将烧烫伤部位置于自来水下轻轻冲洗，或浸于冷水中，时间以受伤部位不再感到疼痛为止，无法冲洗或浸泡的部位则可以用冷敷。如果受伤部位有衣服、鞋袜等，在疼痛减轻之后再小心除去。对于衣物与受伤部位有粘连的，不可硬脱，要用剪刀将衣物剪开，然后用消毒纱布或辅料盖住受伤处并加以包扎。冷水浸泡不宜过久。冷水浸泡持续20分钟以上，一般可减轻疼痛。用干净床单或布覆盖烫伤创面。不要自行涂抹有色的外用药物，以免影响医师对创面深浅的判断，也容易引起感染。同时拨打120急救电话，迅速将患者送往医院。

处理烧烫伤时需要注意的问题：

（1）烧烫伤后不要立即冰敷。因为低温也会对皮肤造成伤害，而烧烫伤后受损的皮肤已经失去表皮的保护，若直接冰敷会造成冻伤。

（2）水泡不要弄破。为了避免感染，伤口处的水泡最好不要自行挑破或在伤口处吹气，小的水泡可以自行吸收，大的水泡最好到医院处理。

（3）不要乱涂任何药品和油膏。烧烫伤后有人会涂抹酱油、食油、牙膏，或者外用的药膏，这是非常错误的。因为涂抹这些东西会让热能继续包覆在皮肤上伤害皮肤，更严重的后果是影响医生对烧烫伤深度的观察和判断，给诊治造成困难。

（4）不可揉搓伤口。烧烫伤后千万不要揉搓和挤压受伤处，也不要急于用毛巾擦拭，以免表皮剥脱。

6．惊厥（抽风）

幼儿惊厥的表现通常是突然发作，意识丧失，头向后仰，眼球凝视，呼吸细弱且不规则，口唇青紫，四肢和单侧或双侧面部抽动，持续时间可由1~2分钟到十几分钟甚至几十分钟不等。幼儿惊厥后，成人千万不可惊惶失措，不可大声呼叫或用力摇晃、拍打幼儿。对此，应采取以下措施。

（1）让病儿侧卧，便于及时排出分泌物，防止异物入气管。同时，松开衣领、腰带，保持血液循环的畅通。

（2）不要紧搂幼儿，可轻按幼儿抽动的上下肢，避免幼儿从床上摔下。

（3）将毛巾或手绢拧成麻花状放于上下牙之间，以免幼儿咬伤舌头。但如果病儿牙关紧闭，无法塞入毛巾，不可硬撬。

（4）随时擦去痰涕。

（5）用针刺或重压人中穴，即唇沟的上三分之一处。

注意，在急救处理的同时，应做好去医院的准备工作。当婴幼儿发烧时，切忌包裹过严过厚，否则会使体温持续上升，导致惊厥。

7. 骨折

除了严重骨折可有休克等全身表现外，一般骨折以局部症状为主，主要有：疼痛与压痛、畸形与局部肿胀、功能障碍等表现。

骨折的急救原则是：固定伤肢、限制活动。如果患肢有明显畸形，可用手牵引患肢，使之挺直，然后加以固定。如有出血，应先包扎、止血，然后根据骨折的不同部位分别进行临时固定。

固定的方法为：在紧急情况下可以就地取材，选择长短、宽窄适合幼儿的竹板、木棍、硬纸板等，用来作为夹板，垫上棉花或布类，先固定骨折的两个断端，然后固定上下两个关节，露出手指或者脚趾，以便观察血液循环情况。如果没有夹板或者其他代用品，可将受伤的上肢固定在胸部，将受伤的下肢同健肢固定在一起。患儿经过妥善固定以后，应迅速送往医院，在运送的过程中应密切观察患儿全身有无其他症状。

8. 触电

触电时首先要切断电源。应采用当时当地最迅速有效的方法将患儿脱离电源，立即关闭电源或者用干燥的木棒、竹竿等绝缘体挑开电线。然后检查患儿的精神、呼吸和心跳，必要时立即施行人工呼吸和胸外心脏按压。不要轻易放弃抢救，在抢救的同时，应立即送医院进一步处理。

三、如何教孩子学会自我保护

教会孩子自我保护，就要让孩子了解一些东西。

（1）对于父母来说，孩子的平安成长比孩子的成功更重要，孩子要知道这点。

（2）孩子要知道自己身上一些私密的地方是不能让陌生人摸的，例如裤裆和屁股。

（3）永远要知道生命是第一位的，财产是第二位的，不能因为钱财而丢失性命。

（4）孩子如果有秘密最好告诉妈妈，因为她是你最亲的人。

（5）陌生人给的东西一律不能要，饮料不能喝，糖果不能吃，有什么想吃的跟父母要。

（6）有陌生人搭讪，不要理睬，赶紧走开或寻找小伙伴。

（7）遭遇危险情况时要大声呼救，或者打破玻璃等东西引起别人的注意。

（8）有危险时可以自己先跑，然后找人来帮忙。

四、如何教孩子防拐骗

幼儿想要预防被拐骗，首先要知道六种坏人，认清他们的真面目，这样才能不被拐骗。

（1）向你请求帮助的大人。

（2）给你看宠物照片的大人。

（3）知道你名字的陌生人。

（4）告诉你家里有紧急情况的大人。

（5）想给你拍照的大人。

（6）拿糖果或玩具引诱你的大人。

当然这些都是特殊情况，有的时候孩子要学会说"不"。家长也不能总是教导孩子要有礼貌，不能因为礼貌就跟不认识的人走。孩子是敏感的，别人对自己好坏是能感知的，有时候可以相信自己的直觉，如果觉得某人反常，一定要及时告诉爸妈，不论这个人是老师还是朋友，都要及时跟父母说。

五、如何教孩子防性侵害

（1）现如今，幼儿被性侵害的事件时有发生，因为孩子不懂这方面的知识，不知道保护隐私部位，所以往往会造成孩子身体和心理的双重伤害。

（2）孩子3岁以后，父母可以进行这方面的教育，平时生活中，告诉他们哪里是私密部位，不能让陌生人摸，自己也要保护这些隐私部位，不能让别人看见。

（3）可能孩子还不是很了解隐私部位是什么意思，父母可以做些简单的引导，可以说是"裤衩和背心覆盖的地方"，这样方便孩子理解。然后，再告诉他们这些地方是不能被别人摸和看的，同样，别人的这些部位，你也是不可以摸和看的。如果有人偷摸自己的隐私部位，要及时告诉父母，以防犯罪分子多次对孩子下手。

六、如何教孩子防自然灾害

1. 遇到危险时自己先跑，不是不勇敢和不义气的表现

中国的传统教育是讲义气，要勇敢，积极主动帮助别人。其实，我们对勇敢、义

气要有所界定，不是所有的勇敢和义气都是好的，有的勇敢可能是莽撞，它不仅会伤害别人，还会伤害自己，尤其是突发危险事件时，勇敢和义气都是要不得的，这时候一定要先保证自己安全，这样才能拯救更多的人。

2. 遇到危险时打破玻璃等物，不是淘气的表现

孩子们要理解物品存在的意义，它们是给人类使用的，因此它们没有人类本身重要，只是人类的附属品，只要我们有损坏它们的正当理由，那就不是淘气的表现。孩子需要知道，在遇到危险时是可以破坏东西的，这样才能方便自己更好地逃生。

3. 永远记得生命第一，财产第二，平安成长比成功更重要

孩子只有真正地爱自己才能做好自我保护工作，他们需要知道，不论何时何地，只要遇到危险，最重要的永远只有自己的生命，其他的一切都是第二位。

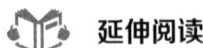 延伸阅读

幼儿园一日活动中的安全隐患及预防措施

一、一日活动中的安全隐患

（1）入园时忽略晨间检查，家长或让孩子单独入园，或到了班上不向老师打招呼就离开。

（2）晨间活动人均面积太小，活动器械的选择或各年龄段的场地安排不当。

（3）活动时座位排列不合理。

（4）课间孩子在室内追打嬉戏。

（5）上厕所、洗手时管理松懈。

（6）吃点心、进餐时组织不当。

（7）餐后管理交接不当。

（8）药品管理不严密。

（9）午睡时监管不当。

（10）起床时情况混乱。

（11）户外游戏时组织不当。

（12）园外集体活动时组织工作不细致。

（13）离园时交接不到位。

二、预防措施

（1）应坚持"一看二问三摸四检查"的晨检制度，家长送孩子入园时应主动让孩子接受保健人员的晨间检查，尤其应主动报告身体已经存在的不适。同时坚持送孩子进活动室，并和老师打招呼，得到确认后方可离园。

（2）晨间活动的场地安排要尽量协调好，做到小、中、大班的孩子既能按年龄特征分场地进行活动，也能分时间段进行活动。活动器械也要科学地配发，避免器械

造成的不安全。

（3）室内活动时，应根据活动的内容选择座位的排列形式。如动态的活动尽量采用圆形，讲述活动尽量采用半圆形，操作活动桌子则采用U字形排列较好……

（4）课间总有一些孩子会忘记喝水、解小便而在室内追打嬉戏，桌角、门缝、玩具柜、饮水机等都会成为发生事故的隐患。为此，教师应和孩子一起制定班级常规及标志性的图案，使孩子了解规则并努力去维护自己制定的规则。

（5）上厕所、洗手时弄湿衣服，掉落便池，滑倒在地，磕破头皮都是易发之事。和孩子一起制定规则、张贴标志图案，加强卫生间的巡视并及时帮助与提醒孩子，都是切实可行的好办法。

（6）吃点心或进餐时，首先要避免因食物烫、刺、不卫生造成的危险，其次是避免餐具造成的划、戳伤害，再次是避免要求不合理造成的伤害（如催促孩子进餐、一律不准剩饭等）。

（7）上、下午班教师的交接工作应该制度化。幼儿园可以根据实际情况制定表格进行交接，表格中可以包括人数、服药情况、特殊说明等。

（8）加强药品的管理。每班都应该有一张幼儿服药登记表，每天早晨由需服药的家长亲自填写并签名，然后再把药袋放在规定的、幼儿碰不到的地方。

（9）午睡时，首先要排除环境中存在的危险。如蚊香不能点在易燃、孩子易接触到的地方。其次，要排除孩子携带异物上床。再次，要加强午睡过程中的巡视，避免孩子因突发疾病而无人巡视造成的抢救、治疗上的不及时。

（10）起床之后的整理活动，教师和孩子都较忙。有序、分步骤是保证孩子安全的重要措施，如可以指导孩子先穿衣服，再穿裤子，最后穿鞋子，然后再解小便、喝水。

（11）户外活动时，首先要排除活动场地的安全隐患，以防场地造成的意外伤害。其次，是做好活动前的准备运动，以防突然剧烈运动造成的拉伤、扭伤。再次，是控制好活动中的动静交替，以防活动过量。

（12）在组织园外集体散步、参观、郊游等活动时，必须要做到以下三点：了解沿途路线，尽可能选择最安全的线路；事先请孩子做好外出时的一切准备工作，并提出安全方面的说明；行进过程中要保证前、中、后的孩子都在教师的视线范围内。

（13）离园时，首先要控制好接孩子的时间，使教师有足够的时间和精力去接待家长。其次，严格确认接孩子的家长，如果临时有陌生人来接，必须进行电话或其他可信方式的相关确认。再次，特殊孩子的交接，如生病的孩子、当天表现异样的孩子，需向家长详述孩子的情况，并提出希望配合的要求和具体方法。

模块三　学前儿童安全教育的组织与指导

一、安全生活教育活动的设计与实施

1. 培养学前儿童在生活和活动中自护

（1）饮食自护。

细菌主要从口、鼻、皮肤的破损处进入人体，使人生病。红汞、酒精、盐水、高温都能杀死细菌。生水、变质的食物和饮料、没清洗的瓜果上都长有很多细菌。识别腐败变质的食物和饮料的简单方法及防烫、防噎、防呛、防咬舌和腮的知识。安静进食，细嚼慢咽，进食前先看、闻或摸食物或饮料，了解它们是否变质或太热。不喝生水，养成不把不干净的物品放到嘴里的行为习惯。

（2）着装自护。

在烈日下久晒会生病，应随气温变化及时增减衣服。在烈日下活动要戴遮阳帽，鞋不合适应请父母更换，鞋内有沙或石子要及时取出，以防脚受损伤。

（3）居住自护。

住楼房时知道以下行为不安全，并养成不做这些行为的习惯：爬窗台、钻爬凉台的护栏、从楼道的护栏上向下滑、从台阶上向下跳、从楼上向下抛物泼水、上下楼不守秩序、开关门时手伸入门缝里。

（4）行路安全自护。

应掌握的知识、技能和养成的习惯：行路中不安全的因素有路面上的障碍物、坑、洞、临时搭放的木板、石块，行驶的车辆，跑动的牲畜，高处掉下的东西，拥挤的人群；应识别的交通安全标志，如红绿灯、人行横道标志、禁止通行的标志、危险标志；在街上走路时注意力要集中，注意看路面障碍，不东张西望；遵守交通规则；乘车时遵守乘车安全规则。

（5）疾病自护。

疾病的症状知识：发烧、呕吐、腹泻、鼻塞、鼻出血、牙出血、便血、便虫、头疼、头晕、腹疼、眼睛不适。发现身体不适和有疾病症状，应及时告诉大人，以便及时治疗。有病应诊治，并主动配合医生，打针、吃药不哭叫。不同的药治不同的病，发现药味有变化应及时告诉大人。

（6）活动自护。

经常锻炼，动作正确，体力好，不容易摔伤；明白不守秩序和规则容易发生不安全事故；不在马路边、停车场、工地、河边等有危险的地方玩耍；发现大型器械有损坏，不要去玩，并及时告诉大人；没有大人的照顾不下河玩水、游泳或到冰面上玩；不招惹狗等动物；不乱扔石子、沙土和棍棒或用它们互相投击；玩耍时，不远离同伴和大人；受到别人欺辱或受到不公平对待，敢于讲道理，表示不满和反抗。

2. 培养学前儿童掌握意外自护的方法

（1）防丢。

防丢失知识：丢失主要的原因有私自外出、贪看热闹、离开同伴和家人或老师、被人群挤散、被坏人拐骗、发生意外事故跑散等。防止丢失方法：紧跟家人、教师或同伴，不独自走开；在大人指定的地方活动；不跟陌生人走。丢失后求助的知识：记住家庭地址、电话号码、父母姓名、所在幼儿园的名称，主动向警察叔叔或大商店的服务员叔叔、阿姨求助。

（2）防骗。

陌生人有好人也有坏人，有些坏人会装作好人行骗，要学会识别坏人的本领，要防坏人，也要防止误解好人的好意；独自在家中时，要有礼貌地拒绝给陌生人开门；要有礼貌地拒绝陌生人送的食物、玩具或书画；拒绝陌生人的拥抱；被人强行抱走或拉走时要大声呼喊求救。

（3）防灾。

遇到水灾、火灾、风灾、地震、车祸、冰雹等时，不慌张哭叫，要紧跟家人寻求保护；不怕雷声、闪电；与家人失散时，应走向有人声、有灯光的地方去呼救；不慎陷进坑洞时，不要惊慌，要倾听，如有人声或走步声时要大声呼救；同伴不慎落进坑内或溺水时要大声呼救。

3. 学前儿童安全生活教育活动的方法

（1）游戏法：如"帮助布娃娃穿衣服""给小花猫洗澡""小小耳科大夫"等游戏都是孩子们爱做的。

（2）比赛法：组织个人或分队比赛生活技能，可以与走、跑、跳、爬、钻等活动结合做。

（3）分步学习法：较复杂的技能可分解成几步，分别学习。

（4）表演法：组织个人或分队轮流表演生活技能。可表演单个技能，也可表演一组。如可表演由铺被、脱衣到起床、穿衣、叠被的一整套技能。要让所有学前儿童都有机会参加表演。

（5）评价法：组织学前儿童相互评价技能。评价的内容标准要简单、具体。事先都学会方法，再正式评价。

4. 幼儿误食异物该怎么处理

幼儿吞下的东西，一般会从大便排出，故对健康并无多大伤害。倘若幼儿不小心吞下一些特别的物件，必须根据情况做出个别处理。

（1）误服药物：已经清楚知道误服药物的数量及时间，如果药性发挥不太严重，可给孩子喝一些牛奶以减轻在胃里的药性。

（2）吞下纽扣：若是胶质纽扣，用 X 光亦难照出，纽扣若到了胃和肠部也可从大便排出，父母可留意此点。纽扣若进入气管，会引发咳嗽或出现呼吸困难，因此要立刻带孩子看医生。

（3）吞下花生：花生是各种物件中最危险的，因为它不能用 X 光照出位置来，若塞着气管或支气管，吸收了水分便会膨胀，堵塞气道，引起窒息，因此不要随便给孩子吃。

（4）吞下发夹：发夹虽然长，若是顺利通过幼儿的肠道，一周之内，便会从大便排出。发夹吞下时，若在体内钩着内脏某处，便需带孩子到医院照 X 光，查出发夹所在。

（5）吞下毒物：误服毒物，如果能令孩子呕吐的话，问题就不大，但一些含有强酸和强碱的毒物，是不能呕吐的，因为呕吐的话，有可能使喉咙和食道腐烂。这些毒物包括强酸性的硫酸、盐酸、石炭酸、硝酸；强碱性的如碱水、洗涤苏打；石油制品如灯油、杀虫水、打火机液体、汽油等。孩子万一饮下，除了大量喝牛奶外，还应尽快送医院诊治。

二、幼儿安全教育的组织应注意的问题

幼儿园是获取知识的主要阵地，有着得天独厚的教育条件，可以进行正规化、系统化、经常化的安全教育。幼儿的安全工作一直是幼儿园教育工作的重中之重，我们必须把安全教育工作做到最好，尽可能减少安全事故的发生。

1. 创设安全的教育环境

（1）增强幼儿园硬件设施的安全。定期检修园舍建筑物及其配套设备、用具，如有问题要及时修理。幼儿所使用的一切生活设备要牢固、简单、安全、没有尖角和裂缝，运动器械如滑梯、攀登架、秋千、转椅等要经常维护。

（2）加强幼儿园的精神环境安全。幼儿园的设施、设备安全是硬件设施安全，而教职工的安全意识则是精神环境的安全。幼儿园教师要完成保育和教育的双重任务，保证幼儿的安全是最首要的，也是最重要的工作，因此，幼儿园的安全教育，要做到强化教职工的安全意识，增强生活安全、交通安全、防火安全等常识，教职工要把幼儿安全问题置于首要地位，加强责任感，强化安全意识，掌握意外伤害的知识和处理方法，认真细致地做好工作，避免意外事故的发生。

【案例二】 你敢踩到椅凳上吗？（大班）

设计意图：

由于班级中的书包格位置较高，幼儿取放书包很不方便，竟出现爬书包格的危险片断。以往教师总是采取说教的形式，但效果并不明显，于是教师便尝试以体验的方式让幼儿感受危险的存在，从而培养幼儿初步的自我保护意识，并尝试自己解决

问题。

活动目标：

（1）通过引导幼儿体验站立在椅凳的不同位置，培养幼儿初步的自我保护意识。

（2）通过引导幼儿分析椅凳作用，培养幼儿敢于探索的精神，并尝试自己解决问题。

活动准备：

书包格、书包、椅凳。

活动重点：

体验从不同方位登上椅凳，感受椅凳的稳定性。

活动难点：

体验从不同方位从椅凳上掉下来时的感受，从而分析椅背的作用，使幼儿学会自我保护。

活动过程：

（1）教师与幼儿进行谈话。

教师说出爬书包格的现象，引出问题："我们能爬书包格吗？""书包如何放回格子？""你能借助其他的工具把书包放回格子吗？"

幼儿讨论结果：请老师帮忙；请家长帮忙；请高个子的小伙伴帮忙；借助工具，如椅凳等。

（2）针对借助椅凳，教师提出两个问题：

① 小朋友蹬椅凳哪里才是最稳的，对椅凳稳定性进行分析。

② 怎样放椅凳，我们蹬上去才比较安全，可减少危险。

（3）针对提出的两个问题进行体验活动。

① 体验活动一：小朋友蹬椅凳哪里才是最稳的？

教师设计情境：请所有的幼儿脱鞋尝试分别从椅凳不同位置站到椅凳上，请幼儿谈谈，踩椅凳哪里站得最稳，时间最长。

体验结论：踩到椅凳中间站得最稳。

② 体验活动二：通过设置与幼儿讨论怎样放椅凳，我们蹬上去才比较安全，可减少危险。

教师设计情境：让一名幼儿借助椅凳取放书包，教师故意让书包掉下来砸到幼儿身上，导致幼儿摔倒，老师及时保护。出现椅背事件，提出新的问题。

③ 问题：怎样正确使用椅凳呢？

教师把椅凳分别以四个方向靠墙放好。请一名幼儿脱鞋踩上椅凳，在教师的保护下从椅凳上"掉"下来，四个方向让幼儿做同样的尝试，每次尝试后教师问幼儿的感受。

• 座靠墙，背靠外——掉下时，椅背绊住了腿，容易伤到腿。

• 背靠墙，座靠外——掉下时，腿可以支住身体，可以保护自己。

• 背、座分别左右靠墙——也有可能被椅背绊倒。

体验结论：采用第二种摆放的方法取放东西比较安全。

（4）教师与幼儿讨论如何保护他人和自己。

教师："当小朋友蹬上椅凳取放物品时，你看到了应该怎么办？"

（5）教师总结。

教师："小朋友要学会保护自己，希望小朋友能正确使用小椅凳来帮助我们解决拿放书包的问题。"

活动延伸：

教师请幼儿课后思考，生活中还有什么工具可以帮助我们取放高处的物品。

案例分析：

幼儿的安全教育一直以来是幼儿教师关注的重点，也是教育的难点。理性的说教往往对幼儿不起作用。健康活动"你敢踩到椅凳上吗？"根据幼儿爬书包格的危险举动，没有简单的说教，而是根据大班幼儿喜欢探索的心理特点，在安全的前提下，引导幼儿亲自体验站立在椅凳不同位置、正确使用椅凳等，并引导幼儿分析椅凳的作用。活动既培养了幼儿敢于探索的精神，又使幼儿在自主体验和学习中感受了自己解决问题的快乐。教师真正关注幼儿的活动过程，关注每个幼儿。这个安全教育活动突破了以往的教育方法，取得了良好的效果，是一个值得借鉴的活动。

2. 注重教育的经常性

常常听到家长抱怨："这孩子很没记性，不让他爬高，会摔的，就是记不住，这不，摔了吧！"其实这并不能完全怪孩子。幼儿的记忆力和理解力还处于发展阶段，他们对任何事物都是记得快，忘得也快，因此要经常、及时地提醒他们注意安全。这就意味着幼儿的安全教育要经常进行才可以。幼儿的年龄特点决定了其自我保护意识差，每次活动前、放假前的安全教育都是必不可少的。因此，幼儿的安全教育是一个长期、连续的过程。教师应结合幼儿在活动中出现的问题，适时、及时地提醒幼儿，给予必要的、合理的安全教育。教师可以将某些经常性的安全提醒转化为班级常规，进而转化为幼儿的自我保护能力。良好的班级常规能减少事故的发生，避免幼儿用武力解决同伴间的矛盾，也可减少同伴间因拥挤、互相打闹而出现的安全事故。因此，教师要培养幼儿的规则意识，帮助幼儿建立秩序感，使一日中的各环节活动井然有序、活而不乱。教师应根据本班实际情况，从幼儿生活中的行为入手，引导幼儿讨论应该怎样做，制定不同年龄阶段的行为准则，帮助幼儿树立规则意识。

3. 注重随机教育

幼儿生活中和周围环境中的安全隐患无处不在，所以对幼儿的安全教育应当随时随地地进行。在随机的安全教育中，让幼儿了解安全、懂得安全，从而在最大范围内保障幼儿的安全。例如，食用带骨肉食、鱼类时，教会幼儿去除骨头和鱼刺的方法；

打雷时，可以一边让幼儿听雷声、看闪电，一边向幼儿介绍打雷时的安全知识；幼儿玩沙时，如不小心迷了眼，教师可趁机有意识地进行教育，让幼儿认识沙子的作用，教给幼儿正确的玩沙方法和应注意的事项，以避免再发生类似的状况。

一日生活中的安全教育应利用一切可利用的资源。如可以用有趣的图片、漫画、标志符号、照片等布置安全宣传栏或墙饰展开教育，在上下楼梯、电源、插座、柜子、水壶等旁边张贴一些自制的安全标志对幼儿进行提醒；还可以在墙面上贴上"不能玩火，不能玩电""不跟陌生人走""不从高处往下跳""上下楼梯要靠边走"等图片，定期更换，让幼儿在潜移默化中接受安全教育。

4．内容与形式应针对儿童生理、心理发育特点

对幼儿实施安全教育应注重其生理及心理发育特点，采取游戏、情景模拟等幼儿喜爱的活动方式，在有趣、愉快的活动中尝试解决安全问题，使幼儿获得力所能及的防灾、避害和逃生、自救的方法以及保护自己的经验，也可满足幼儿情感的需要，使其获得成功和信心。

例如，幼儿在玩"娃娃家"游戏时，教师一方面要创设自由、宽松、温馨的游戏氛围，让幼儿充分享受游戏的乐趣，一方面可有意识地发展出"不给陌生人开门""不要吃陌生人的东西""不跟陌生人走"等游戏情节；组织开展"红绿灯"游戏，让幼儿掌握"红灯停，绿灯行""行人要走在人行道上或斑马线上""过马路要看红绿灯"等有关规则。幼儿在愉快的游戏中吸收了丰富的安全知识，更重要的是，他们通过游戏性质的角色表演，获得了深刻的自我保护意识，得到了自我保护行为的锻炼。

再如，教师创设一个"火场逃生"的场景：某处发生火灾了，旁边有水、毛巾、被子、衣服、门、窗等多种物品，幼儿当场进行保护自己的逃生演练。通过情境模拟活动，培养幼儿从小具有灾难自救的意识，并能想出一定的办法解决遇到的有关灾难自救方面的问题，进一步提高幼儿战胜灾难的勇气、信心和智慧。

【案例三】 独自在家（中班）

设计意图：

前不久，中央电视台二套《生活》栏目就幼儿安全意识做了一次调查测试。首先，记者和被调查幼儿的父母约好了日期让孩子一人在家或独自把他们留在商场里。然后，记者分别扮演水电工、教师、客人、商场售货员等不同角色对独自在一处的幼儿用说服和引诱等方法，让孩子打开家门或随陌生人一起去寻找父母。调查的结果不如人意，有的孩子虽然知道随便让陌生人进家门或跟他们走很危险，父母会生气，但还是经不住诱惑或恐吓，让"陌生人"达到了目的。节目虽然短小，但给我们留下了深刻的印象。作为幼儿教师，我们有责任培养幼儿的自我保护意识，并教给他们一些安全常识。因此，我们设计了本次活动"独自在家"。

活动目标：

(1) 通过活动使幼儿了解一些安全常识，学习词语"陌生人""警惕"。
(2) 通过探访、帮助活动，使幼儿形成帮助他人的情感态度。
(3) 通过回忆性、创造性的讲述和表演，使幼儿建立起自我防范和自我保护的意识。

活动准备：
(1) 童话《白雪公主》碟片一张及影碟机、电视机。
(2) 幼儿已熟悉该童话内容。
(3) 玩具洋娃娃一只。

活动过程：
(1) 看录像，组织讨论。
① 熟悉童话内容，进行创造性讲述。
"今天，老师带来了一张碟片，咱们一起来看看，好吗？"
幼儿欣赏后教师提问：
"碟片里演的是白雪公主的故事，白雪公主几次都差一点被狠毒的皇后害死，但是她每一次都被爱帮助他人的小矮人救活了。假如老师带你们去看望白雪公主，你准备对她讲些什么话呢？小朋友们讨论讨论后告诉我们大家。"
老师不要完全否定幼儿一些偏离老师意愿的讲述，要善于引导幼儿自由讨论后讲述。
② 再次看录像片断，学习新词。
"刚才小朋友对白雪公主讲了自己想说的话，现在我们再来看看最后一次白雪公主被毒苹果毒死的片断，老师有几个问题请大家帮忙呢！"
幼儿看录像片断后提问：
• 来的是谁？
• 白雪公主能不能相信她的话，能开门吗？
• 这一次开门会发生什么危险？是不是和以前一样呢？
• 白雪公主应该怎么做呢？
小结：不能随便相信不认识的人的话，不认识的人叫"陌生人"（幼儿学说），对陌生人要小心"警惕"（幼儿学说）。
"非常可惜，白雪公主忘记小矮人对她说的话了，果然又发生了和以前一样的事，幸好她被好心的王子救活了。"
(2) 看表演，巩固相关知识和行为。
① 看表演，讨论相关办法。
白雪公主和王子过着幸福的日子。不久，她生下了一个和她一样美丽的小公主（出示洋娃娃），小公主又漂亮又能干。前不久，她的爸爸、妈妈不在家，小公主独自在家，看看小公主是怎么做的。

- 教师扮演人口普查员，要看看他们家的户口簿。

小公主让来人等父母回家后再来，爸爸妈妈不准自己随便给陌生人开门。

- 以幼儿园新教师的口吻，说是来家访的，让小公主开开门。

小公主说："对不起老师，爸爸妈妈不在家，我不能开门，有事你可以到爸爸妈妈的单位去找他们，或留个纸条放在门口。"

- 幼儿讨论自己应付这种情况的方法。

刚才小公主的方法好吗？假如是你一个人在家，碰到这种情况你会怎么办？（老师要充分调动幼儿的积极性，发挥幼儿的想象力，鼓励幼儿从多角度想办法。）

②幼儿自己表演，巩固认识。

"小朋友说得非常好，想出了很多种方法，那能不能做到呢？请几个小朋友到前面来表演给大家看看。"（加深幼儿印象）

（3）玩游戏，增加其他相关知识与行为。

"小公主知道一人在家的时候，一定不会随便给陌生人开门的，可有些事情她搞不明白到底可不可以做，她想请中班的哥哥姐姐来告诉她。"

①她想玩小刀等尖利的东西。

②一人安静地玩玩具。

③饿了自己去厨房烧东西吃。

④在床上翻跟头。

⑤陌生人称是爸爸同事，带她去找爸爸。

幼儿讲述后，老师总结：如家里大人不在家，小朋友要注意安全，不做危险的事，不乱摸家里的电器插座，要学会自我保护。

案例分析：

本活动与幼儿自身的安全息息相关，幼儿有话可说。在活动形式上，教师是活动材料的提供者、活动的参与者及幼儿解决问题的点拨者。教师准备的活动材料即白雪公主的故事，幼儿都很喜爱并熟悉，幼儿在教师帮助设置的情境中，主动探究问题，积累、验证和发展经验，提高了其解决问题的能力。

5. 促使学前儿童树立安全第一的观念

学前儿童意外事故的发生常与儿童冲动的天性有关，他们有时为了抢先占有、尽早奔向目标（例如马路对面的母亲等）等而尽显鲁莽、冲撞，危险概率大大增加。所以，安全生活教育应当帮助学前儿童逐步树立安全第一的观念，在任何时候、任何地点做任何事情，都应首先看一看、想一想是否安全或怎样更安全。

6. 给予正面教育

因为学前儿童思维水平的局限以及好模仿的特点，安全生活教育一般应给予符合安全规范的正面示范，至于意外事故的原因和恶果只能以描述性的评议或其他间接的方式告知儿童。教育者可通过微笑、拥抱等方式，使儿童对社会充满安全感，以利于儿童更好地成长。

7. 加强儿童对危险情境及事故原因的认识

学前儿童对危险情境以及事故因果的认识明显有别于成人，如学前儿童认为明显突起且尖利的物体远没有来来往往的车辆或东奔西跑的伙伴来得危险，因为前者是"不动"的，而后者动个不停；又如，学前儿童认为接近小动物是危险的，因为它们会咬自己，而一把裂口的长柄玩具枪却没有什么危险，因为它是"假"的；再如，学前儿童不认为之前刚刚使用过的，眼前不再出水也不冒热气的发热水龙头是导致自己烫伤的根本原因，却认为坚决要给自己洗头的爸爸才是"罪魁祸首"。正因为学前儿童以自己特有的思维方式缩小了生活中危险事实的范畴，所以提高学前儿童的危机感，引导他们正确分析事故发生的根本事实原因是十分必要的。

自我保护秘籍：英国《儿童十大宣言》

（1）平安成长比成功更重要；
（2）背心、裤衩覆盖的地方不许别人摸；
（3）生命第一，财产第二；
（4）小秘密要告诉妈妈；
（5）不喝陌生人的饮料，不吃陌生人的糖果；
（6）不与陌生人说话；
（7）遇到危险可以打破玻璃，破坏家具；
（8）遇到危险可以自己先跑；
（9）不保守坏人的秘密；
（10）坏人可以骗。

这十大宣言都指向一点，那就是儿童的生命安全。它明确地告诉孩子，在涉及生命安全的关键时候可以拒绝、可以撒谎、可以骗人、可以不守诺、可以砸东西、可以夺路而逃、可以不讲礼貌……对孩子而言，生命安全永远是第一位的。英国的这些条例，可以给我们一些新的思路。

第五单元　幼儿园身体保健教育活动

【学习目标】
- 了解幼儿饮食与营养教育的目标和内容。
- 理解幼儿生长发育教育活动的概念和特点。
- 掌握幼儿生活常规教育活动的设计与指导。

模块一　学前儿童饮食与营养

一、幼儿饮食与营养教育的目标和内容

（一）幼儿饮食与营养教育的目标

1. 总目标

（1）让幼儿初步了解食物的名称、种类及特点，知道不同食物有不同的营养，懂得平衡膳食的基本道理，掌握保护消化器官的知识和技能。

（2）培养幼儿良好的饮食习惯，纠正偏食、挑食、过食的行为。

（3）教给幼儿独立进餐和使用餐具的技能。

（4）防治幼儿营养不良，促进其生长发育和身心健康发展。

2. 分类目标

幼儿饮食与营养教育的分类目标包括知识经验、情感态度、行为习惯三方面。

（1）知识经验。

了解食物中的主要营养素；知道常见的富有营养的食品的名称和营养；知道营养与健康的关系；知道常见的不良饮食卫生习惯以及对身体的危害；知道饮食的卫生要求。

（2）情感态度。

对了解营养知识、培养良好饮食习惯感兴趣；喜欢吃各种常见食物；愿意讨论营养问题；对自己以及周围他人的饮食状况予以关注。

（3）行为习惯。

有文明进餐的行为习惯；不吃零食，不挑食，不偏食；能评价自己和别人的营养

状况、饮食行为。

3. 年龄阶段目标

（1）小班。

① 知识目标：认识几种食物；知道不干净的食物不能吃；懂得饭前洗手，饭后漱口、擦嘴；知道健康的身体需要营养，营养食物多种多样。

② 情感目标：爱吃富有营养的常见食物；愉快进餐。

③ 习惯与技能目标：初步养成安静并愉快地独立进餐的习惯；在老师的帮助下，将饭菜吃干净；初步形成良好的饮食习惯：不用手抓饭、不乱扔食物、不挑食；学会用勺吃饭；初步养成饭前洗手、饭后漱口的习惯；主动饮水。

（2）中班。

① 知识目标：认识多种常见食物，结合品尝经验，知道其名称及作用；了解吃多种食物有利于健康；好吃的东西不宜多吃，少吃冷饮多喝水有利于健康；认识消化器官"胃"的名称和作用。

② 情感目标：能轻松愉快地进餐；爱吃多种食物；肥胖儿、消瘦儿有控制饭量或增加饭量的意识；对了解营养知识感兴趣。

③ 习惯与技能目标：养成安静进餐、不吃汤泡饭、细嚼慢咽、不偏食、吃饭专心的习惯；不剩饭菜，学会自己收拾餐具；饭前主动洗手、饭后刷牙；在老师的督促下肥胖儿或消瘦儿能控制或增加饭量；熟练地用勺吃饭，并学习用筷子吃饭。

（3）大班。

① 知识目标：初步了解不同的食物含有不同的营养素，健康需要多种营养素；知道偏食、暴饮暴食都是不良的饮食习惯，会影响健康；懂得少吃零食多喝水的好处；能初步分辨食物的好坏，懂得变质的食物不能吃，知道有的食物不能多吃；懂得进餐时应愉快安静，饭前饭后做剧烈运动会影响健康；懂得肥胖、消瘦都属于营养不良。

② 情感目标：进餐时主动保持愉快和安静；有意识地克服偏食等不良饮食习惯；喜欢吃各种食物；感觉到集体进餐的愉悦。

③ 习惯与技能目标：能主动摆放和收拾餐具，认真做好值日生工作；主动做到饭后刷牙或漱口，饭前饭后不做剧烈运动；掌握正确使用筷子吃饭的技能；肥胖儿或消瘦儿能自觉地控制或增加饭量；运用已知的营养知识，主动拒绝非健康食品。

（二）幼儿饮食与营养教育的内容

幼儿饮食与营养教育的重点在于让幼儿了解人的成长与健康必须依靠食物；懂得身体需要多种营养素，应该吃多种不同的食物；养成良好的饮食卫生习惯。当然各个年龄段的幼儿因其学习能力不同，饮食与营养教育的内容应各有侧重。

1. 学习粗浅的食品营养和饮食卫生知识

认识各类常见食物的名称及其作用，如奶类、谷物、蛋、鱼、肉、蔬菜、水果、豆类及其制品；认识几种常见的调味品；初步认识人体所需要的各种营养素，知道不同的食物能为人体提供不同的营养素,形成广泛摄取食物、保持身体健康的营养常识;懂得有些食物不能吃,有些食物不能多吃的简单道理。

2. 培养良好的饮食卫生习惯

养成良好的进餐习惯,包括饭前洗手、进食定时定量、不乱吃零食和过多饮用冷饮,进餐时细嚼慢咽、不边吃边说笑,不挑食、不偏食、不厌食等;注意饮食卫生,要让幼儿懂得"病从口入"的道理,做到不吃没有洗烫消毒的生食品,不吃霉变、腐坏的食品,不吃被农药、金属毒物等污染的食品;饭前饭后不做剧烈运动、吃饭时安静进餐等。

3. 形成平衡和合理膳食的积极态度

能自觉自愿地食用各种食物,有自我控制饮食的意识和能力,能意识到不良饮食习惯对身体的影响,不暴饮暴食,防止厌食、过食。

4. 掌握基本的饮食方法与技能

在饮食过程中掌握基本的方法和技能,学会正确使用勺子、筷子,学会剔除鱼刺、动物骨头的方法,学会吃面条的技能,知道在自助餐等不同场合的进餐方法,提高幼儿的饮食自理能力。

5. 了解简单的食品处理及烹调方法

逐渐让幼儿参与到食物的处理与烹调过程中,不仅可以使他们对食物有更进一步的认识,丰富生活经验,同时也能增加幼儿对食物成品的兴趣,增强成就感。

6. 了解民间饮食文化及风俗习惯

结合节假日及故事,让幼儿了解民间的饮食文化和风俗习惯,使祖国的饮食文化传统不断发扬光大。

二、幼儿饮食营养的原则

1. 食物多样,谷类为主

学龄前儿童正处在生长发育阶段,新陈代谢旺盛,对各种营养素的需要量相对高于成人,合理营养不仅能保证他们的正常生长发育,也可为其成年后的健康打下良好基础。

人类的食物是多种多样的,各种食物所含的营养成分不完全相同,任何一种天然食物都不能提供人体所必需的全部营养素。儿童的膳食必须是由多种食物组成的平衡膳食,才能满足其各种营养素的需要,因此,提倡广泛食用多种食物。

谷类食物是人体能量的主要来源,也是我国传统膳食的主体,可为儿童提供碳水化合物、蛋白质、膳食纤维和B族维生素等。学龄前儿童的膳食也应该以谷类食物为主体,并适当注意粗粮和细粮的合理搭配。

2. 多吃新鲜蔬菜和水果

蔬菜和水果所含的营养成分并不完全相同,不能相互替代。

在制备儿童膳食时，应注意将蔬菜切小、切细，以利于儿童咀嚼和吞咽，同时还要注意蔬菜水果品种、颜色和口味的变化，引起儿童多吃蔬菜水果的兴趣。

3. 经常吃适量的鱼、禽、蛋、瘦肉

鱼、禽、蛋、瘦肉等动物性食物是优质蛋白质、脂溶性维生素和矿物质的良好来源。动物蛋白的氨基酸组成更适合人体需要，且赖氨酸含量较高，有利于补充植物蛋白中赖氨酸的不足。

肉类中铁的利用较好，鱼类，特别是海产鱼所含不饱和脂肪酸有利于儿童神经系统的发育。动物肝脏含维生素 A 极为丰富，还富含维生素 B_2、叶酸等。

4. 每天饮奶，常吃大豆及其制品

奶类是一种营养成分齐全、组成比例适宜、易消化吸收、营养价值很高的天然食品，除含有丰富的优质蛋白质、维生素 A、核黄素外，含钙量较高，且利用率也很好，是天然钙质的极好来源。

儿童摄入充足的钙有助于增加骨密度，从而延缓其成年后发生骨质疏松的年龄。目前我国居民膳食提供的钙普遍偏低，因此，对处于快速生长发育阶段的学龄前儿童，应鼓励其每日饮奶。大豆是我国的传统食品，含丰富的优质蛋白质、不饱和脂肪酸、钙及维生素 B_1、维生素 B_2、烟酸等。

三、学前儿童饮食营养教育中应注意的问题

1. 重视学前儿童膳食心理卫生

掌握学前儿童膳食的心理特点，采取心理卫生措施和方法，是学前儿童营养教育的关键。

对学前儿童的教育必须注重趣味性，具体而形象化，饮食教育也不例外，生动有趣的形式能使学前儿童在轻松愉悦的气氛中粗浅地理解饮食营养知识。对于挑食、少食儿童，教育者应根据学前儿童的身体状况及个性，有分寸地处理好坚持与妥协的度，既要保证儿童的身体健康不受到影响，也应避免强迫性进食而导致其出现厌食心理。应采取多种有效方法，例如，创造良好的进餐环境，控制好零食量，在幼儿园中还可以充分利用良好的群体效应，让学前儿童主动受同伴的影响而改变不良的饮食习惯。

2. 营造良好的饮食教育环境，对进餐情况及时、随机地进行教育

整洁、清新、安静的进餐环境和温馨、宽松的气氛，有助于幼儿积极地做好餐前生理和心理的准备，有利于良好饮食习惯的培养。为调动学前儿童进餐的积极性和主动性，达到愉快进餐的状态，教育者在幼儿进餐时要用亲切适宜的语言，将色、香、味俱全的各种菜肴介绍给孩子们，让幼儿通过视觉、嗅觉和味觉的享受体会进餐的乐趣。教师应关注每一个幼儿的饮食变化，发现异常，及时与幼儿交流，查找原因，个别诱导，使幼儿在心理上感受到自己是被老师关注和喜爱的，从而乐于接受教师的建议。进餐时，可播放一些优美动听的音乐，促进副交感神经的兴奋，调动积极的情感，

从而促进学前儿童的食欲。

3. 注意个体差异

由于学前儿童对营养需要存在个体差异，要结合营养、生长发育、遗传等多方面情况进行分析、判断。具体问题具体分析，从而使教育更加行之有效。

4. 加强全方位合作

调查发现，幼儿的不良饮食习惯多数来源于父母，如父母本身的挑食行为等，都有可能加剧儿童挑食、偏食现象。专家就此特别指出，如果家长自身存在偏食行为，儿童下意识"模仿"也会导致偏食行为难以控制。可以通过聘请营养专家开设专题讲座、召开家长座谈会等途径，帮助家长树立正确的饮食观念。家庭和幼儿园密切配合，社会和幼儿园密切配合，才能保证营养教育的最佳效果。

【案例一】 蔬菜好吃有营养

活动目标：

(1) 认识几种常见的根类蔬菜，初步了解它们对人体的作用。

(2) 能按不同的食用部分给蔬菜分类，根类、茎叶类、果实类。

(3) 知道蔬菜好吃又有营养，不能挑食，养成喜欢吃蔬菜、坚持每天吃蔬菜的好习惯。

活动准备：

(1) 幼儿已认识茎叶类、果实类和根类蔬菜，懂得植物的身体是由根、茎、叶、花、果实五部分组成。

(2) 胡萝卜、黄瓜、白菜、藕、菜花等图片，植物生长图，常见蔬菜课件。

(3) 蔬菜宝宝图片数量与幼儿相等。

活动过程：

(1) 设置情景，激发幼儿探究兴趣。

① 以"蔬菜宝宝来做客"引入。

② 幼儿观察蔬菜图片。

提问：你喜欢吃哪一种蔬菜？这些蔬菜中我们吃的是它的哪个部分？

③ 幼儿根据蔬菜不同食用部分进行分类。

④ 请幼儿说说蔬菜的不同食用部分的营养价值。

(2) 通过猜谜游戏认识胡萝卜等根类蔬菜。

① 教师出谜语胡萝卜，幼儿猜出蔬菜名称。

② 结合提问请幼儿说出蔬菜的形状、颜色、营养价值。

(3) 看课件，巩固幼儿对蔬菜的营养价值的认识，教育儿童不要挑食。

(4) 分类游戏"找朋友"。

① 让幼儿根据蔬菜的特征找朋友。

②请幼儿相互观察"找朋友"的情况，并说说我是××、我吃××的。

③幼儿带着找到的朋友回家，自然结束。

活动延伸：

蔬菜沙拉是蔬菜的另外一种吃法，让幼儿回家与父母一起来做。

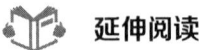 **延伸阅读**

少年儿童饮食营养中的误区

今天，人们已普遍认识到营养在少年儿童生长发育中的重要性，在安排孩子的饮食生活中也特别讲究营养。但是许多家长对于什么是营养，如何保证孩子获得充足的营养等问题存在着不少误区。

误区1：营养越多越好

许多家长认为鸡、鸭、鱼、肉很有营养，只要多吃就可以得到充足的营养了；有的认为，营养越多越好，越有利于孩子的生长发育；还有的家长觉得，光从食物中得到的营养是不够的，因此，今天给孩子补点什么"灵"，明天喝点什么"液"。结果事与愿违，孩子不是瘦得像"豆芽菜"，就是胖得可以当"相扑"运动员。

少年儿童身体和智力的发育需要多种营养物质，其中包括蛋白质、脂肪、碳水化合物、维生素和矿物质等。这些营养素在体内各司其职、缺一不可，例如铁缺乏时会引起缺铁性贫血，从而影响少年儿童体格和智力的发育；钙缺乏时会影响骨骼的发育。人体对每种营养素需要的量也多少不等，从几十克到几毫克甚至微克，但这并不意味着需要量大的就重要，量少的就不重要了。

人体不能合成这些营养物质，只能从食物中来获取。营养学上把食物分成谷类及薯类、蔬菜水果类、动物性食物、豆及豆制品、食用油等五大类。每类食物所提供的营养素各有其特点，如动物性食物可以提供丰富的蛋白质，而蔬菜水果中含有大量的膳食纤维，但是没有一类食物能够提供人类所需要的所有营养物质。因此，要想获得充足的营养，就要吃各种各样的食物，并进行合理搭配。

有一家人听说胡萝卜有"营养"，于是在家里掀起了一次"胡萝卜热"——每天喝胡萝卜汁、吃胡萝卜……几天后，全家人皮肤、眼睛都变黄了。原来，胡萝卜中含有丰富的胡萝卜素，胡萝卜素在体内可以转化成维生素A。但是，人体将胡萝卜素转化为维生素A的能力是有限的，多余的胡萝卜素会沉积到皮肤、黏膜上，引起皮肤、黏膜发黄。维生素A可以促进人体生长、保护皮肤的健康、增强抗病能力，但是过量时同样会对健康有副作用，引起皮肤干燥、皮疹、头痛、恶心等不良反应。所以，营养不是越多越好，而是要适量、均衡。

误区 2：快餐营养丰富、全面

最近一项在广州、上海等城市进行的调查发现，90%以上的少年儿童光顾过西式快餐店，多数的少年儿童和他们的家长认为快餐的营养搭配合理、营养价值高。

西式快餐的营养真的搭配合理吗？西式快餐的制作是以油炸为主，食物中含的热量多，但其中所含的营养素，如维生素、矿物质等相对却很低，快餐中的饮料大多是含糖高的饮料，几乎不含什么营养素。因此，总体上讲，快餐是高热量、高脂肪和低纤维素的食物，经常吃快餐食品不符合均衡营养的饮食原则。经常吃快餐，能量的摄入会超过身体的需要，多余的热量会转化为脂肪在体内贮存起来，从而引起肥胖。

吃什么、在什么地方吃，是每个人的自由，但需要提醒大家的是饮食行为是和自己的健康有关系的。人们在享受快餐的快、洁、新的时候，应该知道经常吃快餐会对自己的健康有影响。快餐能为人们带来享受和许多便利，这是显而易见的；而它对健康的影响是远期的，所以往往不能引起人们的重视。经常吃快餐会对健康带来不好的影响，但不是不让人们吃快餐，而是要掌握一定的度。各种各样的食物有各自的营养特点，必须进行合理搭配才能达到营养均衡。应当记住：没有不好的食物，只有不好的饮食习惯。

在吃快餐时也要注意均衡营养，做到以下几点：选择有益健康的饮料，如牛奶、鲜果汁；油炸的食物，如薯条、苹果派等含热量高，不宜多吃；选择有蔬菜的品种，如蔬菜沙拉，以补充维生素、矿物质和膳食纤维；如果午餐吃的蔬菜不够，晚餐要多吃些蔬菜。

误区 3：维生素可以提神、醒脑

维生素是维持生命的要素之一。维生素可以分为脂溶性和水溶性两类。脂溶性维生素包括维生素 A、D、E、K；水溶性维生素包括维生素 B_1、B_2、B_6、B_{12}、烟酸、叶酸、泛酸、胆碱和维生素 C。

各种维生素在人体内所起的作用是不同的，例如维生素 A 可以维持正常视觉、维护皮肤的健康、促进骨骼发育和抗癌，维生素 E 具有抗氧化、抗衰老作用，B 族维生素参与能量的代谢等。

人体对维生素的需要量很少，但缺乏时会引起缺乏症。例如缺乏维生素 A 时皮肤粗糙、角膜干燥、发炎，严重的会出现夜盲、眼干燥症甚至失明。维生素 B_2 缺乏可以引起眼炎、口角炎、舌炎和皮炎；缺乏维生素 C 可导致坏血病等。人体对维生素的需要有一定的量，并不是越多越好。过多的水溶性维生素可以随尿液排出体外，过多的脂溶性维生素会在体内积聚，超过一定的限量时会引起中毒，同样会影响健康。

如果膳食安排得当，一般不会缺乏维生素。目前，我国少年儿童以及成年人中维生素 A 和 B_2 的摄入不足，是由于膳食结构不合理引起的。不同的维生素来自不同的食物，在日常饮食中要吃多种多样的食物，以获得充足的各种维生素。

维生素是机体新陈代谢所必需的一类营养素，但它们不是灵丹妙药。在广告宣传中,维生素的作用往往被无限夸大。其实,维生素本身并不能产生能量,也不能代替其他营养素如蛋白质、脂肪、碳水化合物和矿物质所起的作用,过多地服用并不能使身体更强壮、更有活力。补充维生素应在医生或营养师的指导下进行。

误区4:能量越多越好

汽车行驶、电扇运转都需要能量,它们是以汽油或电流为能源的。人体也一样,不仅在走路、跑步、打球或读书、写字等活动时需要能量,即使是在静卧或睡眠时体内进行的一系列活动,如心脏的跳动、肺的呼吸、胃肠的蠕动等也无一不需要能量,能量是维持生命活动必需的。

人体不能像植物那样利用阳光和空气自身合成所需要的营养物质,所需的能量只能从食物中获取。食物中的碳水化合物、脂肪和蛋白质是提供能量的三种营养素,因此,被称为三大供能营养素。这三种营养素在体内的代谢过程中可以相互转化,但却不能完全相互代替,在合理的膳食中应当有一个适当的比例分配。

能量是各种生命活动所必需的,但是并不是越多越好。人从食物中获得能量,通过体力活动消耗能量。如果吃的食物过多,而活动量不足,多余的能量就会在体内以脂肪的形式积存起来,日积月累会形成肥胖。但是能量也不能不够,否则会引起消瘦,导致营养不良,从而影响少年儿童正常的生长发育。

误区5:吃"保健品"有利于健康

生活富裕了,生活条件也好了,人们越来越重视自己和家人的健康了,对饮食也逐渐讲究起来,从原来的吃饱到吃好,现在还要求吃得有营养,除了一日三餐外,还想使用营养保健品补充营养。

然而,面对琳琅满目的各种营养保健品,人们在选择时不知所措。看看说明,似乎讲得都有神效。在选择营养保健品时,应该注意什么呢?首先,不要被它们华丽的外包装所迷惑。选用时详细了解产品的成分、保健效果的原理,以及自己孩子的实际情况,考虑自己的孩子是否需要,不太清楚时要咨询保健医生、儿科医生、营养专家。不要盲目追求时尚,人趋亦趋,结果,赶了"保健品热"的时尚,损害了孩子的健康。

我们已经多次提到,均衡的营养来自于均衡的膳食,只要合理安排好一日三餐,你的孩子就能从中得到均衡的营养,这是一条简便、经济的正确道路。

模块二 学前儿童身体生长发育教育

一、学前儿童身体生长发育教育的概念

生长发育包含着机体质和量两方面发育过程的动态变化。比如,大脑在增加重量

的同时，记忆、思维、分析的功能也在不断地完善。又如，随着肠道长度和胃的容积的不断增加，消化道的功能也在日趋完善。

生长是指各个组织器官以及全身的大小、长短和重量的增加与变化，是机体在量的方面的变化；发育是指细胞、组织、器官和系统功能的成熟与完善，是机体在质的方面的变化。学前儿童身体生长发育教育就是教育者针对学前儿童生长发育的特点，遵循学前儿童生长发育规律，创造各种有利条件，增进儿童健康，增强体质，预防疾病，对学前儿童进行的有计划、有目的、有组织的教育活动。

二、学前儿童身体生长发育教育的特点

学前儿童身体生长发育是同时进行、相互促进、相互制约、密不可分的。儿童的生长发育方式在不同年龄阶段中的表现虽然不一样，但有共同的规律。从胚胎形成到出生，从出生到发育成熟是不同阶段的连续生长发育的过程，其生长发育的规律是：年龄越小生长发育越快，年龄大了以后则减慢，直到停止。孩子出生后第一年的前半年是生长发育最快的时期，后半年内速度变慢，以后速度再逐渐慢下来，到青春发育期，速度又开始加快。

学前儿童身体的生长发育具体有以下几个特点。

1. 身高和体重迅速增加

婴儿在出生头两年内，身体的生长非常迅速。无论是身高还是体重，其增长速度都令人瞠目。婴儿在出生头3个月内，体重每天增加25克左右，5个月时体重已比出生时翻一倍，1岁时体重增加到出生时的3倍（9.5～10千克）。在正常情况下，婴儿的身高也发生了惊人的变化：婴儿在其生命中的头3个月内，身高每月增长2.5～3.0厘米；在其出生一年后，身高可以达到出生时的1.5倍；2岁可达到出生时的1.75倍。此时，婴儿已达到了其最终身高的一半，体重可达出生时的4倍，即12～14千克。若婴儿继续以此速度生长，到18岁时，他们的身高将超过3.5米，体重则可达数吨。值得庆幸的是，此后婴儿的生长速度会逐步放慢。

根据每个婴儿生长和出生的具体情况，可运用下列公式对婴儿的身体发育情况进行估算（该公式计算不一定精确，仅供参考）：

1～6个月，体重（克）＝出生体重＋月龄×600

7～12个月，体重（克）＝出生体重＋月龄×500

1岁以后，体重（千克）＝实足年龄（岁）×2+8

2岁以后的学前儿童，身高（厘米）＝实足年龄（岁）×5+80

随着年龄的增长，婴儿身体的肌肉、脂肪构成发生了较大的变化。身体脂肪（大部分都是在皮肤下面）在产前期的最后几周开始增加，出生后继续增加，到9个月大时达到顶点。就像平时所见，6个月婴儿身体通常有丰厚的"婴儿脂肪"，这种脂肪有助于婴儿保持体温恒定。在出生后的第二年，婴儿开始变得苗条起来，且这种趋势

会持续到学前儿童中期。与此相反，肌肉以一种不同的方式在生长，在整个婴儿期和学前儿童期发展非常慢，同时其力量和身体的协调性也很有限。

2．身体生长的长期趋势

身体生长的长期趋势是指从上一代到下一代的身体大小和生长速度上的变化。这种趋势在工业化国家中已经发生改变，现今绝大多数婴儿的身高比他们的父母和祖父母儿时的身高要高，而且体重要重。这种差异出现在生命早期，在学前儿童期更加明显。然而，随着身体发育成熟，这一趋势也在下降，这说明现代学前儿童的身体高大主要是由于生理成熟的速度加快所致。生物学家相信，这些长期增长的趋势在很大程度上是因为改善了营养状况和健康状况。当然，人类不可能无限制地长大和早熟，因为我们不能超越人类基因的限制。

三、学前儿童身体生长发育教育的目标和内容

（一）学前儿童身体生长发育教育的目标

1．总目标

（1）了解人体主要器官的名称、形态、结构与功能。

（2）学习保护身体的基本方法。

（3）帮助学前儿童逐步树立关心、保护身体健康的意识和习惯。

2．年龄阶段目标

（1）小班。

①了解身体的外形结构，认识并学习保护眼睛、鼻、嘴、耳朵等器官。

②初步了解治疗疾病的简单知识；乐于接受预防接种和疾病的治疗，不怕打针和吃药；初步了解用药的安全常识，不随意吃药。

（2）中班。

①进一步认识身体的主要外部器官及功能，知道为什么要保护它们。

②初步懂得疾病预防和治疗的重要性，逐步形成接受疾病预防与治疗的积极态度和行为。

③学会常见外伤的简单处理方法。

（3）大班。

①初步认识身体的主要器官，如胃、肠、大脑等的功能及其保护方法，学会科学用脑。

②了解龋齿形成的原因和预防龋齿的有关知识，理解早晚刷牙的好处，并养成习惯。了解换牙的有关知识。

③知道保护视力的方法，学会科学用眼。

（二）学前儿童身体生长发育教育的内容

1. 总内容

人体保护常识教育：人体主要器官的形态、结构特点的认识（如大小、对称性），亲身感受、探索身体的奥妙（如心跳的感觉、换牙的感受等），结合对疾病痛苦的回忆，引导学前儿童珍惜健康。身体生长发育教育：引导学前儿童观察身体由小到大的变化、引导学前儿童体验身体功能的完善、健康的早期性启蒙教育。

2. 年龄阶段内容

婴儿期：发展大动作，保证儿童每天有一定的户外活动时间，循序渐进地发展儿童的坐、爬、站、走、跑、跳、平衡等大动作；发展精细动作，提供机会，让儿童操作适宜的材料，发展儿童的精细动作；重视体格锻炼，利用阳光、空气、水等自然因素，选择空气新鲜的绿化场所，开展适合婴儿身心特点的户外游戏和体格锻炼，提高其对自然环境的适应能力。

小班：充分利用多种自然物、运动材料开展多样化的体育活动，培养幼儿参加体育活动的兴趣，感受运动游戏的乐趣；引导幼儿做模仿操，培养幼儿做操的兴趣；通过幼儿感兴趣的方式，在走、跑、跳、投、钻、爬、攀登的游戏中，能平稳地控制自己的身体；鼓励幼儿玩球、包、小车等多种中小型运动器材。

中班：引导幼儿积极主动地参加体育活动，养成良好自主、合作、勇敢、不怕困难的良好品质；引导幼儿理解运动与健康的关系，帮助幼儿养成积极锻炼身体的习惯，逐步提高幼儿对寒冷、炎热的适应能力；通过简单的队列、队形变换，基本体操和共同游戏，培养幼儿的团队合作意识和协作能力；在多种运动游戏中，使幼儿体验走、跑、跳、踢、滚、转、推拉、掷远、掷准、抛接、攀爬等不同的运动方式，能灵活协调地控制身体；支持幼儿进行创造性的身体活动，根据活动的场地和运动器材的特点，恰当地选择运动方式，主动探索多种玩法。

大班：鼓励幼儿积极地参加体育活动，不怕困难；通过幼儿感兴趣的方式，引导幼儿做简单的徒手操或轻器械操，培养幼儿做操的兴趣；在多种运动游戏中，引导幼儿体验走、跑、跳、推、拉、钻、投掷、攀爬、侧滚、旋转等不同的运动方式，能较灵活地控制身体运动的方向；鼓励幼儿探索轮胎、布袋、纸箱、平衡木等物品及多种运动器材的玩法。

四、学前儿童身体生长发育教育活动的设计与指导

（一）保教结合，科学养育

教师在设计学前儿童身体生长发育教育活动时，既要加强保育工作，又要注重教育工作，既要保护学前儿童，又要培养学前儿童的各种能力。

学前儿童身体生长发育状况是学前儿童形成、掌握运动技能的基础。学前儿童的身体生长发育迅速，但身体的生长正处于一个柔弱的、不完善的、未成熟的阶段。学

前儿童的心理发展水平较低，他们还不懂得，也不会独立地照顾自己和保护自己，独立生活能力和自我保护意识都很差。幼儿园是学前儿童集体生活的场所，患传染病和导致其受伤的因素增多了，学前儿童与人交往的范围扩大且复杂了，这些都给他们的身心发展带来了许多不利。为此，需要为幼儿提供和创设与之相适应的生活条件和环境，提供均衡的营养，安排合理的作息时间，做好卫生保健工作和安全工作，对学前儿童精心保育、照料，以保障学前儿童的健康。

学前儿童具有极大的可塑性，很容易受到外界的影响，这就更需要对学前儿童进行教育和培养，教给他们各种生活和活动技能，培养其生活自理能力和进行各种活动所必需的能力。

（二）重视实际，凸显实效

要从学前儿童的实际情况出发，应注意下列几点。

（1）适合学前儿童的年龄特征。学前儿童身体发育尚未成熟，他们的体力、动作发展以及心理发展水平都低于学龄儿童，所以，学前儿童身体生长发育教育活动的内容和方法都要适合学前儿童的发展水平，尽量避免单一的、持久的活动，每次活动的量不宜过大，以免损害身体健康。

（2）要深入观察和了解学前儿童，掌握学前儿童的具体情况。对每个学前儿童要了解全面，如身体发育情况、兴趣爱好、接受能力、组织纪律性等，只有这样，工作才能做得顺利，才能达到预期的目的。

（3）要做到一般要求和个别对待相结合。学前儿童虽然具有一般的年龄特征，但他们之间也是有差异的，如体质强弱不同、能力不同、身体素质不同等，因此，在对全体学前儿童的一般要求的基础上，要针对具体情况个别对待，个别照顾。

一般要求和个别对待相结合是贯穿于学前儿童身体生长发育教育活动的各个环节的，如给以不同的内容，完成任务的要求不同。在练习的时间、数量、强度等方面，也要体现这一原则。

（三）循序渐进，持之以恒

学前儿童各器官的机能不是骤然就能提高的，而应该有一个逐步发展、逐步提高的过程。所以，学前儿童生长发育教育活动中不能一开始就给很多内容或大运动量，而应该根据学前儿童的具体情况，逐渐增加内容、时间、强度和密度，做到由简到繁，由已知到未知，逐步提高。

学前儿童生长发育教育活动，不仅要循序渐进，而且要持之以恒，才能收到良好的效果。应该有计划地安排学前儿童每天定时定量进行身体生长发育教育活动，不能因为种种原因中断或占用活动时间，否则身体的机能就会减退，健康水平就会下降。所以，学前儿童生长发育教育活动必须持之以恒，坚持经常性。

（四）形式多样，全面锻炼

学前儿童处在身心迅速发展阶段，在这个时期，应该选择多样的生长发育教育活动内容，利用不同的方式方法，保证学前儿童全面锻炼身体，也就是利用多样性的活动使学前儿童身体各部位、各种身体素质和基本活动能力得到发展，集中进行某种专项活动训练，以特别预防对身体的不良影响。

（五）方法适当，激发兴趣

根据学前儿童的发展水平，用通俗易懂的语言，向学前儿童讲解每项活动的内容和要求，使他们明确活动的目的。教师要亲自示范，让学前儿童看到和了解所要学习的动作形象，明确要领和方法，正确的示范能起到直观作用，便于学前儿童模仿。

在学前儿童生长发育教育活动中用游戏法是非常重要的。游戏法的特点在于学前儿童在规则许可的范围内，可充分地发挥自己的主动性和创造性，达到规定的目标。游戏一般都有一定的情节，或含有竞赛的成分，这更能引起学前儿童极大的兴趣，进而努力克服力所能及的困难去完成任务。

（六）因地制宜，创造条件

要根据本园具体条件和所处地理环境等开展活动，如南方可利用水，北方利用冰雪开展适合学前儿童的游戏，如玩水、堆雪人、滑冰等活动。要就地取材，自己动手，积极为开展教育活动创设物质条件，如用树干做平衡木、用废汽车轮胎做秋千等，做到有场地、有器械、有玩具。

（七）科学指导，多方配合

幼儿园学前儿童生长发育教育活动的开展，应取得保健人员和医生的协助，对生长发育教育活动的各项内容、方法要进行研究和监督，随时观察学前儿童的反应，定期检查身体，并动员家长积极支持。学前儿童生长发育教育活动要与生活制度、饮食、日常生活的护理以及卫生保健工作紧密配合，才能达到良好的效果。

【案例二】 有趣的脚（中班）

设计意图：

随着幼儿身心的发展，中班幼儿对周围的环境充满着好奇，他们喜欢运用感官去探索，去了解感兴趣的事物。在户外踢球的时候，常常听见几个孩子讨论到各自小脚的本领，如"我踢的球很远""我的脚本领大，会骑自行车""你看，我还会用脚尖走路呢"……孩子们对脚的兴趣十分浓厚。

活动目标：

（1）使幼儿感知脚的作用，体会外部环境对脚的刺激。

（2）在活动中激发幼儿探索的欲望。

（3）培养幼儿的创造力及合作精神。

活动准备：

五条小路（海绵垫子、积木搭的塑料小路、沙地、瓷砖地、鹅卵石路）、数种颜色的颜料、质地较好的大白纸、录音机、磁带、检查过的草地。

活动重点：

脚的作用。

活动难点：

准确表达脚对外部刺激的感觉。

活动过程：

一、开始部分

教师带领幼儿伴随着节奏欢快的音乐用脚跟和脚尖在草地上跳舞（跑跑步、脚跟走、脚尖走等），鼓励幼儿大胆尝试。

二、基本部分

（一）讨论：脚可以做什么？（走路、跳舞、跳绳、踢球、骑车等）幼儿每说出一种，全体幼儿就学着做，引导幼儿熟悉脚的功能。

（二）游戏：走小路

(1) 孩子们分别指出有哪五条小路。

(2) 幼儿光着脚到五条小路上去走一走，谈谈感觉怎么样。（幼儿自由走小路）

(3) 交流：你走了哪条路，感觉怎样？（幼儿自由讲述）

(4) 教师小结幼儿讲述的内容。

(5) 再次尝试：进一步体验走小路。

（三）讨论保护小脚

小脚有那么多本领，我们平时该怎样保护呢？（穿合适的鞋、穿袜子、洗脚、剪趾甲、坐自行车时注意不要把脚伸到车轮中去）

三、结束部分：用脚画画

教师：平时我们都是用手来画画，今天我们用灵巧的小脚丫画一幅漂亮的脚印画。

(1) 教师讲解并示范。

(2) 在美妙的音乐中全体幼儿双脚自由印画。

活动延伸：

将脚印画贴在适宜的地方，进一步激发幼儿对小脚丫的兴趣。

案例分析：

本次活动以动静交替的形式开展，自始至终以脚的作用为主线，在领会脚的多种功能的基础上，以幼儿喜欢的游戏的形式激发其探索欲望，培养其创造力。活动中教师首先用新鲜的草地环境及光着脚活动来吸引幼儿的注意力，并使幼儿处于一种全身放松的愉悦心境。在教授脚的作用时则是以幼儿熟悉的话题"脚能做什么？"来展开。无论是幼儿的表达，还是全体幼儿的学做，都可以使幼儿充分理解脚的作用。接下来的游戏"走小路"则大大激发了幼儿的求知欲和探索欲，使幼儿在毫无约束的环境中全身心地去感受。之后的活动是同幼儿谈论如何保护脚，可谓是水到渠成，尤其是走过鹅卵石的幼儿一定会感受颇深。结束部分伴随着优美的音乐用脚印画使此次活动达到了高潮，幼儿的参与热情得到了极大的释放。另外，教师将幼儿脚印画作品贴在合适的地方也使本次活动的作用得到了不断的延伸。

（本案例来自于高庆春、梁周全的《学前儿童健康教育》，高等教育出版社，2011.5，有改动。）

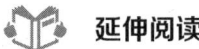

延伸阅读

影响儿童生长发育的5种运动

儿童的体格发育尚未完善，身体许多条件与成人不尽相同。如各器官功能都较弱，骨骼的硬度、肌肉的力度比成人小，关节比成人柔软，心、肺功能也因未发育完善而相对较差，因而对运动负荷适应能力也较差。因此，不是所有适合成人的运动都同样适合儿童。下面所列举的就是较常见的"少儿不宜"的运动。

一、不宜进行强度过大的长跑

有些家长自己每天清晨喜欢练长跑，也拉着几岁大的孩子一起跑，这是不对的。因为儿童正处于生长发育阶段，肌肉纵向发展，肌力差，强度过大的长跑易使肌肉疲劳，影响肌肉的正常发育。另一方面，儿童心脏较小，收缩力较弱，加上儿童胸廓小，肺通气量亦小，摄氧能力差。强度过大的长跑会加重其心肺负担，造成氧气供应不足。因此，儿童长跑不但难以供应机体所要消耗的能量，而且会影响儿童的正常生长发育。此外，儿童的耐热、耐寒能力较差，热天容易出汗过多，冷天容易受凉感冒，晨练必须特别注意气温变化。

总之，儿童长跑，应量力而行，循序渐进，才能起到锻炼效果。一般认为，12岁以下的小孩每次跑程不宜超过1000米，跑的速度也不宜过快。

二、不宜经常拔河

"拔萝卜"几乎是每一个幼儿园小朋友都懂得的故事、都会唱的儿歌，而拔河往往也是小朋友喜欢的活动。拔河时，幼儿身体或后仰，或前倾，或侧身，四肢用力维持在固定的位置上，特别是两队处于势均力敌时，往往要持续一定的时间。幼儿的骨骼和关节很娇嫩，容易受伤和变形，在拔河这种强度大的运动下，幼儿全身肌肉处于持续的紧张状态，需要消耗大量的氧气和营养物质，常常会导致供不应求而缺氧。在缺氧的情况下，不仅肌肉易疲劳，而且不利于肌肉的正常发育。另外，拔河时常要持续性憋气，影响有节律的呼吸，并导致回心血量减少，造成心输出量降低而心肌负担骤然增加的情况。在这种情况下，心脏和大脑会出现暂时性缺血，严重者可能发生昏厥。因此，拔河并不是适合幼儿的一项经常性运动。

三、不宜掰腕子

由掰腕子比手劲而引起软组织扭伤及肱骨骨折的事屡见不鲜。这是因为在掰腕子

时，肘关节必须屈曲到近90度并支撑在桌面上，才能稳定前臂与上臂，把全身力气用在手腕上。这时，双方都咬紧牙关，拼命屈曲手指和腕关节，借着前臂旋前、肘关节屈曲及上臂内旋的动作，以最强的力量压向对方。因此，双方的上臂都有相反的力量在抗衡。两种逆向的扭转力，刚好在肱骨内旋肌附着点上下相交，容易造成肱骨干中、下段部位发生螺旋形骨折，在双方用力拼搏的瞬间，往往突然咔嚓一声，上臂因骨折而发生剧烈疼痛，不能动弹。

另外，掰腕子前一般都没做准备运动，一开始，参战双方便咬牙鼓腮，全力拼搏。全身的肌肉韧带从原来的松弛状态一下子变成紧张的收缩状态，因此，很容易造成肌肉、肌腱、筋膜、韧带等软组织的扭伤。

四、不宜常玩"斗鸡"

我国许多地方广泛流行"斗鸡"游戏：空闲时一群小朋友像公鸡一样饶有趣味地"斗"起来，不少小孩都很喜欢。其实，这是一种容易伤害身体的游戏，一不小心就会造成身体的损伤。

首先，由于游戏参加者以膝盖骨为进攻武器，互相攻击，容易使膝关节受到损伤。膝关节的碰撞，可引起关节面的充血、水肿，如长期反复发生，可导致关节面粗糙不平，形成永久性创伤性关节炎，影响关节的正常活动。如果伤及膝关节内的半月板，还会引起行走困难。

再者，由于"斗鸡"时是单脚着地，身体重心不稳，一不小心便会造成踝关节的扭伤，或互相攻击时容易撞到胸腹部组织，轻的发生软组织挫伤，严重的可致肋骨骨折。

五、不宜常蹦迪

有关专家研究指出，朝气蓬勃、热情奔放的迪斯科舞并不适合小孩子。因为迪斯科舞节奏强烈，而幼儿的控制能力较差，过分扭动身体容易失去平衡而跌倒。同时，他们的肌肉力量较弱，骨骼尚未发育完善，这种强烈的运动对他们的健康成长十分不利。

英国医学专家提出，跳迪斯科时，不间断地快速扭动颈部，会使颈动脉频繁扭曲，血液流动受阻，容易发生大脑缺血，出现昏厥，严重者会拉裂脊神经，导致肢体麻木、运动迟钝，形成迪斯科舞蹈病。

模块三　学前儿童生活常规教育

一、幼儿生活常规教育的目标和内容

（一）幼儿生活常规教育的目标

幼儿园应为幼儿制定和执行合理的、科学的生活制度，创设良好的生活环境和生活条件，开展有计划、有目的、有组织的生活常规教育活动。幼儿园生活常规教育的目标是幼儿园生活常规教育的出发点和归宿，是在有规律的每日生活实践活动中使幼儿的身心发展达到预期的健康水平。一般来说，它包含三个层面，即总目标、年龄阶段目标和具体活动目标。

1. 总目标

结合《纲要》健康领域指出的"生活、卫生习惯良好，有基本的生活自理能力"，总结出开展幼儿园生活常规教育的总目标是让幼儿懂得生活的基本知识、规则和技能，形成乐观的生活态度，培养其良好的生活习惯及生活自理的初步意识和能力，使其形成健康的生活方式，从而提高生活质量，促进身心的健康发展。总目标是确定其他层面目标的依据。

2. 年龄阶段目标

幼儿园各年龄班幼儿身心发展特点有较大差异，幼儿生活常规教育目标的制定应该考虑不同年龄阶段幼儿的特征。小、中、大班具体的生活常规教育目标，可以参考如下。

（1）小班。

①学习独立用勺进餐，爱吃各种食物，愿意喝白开水；逐步形成饭前便后洗手、饭后漱口的习惯；

②学会独立上厕所，养成定时大小便的习惯；

③学会正确洗手、洗脸；学会自己穿脱并整理衣服和鞋袜。

（2）中班。

①学会使用筷子，爱吃各种食物，知道不同的食物有不同的营养，养成不挑食及主动饮水的好习惯；

②能独立有序地穿脱、整理衣服、鞋袜；能独立地叠被子，整理床铺；

③逐步学会自理大便，学会正确使用手纸；

④养成早晚刷牙、勤洗头、勤理发、勤剪指甲、保持个人卫生的好习惯。

（3）大班。

①进餐时举止文明，不挑食，不暴饮暴食；养成文明睡眠、盥洗等生活习惯；

②能独立自理大便，正确使用手纸；

③保持仪表整洁，保持周围环境卫生，会独立有序地穿脱衣裤并折叠好，能根据气温的冷暖感受主动增减衣服，能自己整理床铺。

（二）幼儿生活常规教育的内容

幼儿园生活常规教育的具体活动目标是总目标和年龄阶段目标的具体化，应具有较强的可操作性，是幼儿教师在实施生活常规教育之前必须仔细考虑的问题。

内容是实现目标的载体，实现幼儿生活常规教育目标必须依附常规教育内容。按照幼儿园一日生活活动的设置要求我们将生活常规教育的内容分为以下几个方面。

1. 进餐

了解基本的食物和营养知识；掌握基本的进餐技能，如使用餐具的方法、合理的

咀嚼方法，进餐时要细嚼慢咽，保持安静，餐后及时漱口；剧烈运动后不宜立即吃饭。

2. 盥洗

知道饭前便后及户外活动后洗手，掌握正确的洗手、擦手方法并注意随手关紧水龙头，知道毛巾要专人专用；知道正确刷牙的方法，做到早晚刷牙。

3. 如厕

养成规律排便的习惯；小班幼儿在有便意时能够自己如厕，学习脱裤子的方法；中大班幼儿学习便后自己擦拭的方法。

4. 睡眠

姿势要正确，早睡早起，有规律地作息，每天保证必需的睡眠时间；能够独立安静入睡，不蒙头睡觉，学会整理床铺。

5. 喝水

养成喝水的习惯，定时饮水，不喝生水和不洁净的水。

6. 着装

注意衣着卫生，衣服脏了要及时换洗，能根据气温变化和活动量的大小增减衣服；掌握基本的穿、脱、叠、放衣、鞋的技能，培养独立着装的能力。

7. 环境卫生

东西放在固定的地点，摆放要整齐；不乱扔果皮、纸屑；不随意乱写乱画；不随地大小便；不随地吐痰；逐步养成主动维护公共场所卫生的习惯。

二、幼儿生活常规教育活动的设计与指导

（一）全面关注儿童的需要，促进儿童情感的发展

学前儿童来自不同的家庭，每个儿童都有自己的个性，都有其家庭成长背景和生活经验差异。教师应用一颗慈母般的爱心去关爱儿童，使儿童真正感受到老师也像妈妈一样关爱、体贴他，幼儿园也像家里一样温暖、安全。教师平等地对待每一位儿童，关注每一位儿童，不仅是生理上的，更应是心理情感上的需求。教师要尊重每一位儿童，满足其归属和爱的需要，从而培养儿童健康的心理，促进儿童的情感发展。

孩子的心灵就像一把琴，只要拨动琴弦，就会发出动听的音乐，而其中的奥妙就在于教育者——关注孩子发展的有心人如何去巧妙地拨动琴弦。

（二）建立合理的生活常规

生活常规就是幼儿必须遵守的日常生活规则。它是幼儿园为了使幼儿的生活内容丰富而有规律，调动幼儿在一日生活中的主动性和积极性，培养幼儿自主性和独立性而采取的措施。从幼儿入园的第一天起，我们就应该根据儿童的能力提出相应的要求，以后循序渐进，逐步提高要求。要求儿童遵守简单的生活规则，可以采用循循善诱的方法。向儿童提出要求时，要注意做到内容具体、明确，语言通俗易懂、简练，适合儿童的年龄特点，并且要不断地鼓励儿童，让儿童在遵守各项常规中养

成良好的生活习惯。

通过生活常规教育对学前儿童日常生活各环节进行组织管理，是一种行之有效的好办法。在制定常规时，一要考虑学前儿童生理和心理的合理负担；二要考虑学前儿童体、智、德、美的全面发展；三要考虑应有利于学前儿童自主性和独立性的培养，为他们充分的、自由的活动创设条件；四要考虑学前儿童的个别差异，要从实际出发，针对不同年龄阶段儿童的发展水平，因地因时制宜，切忌规定过细、限制过多、管得过死、操之过急和一刀切的偏向。

（三）随机教育，潜移默化

生活常规教育是向学前儿童实施全面发展教育的手段，也是最经常、最自然、最容易收到实际效果的途径之一。在组织领导学前儿童生活常规教育活动的过程中，教师最容易观察到学前儿童对周围事物、对同伴和对待劳动的态度，从而能有针对性地进行随机教育。例如，组织儿童进餐，使他们在整洁、安静、愉快的环境中吃饱、吃好，同时，注意培养儿童细嚼慢咽、不挑食、不偏食等良好进餐的习惯和独立进餐的能力，以有利于儿童健康地生长发育。然而，教师的工作不应当仅仅做到这一步，还应充分利用进餐机会，促进学前儿童的全面发展。例如，结合具体事物，教儿童认识餐具、食品等相应的词汇："今天炊事员阿姨给我们做的菜多香啊！多美啊！绿色的菠菜，红色的胡萝卜，黑色的木耳，白色的豆腐，还有圆圆的小丸子哪！"还可以结合儿童的行为表现，进行品德教育。例如，当一个儿童不小心把肉丸子掉在地上，为了怕老师批评，轻轻地踢到别的小朋友脚旁时；当有的儿童为了抢吃盘子中剩得不多的面包而狼吞虎咽时，教师最容易洞察学前儿童的内心活动，也最容易联系实际，富有说服力地进行教育。同样，在盥洗、如厕、饮水乃至自由活动的前前后后，儿童之间是否友爱，是否讲文明礼貌，对公物是否爱护，对成人劳动是否尊重等，教师都可以随时发现问题、解决问题。

生活常规教育的各个环节的时间是短暂的、零散的，但同样蕴含着教育的内容，因此，教师可利用各种机会，随机进行教育。在生活中学习，学习联系生活，使生活常规教育成为一个真正的教育整体，真正使"寓教育于儿童生活"得到有效落实。

（四）从学前儿童实际出发，因材施教

教师在组织领导学前儿童生活常规教育活动时，一定要从儿童的实际水平出发，循序渐进地实现《幼儿园教育指导纲要（试行）》的有关要求，不能操之过急。在具体要求和指导方法上，也要从学前儿童的年龄特点出发，如对小班儿童培养生活卫生习惯和独立生活能力时，要着眼于"教"。教师要以极大的耐心，不厌其烦地采取多种形式，示范并结合具体讲解指导，通过游戏进行练习，重点放在儿童学会技能上。而中班，则在小班基础上，着眼于"形成行为习惯"，可较多地利用语言进行督促、检查、表扬和批评。对大班，则要在提高认识的基础上要求其"自觉"。

在指导学前儿童生活常规教育活动时，还必须关注儿童之间的个别差异。这些差

异除了受家庭或幼儿园的教育影响外，还受到体质的好坏、智力发展状况、精神状况和意志性格等因素的影响，教师必须予以重视，区别对待。

（五）家园配合，保持教育的一致性和一贯性

做好家园配合是进行学前儿童生活常规教育的重要内容和手段之一。由于儿童独立生活能力较差，为保证他们的健康、安全和个性全面和谐地发展，对学前儿童生活予以悉心照料是完全必要的。但是，悉心照料不等于包办代替。教师要向家长及时了解儿童在家的情况，并把幼儿园在生活常规方面的教育目标、内容、方法、要求与家长取得沟通，家园共同配合，做到目标一致。对儿童的行为规范要常抓不懈，当学前儿童出现违反规范要求的行为时，教师要及时提醒纠正，让学前儿童好习惯的养成得到持续发展。

（六）幼儿生活常规教育的组织应注意的问题

1. 注意年龄及个体差异

幼儿年龄不同，在行为能力上有明显差异，在要求上要给予充分体现。一般来说，对小班幼儿为最基本的生活要求，中大班幼儿在小班的基础上，生活常规的要求内容逐渐增多，难度增大，应遵循循序渐进的原则。同一年龄的幼儿发育水平也有所差异，应根据不同的教育环节、内容，对个别幼儿加以照顾，给予耐心细致的帮助。

2. 要求应具体规范

幼儿的认知和操作能力较差，对幼儿生活常规教育的要求应具体且易操作，按照提出的可行性要求对幼儿进行培养和训练，使幼儿逐渐形成规范的生活行为和习惯。

3. 保育与教育相结合

幼儿生活常规教育需要保育和教育同时进行，幼儿年龄越小，越需要通过保育的手段满足其生活需要，使其养成良好的生活习惯。

4. 要有坚持性

良好的生活习惯及自理能力的形成不是一朝一夕就可以实现的，它是一个逐渐养成、不断巩固提高的过程，需要耐心，需要持之以恒。所以，要让幼儿理解并严格执行幼儿园的生活常规要求，日复一日地坚持，做到习以为常，最终形成自觉的行为。

5. 要求要统一

在培养行为习惯的过程中，对幼儿有统一的要求十分重要。它体现在教师之间的一致性、教师与保育员之间的一致性以及家园之间的一致性上。成人要避免对幼儿要求过多、过滥或是变化多端，避免给幼儿造成混乱。统一的规则要求，不仅避免了幼儿的无所适从，同时也增加了多次练习的机会。

6. 注重榜样的作用

幼儿的模仿力极强，在行为习惯养成的过程中，教师和家长的言行举止具有很大的感染力。成人的典范、表率会成为幼儿行为的榜样。同时，故事、诗歌、歌曲、影

视作品中的艺术形象也有很强的榜样力量。所以，教师和家长应有意识地使自己的行为成为幼儿的榜样，同时需要及时地寻找、挖掘与教育内容相关的典范，以加强教育的有效性。

【案例三】　我不会被大公鸡啄

中午进餐的时间到了，今天的午餐是鸡蛋牛肉面。小朋友们洗完手在自己的座位上开始吃面，教室里一片寂静，只听到碗勺相碰的声音。看到小朋友们都吃得津津有味，教师心里很满意。这时，教师发现明明在面刚盛好时吃了一口，就端着碗下了位置走到他前面的小朋友面前说起悄悄话。发现老师在注意他，就跑回去坐在位置上又吃了一口，含在嘴里，坐着发呆，约两分钟后，再慢吞吞地喝一口汤，吃一口面。后来教师看他几乎都没吃下去就想去喂他吃，可当教师走到明明面前时发现他把青菜挑出来扔得满地都是，理由是"我不喜欢吃"。

晚上进餐前，教师先给小朋友们讲了一个故事《淘气的大公鸡》，说的是一个小弟弟因为就餐习惯不好，被一只大公鸡啄得到处跑的故事，让小朋友们懂得就餐就要有一个良好的行为习惯，不能像小弟弟那样。

晚餐小朋友们依然吃得津津有味，才一会儿，就听到一个小朋友喊："老师，我吃完了。我不会被大公鸡啄。"是明明的声音。只见明明的碗已吃得干干净净，他是全班吃得第三快的小朋友。

案例分析：

这位教师的教育方法值得学习，她善于观察，思维灵敏，用讲故事的方法巧妙地对幼儿进行了有针对性的教育，符合幼儿的年龄特点，取得了较好的教育效果。这样的方法比直接对幼儿进行批评教育效果要好。但是，纠正幼儿不良的饮食习惯，培养幼儿良好的生活习惯，一定要做到家园密切合作，统一要求，共同引导幼儿的行为。

延伸阅读

浅谈幼儿午睡习惯的培养

睡眠是人生活中至关重要的一种活动，是人身体健康的重要保证。没有好的睡眠就没有好的身体。宝宝睡得好不好，不只是家长和老师烦不烦的问题，而是决定孩子一生的最重要问题。那么，该怎样培养孩子良好的午睡习惯呢？我们进行了积极的探索。

一、创设丰富有趣的睡前活动

睡前活动对幼儿促进消化、平缓情绪会起到非常重要的作用。活动时间较短，这就要求活动内容的选择以轻松、活泼为主，而且运动量不宜过大。睡前过分的运动会引起幼儿兴奋和精神紧张，反而不利于睡眠。我们通常在小朋友们吃完午餐后带他们到操场上散散步。俗话说"饭后百步走，能活九十九"，意思是说吃完饭后稍稍活动一下，再躺下休息有利于健康。如果说散步形式是很好的保持健康的方法，那么散步中的穿插内容则是教育契机的体现。我们用轻快的儿歌、童谣搭配他们有力的步伐，给予他们丰富的节奏感和艺术刺激。我们将操场设置成变幻的舞台，从徒步行走到接话传龙、从音乐之声到轻歌曼舞，许多知识内容以一种独特、快捷的方式呈现在小朋友的世界中。例如，在诗歌《春天》的教学后，教师用拍手、跺脚的手势来带领幼儿演绎诗歌中的意蕴美和节奏美。

在散步活动的基础上，幼儿有了表达和表现的欲望，我们提供一切可能的机会支持幼儿无阻碍的情感表达。例如，在餐后，让幼儿到图书角进行简单的阅读，或集体阅读，或小组阅读，或结对阅读，也可尊重幼儿的需要让他们自主阅读。这样日积月累，他们不但积累了知识，更交流了感情。

二、做有责任心的志愿者

《纲要》指出："环境（当然包括寝室环境）是重要的教育资源，应通过创设，并有效地利用环境，促进幼儿的发展。"它要求教师不仅要创设，更要充分、有效地利用好"环境"这一教育资源。

在以往的一日生活中，教师会事先帮孩子们做好睡前的准备工作，例如，室内布置、拉好窗帘、定时通风、设定温度等。这些工作给幼儿提供了一个温馨、舒适的午睡环境。如果我们借助幼儿共同参与管理的教育契机，幼儿不但可以清楚地认识到老师们的良苦用心，更能体验和培养他们的自理能力和主动学习的兴趣。

在我们设计的"每日志愿者"活动中幼儿轮流查看班内的寝室环境并与老师进行交流和汇报，幼儿总是乐此不疲地行走在寝室的各个角落，帮助老师挖掘出隐藏的危机。例如，我班有个小朋友叫阳阳，他不但年龄小，而且任性又调皮。他的口袋里经常装一些小纽扣之类的东西，然后偷偷藏起来玩。一天，涛涛做志愿者的时候仔细地将阳阳藏在枕头里的小珠子给查了出来。原来这些珠子是阳阳从其他小朋友的衣服上扒下来的，睡觉时含在嘴里觉得很有意思。虽然他没有出现什么意外，但小朋友中潜藏的危险是不容忽视的。在一个班里，老师要同时对几十名幼儿进行指导和帮助是有困难的。我们提供志愿者活动，不仅可以帮助老师把重点落在主要问题上，还可以让幼儿主动参与到活动的教育过程中来。例如，志愿者会在幼儿上床前提醒幼儿小便洗手；上床后又会检查他们的衣服有没有叠放整齐，鞋子有没有放在相应的地方。每个志愿者做起事情来都非常认真，那一本正经的表情让我们看了好欣慰、好高兴。所谓习惯，就是在他们共同管理生活中形成的。

三、运用有效的互动策略

1. 适时的观察互动

观察是人类认识世界最基本的方法，也是从事科学研究的重要手段。蒙台梭利曾对观察在教育中的重要性做过精辟的论述:"唯有通过观察、分析,才能真正了解幼儿的内在需要和个别差异,以决定如何协调环境,采取应有的态度来配合幼儿的成长需要。"

在幼儿午睡时,我们如果匆忙让幼儿躺下睡觉,往往适得其反,更会忽略和错过了那些值得关注的教育素材,因此,我们要了解什么情况下幼儿需要我们的指导和帮助。对此我们是这样做的。首先,当孩子们心情大都平缓安静时,我们会给他们欣赏一段舒缓的音乐或听一个睡前小故事,适时帮助孩子了解这样的乐曲带来的作用,引导孩子学会聆听,获取知识和对艺术的熏陶,以培养孩子对信息的敏感性。其次,当孩子情绪高涨兴奋时,我们就会鼓励幼儿进行小评比转移情绪。例如,每次上过音乐课后,孩子们都特别高兴,临睡前嘴里还有力地唱着。这时,我们会让孩子停下来做一个"木头人"的小比赛,看谁坚持的时间长,很快孩子们都会躺下来一动也不动,不一会就睡着了。再次,当出现偶发事件时,我们便引导幼儿思考和学习。例如,在个别幼儿生病不舒服时,我们组织幼儿展开睡前健康身体的讨论,让幼儿感受到睡眠中的注意点,发现正确的睡姿对身体的重要性,懂得睡觉时要盖好被子以防着凉,但被子不能捂住小脸,天气冷时不要穿着毛衣睡觉等。这些给予了孩子们自我服务的机会,培养了他们的自理能力。

2. 适度的指导约束

幼儿生性活泼,做起事情来往往也会无拘无束。例如,以往孩子们出了寝室门就会大声讲话,出门时门被关得砰砰响,中途下床穿鞋,床是吱吱地叫,直接影响了其他幼儿的午睡质量。然而安静的环境是良好午睡的前提。因此,对幼儿的某些行为要给予适度的引导和约束。睡觉前,我们会和孩子一起讨论细节问题,比如,睡眠中有幼儿要叫老师怎么办?出去小便该怎么办?有特殊需要怎么办?在午睡期间,我们和孩子以简单的手势做交流,避免发出任何声响。这让孩子们明确午睡时做任何事要轻。孩子们通过讨论、思考和体验,懂得了为人礼仪,提高了自觉遵守纪律和自我管理的意识。

总之,午睡活动在教师充分的设计准备中被赋予更多的教育价值,在教师适宜的互动指导中带给孩子更多值得思考和发现的宝贵经验。但愿我们的不断努力和尝试能在幼儿心中播下一颗热爱睡眠、热爱身体、热爱生活的种子,这是让他们学会自理、学会生存、学会生活的基础。

第六单元　幼儿园心理健康教育活动

【学习目标】
- 了解幼儿心理健康的标准及影响因素。
- 掌握幼儿心理健康教育的目标及内容。
- 掌握幼儿常见心理问题与矫治对策。

模块一　心理健康教育概述

随着物质文化、科学技术的不断发展进步，人们思想认识的不断提高，大家越来越认识到健康不仅仅是指身体上没有疾病，也表现在心理上的健康。由于现代科技与社会文化的迅猛发展，现代人面临越来越激烈的竞争，生活和工作的节奏越来越快，压力越来越大，人们更加关注自身、他人和整个社会的心理健康。1946 年，《世界卫生组织宪章》中就指出："健康乃是一种身体的、心理的和社会适应的健全状态，而不只是没有疾病或虚弱现象。"1978 年，国际初级卫生保健大会发表的《阿拉木图宣言》中指出："健康不但是疾病和体弱的匿迹，而且是身心健康、生活幸福的完美状态。"

一、心理健康的概念

心理健康越来越受到人们的关注，研究者对心理健康的定义也越来越丰富。心理学家英格里士认为："心理健康是一种持续的心理情况，当事者在那种情况下，能做良好的适应，具有生命的活力，而能充分发挥其身心的潜能，这乃是一种积极的、丰富的情况，不仅是免于疾病而已。"心理学家麦灵格尔认为："心理健康是指人们对于环境及相互间具有最高效率及快乐的适应情况。不仅是要有效率，也不仅是要能有满足之感，或是能愉快地接受生活的规范，而是需要三者俱备。心理健康的人应能保持平静的情绪、敏锐的智能，适于社会环境的行为和愉快的气质。"我国台湾柯永河教授指出："良好习惯多、不良习惯少的心态谓之健康；而良好习惯少、不良习惯多的心态谓之不健康。"《简明不列颠百科全书》的解释为："心理健康是指个体心理在本身及环境条件许可范围内所能达到的最佳功能状态，但不是指绝对的十全十美的状态。"

从广义上讲，心理健康是指一种高效而满意的、持续的心理状态。从狭义上讲，心理健康是指人的基本心理活动的过程内容完整、协调一致，即认识、情感、意志、行为、人格完整和协调，能适应社会，与社会保持同步。综上所述，心理健康是指个体能够适应发展着的环境，具有完善的个性特征，且其认知、情绪反应、意志行为处于积极状态，并能保持正常的调控能力。

二、幼儿心理健康的标准

幼儿心理健康主要是指其合理的需要和愿望得到满足之后，情绪和社会化等方面所表现出来的一种良好的心理状态，常常表现为：对自己感到满意、情绪活泼愉快、能适应周围环境、人际关系友好和谐、个人的聪明才智得到充分的施展和发挥。一般来说，幼儿心理健康的标准主要包括以下几个方面。

（一）智力发育正常

智力是指在不同活动中表现出来的能力，是顺利实现某种活动的心理条件，包括观察力、记忆力、抽象概括力、想象力和创造力等，其中抽象概括力是核心。智力发育正常是幼儿正常生活、健康成长基本的心理条件。幼儿的智力发育与年龄的增长几乎等速，幼儿期更是某些智力要素发展的重要时期。智力发育正常的幼儿在认知方面一般表现出想象力丰富、好奇心强、求知欲旺盛、动手能力和动作协调能力较强等特点。心理学工作者通常采用智力测验的方法测量幼儿的智力水平。如最常用的韦氏幼儿智力量表（WPPSI）将幼儿的平均智商定为100分，IQ在140分以上的称为天才，IQ低于70分的可能存在智力低下，即智力发育明显低于一般水平，影响其心理的健康发展。

智力发育正常的幼儿，能够适应幼儿园的生活，能与周围环境取得平衡。在学习时或完成任何力所能及的任务时，他们能够集中注意力，记忆力正常，在生活中往往具有较强的好奇心，尤其是对于自己喜欢、感兴趣的东西，会有更多的好奇、兴奋、探究行为。

（二）情绪稳定积极

情绪稳定积极是心理健康的主要标志。情绪是以个体的愿望和需要为中介的心理活动，当客观事物或情境符合主体的需要和愿望时，就能产生积极、肯定的情绪，反之则会产生消极、否定的情绪。稳定而积极的情绪，反映了中枢神经系统功能活动的协调性，表示个体的身心处于积极的平衡状态。心理健康的幼儿表现为情绪稳定，积极向上，能较长时间保持良好的心境，具有对他人和事物的爱心和同情心，没有不必要的紧张感和不安感。对待环境中的各种刺激能表现出与其年龄相符的适度反应，逐渐学会调节和控制情绪。当感到委屈、痛苦、挫折时，能做到合理宣泄。反之，如果情绪易于变化，反复无常，其外在表现与内心体验不一致或与外界环境不协调，都是不健康的心理状态。

另外，心理健康者与不健康者的主要区别，不在于是否会产生消极情绪，而在于这种消极情绪持续时间的长短，以及它在人的整个情绪生活中所占的比重是否恰当。心理健康的幼儿以积极的情绪表现为主，积极情绪多于消极情绪，经常保持心境良好、愉快、乐观、开朗，这样的情绪有助于提高活动的效率，经常会受到家长和教师的表扬与称赞，而积极的情绪又得以强化，使孩子进入良性循环。健康的幼儿也有喜、怒、哀、乐，会出现短时的消极情绪，如在受到教师的批评或家长的惩罚时会表现出哭闹、委屈等，但是心理健康的幼儿能主动调控自己的不良情绪以适应外界环境，这就是情绪稳定性的表现，而一些消极的情绪表现有助于他们不满情绪的发泄，有助于维护其心理健康水平。

（三）意志品质健全与行为协调适度

意志是自觉地确定目的并根据目的来支配和调节自己的行动，克服内外困难的心理过程。意志通过行为表现出来。意志品质健全表现在意志行动的自觉性、果断性和顽强性上。心理健康者在活动中有明确的目的性，并能适时做出决定，而且自觉去执行，还能够保持长时间专注的行动去实现既定目标。意志不健全的幼儿挫折承受力差，怕困难、违拗，做事三心二意，注意力不集中，缺乏自控力。

行为协调是指人的思想和行为统一协调，人的行为像是心理的镜子，通过它可以反映出人的心理是否正常。人与动物的不同之处在于人的行为有自觉的目的，受意识的支配，行为反应的水平与刺激程度相互协调。随着年龄的增长，幼儿思维的条理性逐渐增强，随意注意时间逐渐延长，亦能较好地控制自己的行为，情绪的表达方式日趋合理，对客观事物的态度渐趋稳定。心理健康的幼儿，心理活动与行为方式是协调一致的。其行为通常表现为既不过于敏感，又不迟钝，面对新的刺激情境能做出合理的反应，具有与大多数同龄孩子基本相符的行为特征。相反，心理不健康的幼儿，注意力不能集中，兴趣时常转移，思维混乱无序，语言支离破碎，经常出现行为前后矛盾的现象，自我控制和自我调节能力差。

（四）人际关系和谐

个体的心理健康状态是在与他人交往中表现出来的。和谐的人际关系既是心理健康不可缺少的条件，也是获得心理健康的重要途径。幼儿在成长过程中，需要不断学习如何与人交往，如果人际关系失调，则易导致幼儿产生各类心理问题。心理健康的幼儿，在与环境相互作用的过程中，逐渐学会了与环境建立起和谐的关系。虽然幼儿人际交往的技能较差，但他们乐于交往、合群，能理解和接受别人，也容易被别人理解和接受，能与人，尤其是同龄人平等、友好、和谐相处，对人有同情心，无严重的嫉妒心理和孤僻行为，无明显的凌弱欺小行为等，在集体中能愉快地生活，愿意为集体做力所能及的好事。

（五）性格特征良好

性格是人的个性中最核心、最本质的表现，它反映在个体对客观现实的稳定态度和习惯化了的行为方式中，表现了人们对现实和周围世界的态度，主要体现在对自己、对别人、对事物的态度和采取的言行上。幼儿的性格是在与周围环境的相互作用中逐渐形成的，幼儿的性格一旦形成，就会具有相对稳定性。心理健康的幼儿，一般具有活泼开朗、乐观自信、积极主动、独立性强、谦虚、诚实、热情、勇敢、慷慨等性格特征，对自己、对别人、对现实环境的态度和行为方式比较符合社会规范。相反，心理不健康的幼儿与别人和现实环境常处于不协调的状态，往往表现出冷漠、胆怯、自卑、被动、孤僻、依赖、吝啬和敌意等不良的性格特征。

（六）自我意识良好

自我意识是主体对自己以及与客观世界关系的意识。自我意识在性格形成中起着关键的作用。当幼儿在语言中出现"我"时，就表明其自我意识已经开始出现。具有良好自我意识的幼儿，能了解自己，接纳自己，体验到自己存在的价值。在他们身上积极肯定的自我观念占优势，对自己表现出自爱、自尊、自豪感，对他人表现出友善、同情、尊敬和信任，说话符合实际情况，行为符合社会道德规范，对别人的称赞会感到高兴，对批评、指责会感到羞愧，做事希望得到别人的欢迎和认可，不愿做遭人责骂的事，不过分的畏难、胆怯等。

以上几种心理健康标准，只是"理想"的标志，可以将其视作培养幼儿应努力达到的目标。事实上，每个幼儿都可能有这方面或那方面的不足，人的健康状况是一种动态的过程，而非静止的状态。幼儿正处在身心不断发育和完善的过程中，如果要求幼儿同时具备以上诸方面的特征，既不现实又不科学。所以，在评价和衡量幼儿心理发展是否健康的时候，不能硬性地依照上述标准来进行判断，而是要积极创造条件，努力促使每位幼儿都能朝着健康的目标发展。

三、影响幼儿心理健康的因素

影响和制约幼儿心理健康的因素是多种多样的，但一般可划分为三大类：一类是来自遗传方面的影响（生物的影响），一类是来自环境方面的影响，另一类则是来自教育方面的影响。

（一）生物的影响

1. 遗传

人的心理同生理一样，许多方面受遗传的影响。其主要表现在：遗传的生理疾病会导致幼儿的心理疾病。如唐氏综合征、呆小症、染色体变异症等都会导致幼儿心理和行为方面的问题。其次，某些心理疾病也受遗传的影响。许多儿童发育障碍和精神疾病，如孤独症、儿童精神分裂症和儿童多动症等的发生和发展都与遗传有关，这些遗传的疾病常带来行为问题。再次，智力、气质和性格等心理特征也会遗传，这些遗传心理特征同样会对幼儿的心理健康产生不同的影响。

2. 脑损伤

大脑损伤也是影响幼儿心理健康教育的重要因素。导致幼儿大脑损伤的原因主要有胎儿时期大脑发育不完全或病变，出生时大脑缺氧、窒息或出生后受到碰撞造成较严重的脑外伤。这些都会使脑细胞受损，影响智力发育，导致幼儿适应不良，从而影响幼儿情绪和行为的稳定性，以及对周围环境的适应能力和对自己的控制能力，进而导致发育迟缓、智力低下、情绪障碍、学习困难等。

3. 病毒感染

幼儿生理发育还不成熟，免疫系统还不完善，因而抵御病毒感染的能力也较弱。病毒或病菌干扰神经系统的组织结构而导致的心理障碍或精神失常可以影响心理的发展，造成智力迟滞或痴呆，因疾病造成的身体不适会导致幼儿情绪和行为问题增多，容易形成被动、退缩、任性等心理健康问题。

（二）环境的影响

环境是指由人、事、物构成的一个微观系统。幼儿所处的环境可以分为物理环境和精神环境两种，这两种环境都会对幼儿的心理健康产生影响。

1. 物理环境的影响

物理环境是指幼儿在日常生活中所接触的由空气、声音、材料等组成的环境。随着科学技术和社会经济的不断发展，幼儿所处的物理环境愈加不容乐观。污染的物理环境对幼儿的心理健康造成了极大的危害。

（1）噪声的影响。

幼儿能承受的声音强度一般为80～90分贝，高强度的噪声刺激会使幼儿大脑皮层及自主神经系统出现功能紊乱，产生头晕、嗜睡或乏力等一系列症状。

（2）室内污染源。

随着经济的不断发展，现代家庭的装修材料也越来越丰富。室内装修材料、电子器材等产生的放射性元素使得幼儿出现越来越多的问题。一般来说，室内污染容易诱发幼儿血液性疾病，如白血病，呼吸道疾病，如儿童哮喘等，同时也容易导致幼儿铅中毒，并可能导致幼儿的智力下降。

（3）劣质玩具、食品的危害。

劣质玩具和食品对幼儿心理健康的危害主要体现在两个方面。一个方面是有形的污染。有些劣质玩具和食品可能是由有毒、有害或变质的原料制成的，这些玩具和食品会对幼儿的健康造成极大的伤害，幼儿可能在使用和食用的过程中造成甲醛和铅中毒。另外一个方面就是玩具的造型和种类对幼儿造成的无形污染。有些玩具面目可憎，有些玩具还可能带有色情色彩，这些对幼儿的心理健康都会造成危害。

2. 精神环境的影响

（1）家庭对幼儿心理健康的影响。

家庭对幼儿心理健康的影响主要体现在两个方面。一是家庭的氛围。在现代大多数核心家庭中，由父母间形成的家庭人际关系和由父母与孩子之间构成的家庭教育关系（育人态度与方式方法）所支配的家庭气氛对幼儿的心理健康有十分重大的影响。父母的眼神、语言交流、行为举止、性格表现、作风习惯和对幼儿的态度都能无形地给幼儿心理以极大的刺激和启示，使其在适应过程中形成自己心理和性格上的特征。良好的家庭氛围可使幼儿活泼、开朗、大方、好学、诚实、谦逊、合群、求知、好奇；相反，不良的家庭氛围则会使孩子胆怯、自私、嫉妒、孤独、懒惰、行为放任、不讲礼貌。二是家庭的教养方式。家庭的教养方式一般可以分为专制型、放任型、民主型三种。不同气质和性格的孩子需要不同的教养方式。家长的教养方式如果和孩子的气质、性格互补就能收到良好的效果。一般来说，民主型的教养方式比较适用于大部分的幼儿。

（2）教师对幼儿心理健康的影响。

教师除了通过教育促进幼儿心理健康外，还在其他方面对幼儿的心理健康有着重要影响。首先是教师与幼儿之间的关系。幼儿园的师幼关系是幼儿园中最重要的关系之一。和谐、平等的师幼关系有助于幼儿在一个安全的心理环境中发展。其次，幼儿教师自身的心理健康水平对幼儿的心理健康也有影响。心理健康水平高的教师更能以宽容的心态对待幼儿的问题和错误，同时也能与幼儿进行良好的沟通。

（3）同伴关系对幼儿心理健康的影响。

幼儿在同伴这个群体中发展，良好的同伴关系是幼儿心理健康的一个重要因素，同伴关系的好坏也是影响幼儿心理健康程度的一个重要指标。孤僻幼儿的心理健康水平往往不如合群幼儿的心理健康水平高。同伴通过作为榜样、合作者和竞争者，伴随着幼儿的发展。

（三）**教育的影响**

心理健康的维护和提高既需要自身的调节，也需要外在的帮助和引导。对于幼儿而言，更重要的是外在的引导。教育在幼儿心理健康的维护和促进中起到了举足轻重的作用，它主要通过以下三个方面来进行。

首先是家庭教育。家庭是幼儿的第一个原始环境，幼儿大部分时间是在家里。如果家长对幼儿的心理和行为问题能及早发现，就能在更早的时间里采取相应的教育对策，同时家庭中对幼儿进行的教育也更能起到预防作用。

其次是幼儿园中的心理健康教育。幼儿园除了要做到在物理环境的优化、心理环境的优化方面有助于幼儿心理健康的维护外，更重要的是幼儿教师要根据幼儿的心理发展特点和幼儿常见的心理问题进行专门的、有针对性的心理健康教育，在维护幼儿心理健康的基础上，帮助幼儿认识自身的心理特点，掌握初步的心理健康的维护方法，并能在早期与相关专家配合对幼儿的心理健康问题进行及早发现和治疗，最终促进幼儿的心理健康发展。

再次是幼儿园和家庭的合作，也有助于幼儿在幼儿园和在家庭中保持教育的一贯

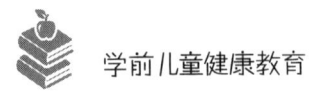

性和持久性，从而确保家庭和幼儿园对幼儿心理健康教育的有效性和长期性。

四、幼儿心理健康教育的意义

（一）关注幼儿心理健康状况是社会发展的必然结果

当代社会是一个迅速发展和变化的社会，无论是科技文明和社会生产，还是人的生活方式和思想观念都在不断变化更新。这个日新月异的时代要求我们培养的人应该具有一定的竞争意识，有较强的独立性和自我决策能力。只有勇于开拓进取，才有可能在今天竞争日益激烈的社会中立于不败之地。因此，社会的发展必然呼唤一种新的教育模式，即有意识地、有目的地和科学地培养幼儿良好的心理品质和健全人格。心理健康教育就是要顺应社会的发展，培养幼儿具有坚强的意志、健全的人格、独立自主勇于挑战的精神，增强幼儿的心理承受能力。

（二）开展心理健康教育是幼儿心理发展的实际需要

幼儿期是人身心发展最迅速的时期，幼儿对于外界环境及其变化的影响十分敏感，极易受到各种不良因素的影响，心理承受能力很脆弱，自我评价和自我调节能力很差，这一阶段中的生活经历与环境教育都会对幼儿的发展产生重要的影响。因此，早期幼儿生活环境与教育是否得当，直接关系到他们的良好品质能否形成。适当的心理教育可以促进幼儿良好心理品质的形成。有关研究资料显示，幼儿的心理和行为问题是比较普遍的。脾气暴躁、说谎、爱骂人、语言障碍、咬手指甲等问题行为存在于不少幼儿中。对于这些心理问题与不良行为，如果不及时予以纠正，则会直接影响到他们的心理健康与发展。因此，开展心理健康教育有助于解决幼儿发展中存在的心理问题与不良行为，是幼儿心理发展的实际需要。我们要爱护幼儿，注意保护幼儿的心理不受伤害，使幼儿能在托儿所、幼儿园中愉快地生活和学习。

（三）心理健康是个性全面发展的重要基础

心理健康对于幼儿成长的意义是十分重要的，它是幼儿个性全面发展的基础。健康的心理如同健康的身体一样，对于受教育者来说具有重要意义，能够对他们个性的各个方面、学习和生活的各个领域产生积极的影响。例如，一个心理健康状态比较好的幼儿与一个心理健康状态有一定问题的幼儿相比，在各个方面都更容易取得进步。积极的自我意识能够使幼儿在学习中不怕困难，和谐的人际关系能够使幼儿更勇于和乐于参加幼儿园各项活动等。

 **延伸阅读**

培养孩子健康心理"十不要"

儿童时期是培养健康心理的黄金时期，各种习惯和行为模式都在这时奠定基础，如果在此时忽略了孩子的心理卫生,那么,孩子成人后有健全的人格和健康心理就比较困难。

（1）不要过分关心孩子。过分关心孩子,容易使孩子过度以自我为中心,结果成为自高自大的人。

（2）不要贿赂孩子。要让孩子从小知道权利与义务的关系,不尽义务不能享受权利。

（3）不要太亲近孩子。应该鼓励孩子与同龄人一起生活、学习、玩耍,这样他们才能学会与人相处的方法,有助于健康心理的形成。

（4）不要勉强孩子做一些不能胜任的事情。孩子的自信心多半是由成功慢慢培养起来的,强迫他们做力所不及的事情,只会打击他们的自信心。

（5）不要对孩子太严厉、苛求甚至打骂。这些做法易使孩子形成自卑、胆怯、逃避等不健康心理,或导致反抗、残暴、说谎、离家出走等异常行为。

（6）不要欺骗和无谓地恐吓孩子。吓唬孩子会丧失成人在孩子心目中的权威性,以后的一切告诫,孩子就不会服从了。

（7）不要在小伙伴面前当众批评或嘲笑孩子。这会造成孩子怀恨和害羞的心理,大大损害孩子的自尊心,给孩子造成不健康心理。

（8）不要过分夸奖孩子。孩子做事取得了成绩,略表赞许即可,过分夸奖会使孩子沾染沽名钓誉的不良心理。另外,赞许必须针对具体的事,让孩子在知道自己优点的同时感到你的赞许是真诚的,而不是虚假的、哄他的。

（9）不要对孩子喜怒无常。成人对待孩子时,如果自己的情绪总是不稳定,喜怒无常,孩子会感到无所适从,变得敏感多疑,情绪不稳,胆小畏缩。

（10）不要在孩子面临困境时不闻不问。要帮助孩子对目前的困境进行分析,教会孩子分析问题、解决问题的方法。要帮助孩子解决困难,但不是代替他们解决困难。

孩子的心灵是脆弱的,他们希望得到支持和理解,成人每一句鼓励的话语都会使孩子信心百倍,但是一句粗暴的呵斥足可以使他们的尊严受到极大的伤害。轻易地否定孩子,对他们的能力表示怀疑,是非常可怕的。

模块二　学前儿童心理健康教育的目标和实施

一、幼儿心理健康教育的目标

幼儿心理健康教育的目标是促进幼儿心理健康,矫正与预防幼儿心理与行为问题,培养幼儿良好的心理素质与健全人格,开发幼儿潜能,促进幼儿智力发展,指导幼儿用正确的方式与他人进行交往,使幼儿学会合作、分享,逐步建立自信、乐观、积极向上的生活、学习态度，形成良好的心理品质。

（一）总目标

（1）积极关心周围世界的各种事物和现象，有良好的观察、注意、想象、概括分析能力，有较强的求知欲，能认识自己与周围世界中各种事物、现象的关系，具有良好的自我意识和社会意识。

（2）形成良好的情绪与情感，初步学会表达和控制自己的情感，能和同伴积极友好地相处，善于表现自己，懂得调控自己的言行，能听取父母及老师的教导。

（3）知道必要的心理健康知识，学习保护自己；有爱心，懂得帮助他人；有恒心，遇到困难能坚持或想办法解决。

（4）提高生活自理能力、学习能力，初步养成良好的卫生习惯。

（二）年龄阶段目标

根据幼儿的年龄特点，在幼儿园内还有各年龄阶段的具体目标。

1．小班

（1）形成基本的生活自理能力，初步养成良好的卫生习惯。

（2）能用适当的方式表达情绪，初步学会排解自己的不愉快，喜欢与别人分享快乐。

（3）愿意与同伴合作玩玩具和游戏，能勇敢地玩一些户外大型玩具。

（4）知道男女在外形上的不同，知道并认同自己的性别角色。

2．中班

（1）喜欢幼儿园的集体生活，能与小朋友互相合作，团结友爱，愉快地与同伴一起进行各种活动。

（2）能自觉遵守活动的规则和要求，初步形成良好的日常行为习惯。

（3）具有一定的求知欲望，初步形成良好的学习习惯。

（4）学会关心周围人、事、物，学会爱亲人、朋友、老师。

3．大班

（1）学习与人合作、分享的能力，学会用积极的心态去理解别人、帮助别人。

（2）学会思考问题，培养独立学习、生活的能力。

（3）正确对待挫折、困难，勇敢坚强，能体会到成功的快乐，对力所能及的事情有自信心，具有较强的竞争和合作意识。

二、幼儿心理健康教育的内容

幼儿心理健康教育的主要内容是帮助他们学习表达和调节情绪的方法，学习社会交往的技能，养成良好的习惯，进行性教育，预防和矫治一些常见的心理障碍和行为异常，培养幼儿自我保护能力和提高其心理健康水平。

（一）学习表达和调节情绪的方式

情绪是影响幼儿心理健康的一个重要因素。幼儿的情绪带有易变换、易冲动、易传染、易外露的特点。他们对情绪的控制还有困难，有时也不知道该怎么表达自己的情绪体验。因此，在教育过程中要教会幼儿正确认识、理解、评价引发情绪反应的情景，知道只有合理的要求才能得以满足，而不合理的需求必定是不能达成的；要让幼儿学会用语言和非语言，如神态、表情、动作等方式表达自己的情绪；培养他们控制、调节情绪的能力。

（二）学习锻炼社会交往的能力

归属和爱以及尊重的需要是人类的基本需要。幼儿这些需要的满足更多的是从一般同伴集体中获得的，进而开始与周围的人交往。这种社会交往能力的形成对幼儿的发展是十分重要的。因此，在教育过程中要让幼儿学习感知他人的情感，并能用合适的方式给予回应；学习轮流分享、互相合作等技能；能达成与同伴及相关成人、周围现实环境的协调和适应；懂得基本的礼貌礼节。

（三）锻炼独立生活和学习的能力

独立性的培养起始于幼儿阶段，针对这一阶段幼儿渴望"独立"的需要，在教育活动中要让他们学会自己的事情自己做，不依赖他人；在日常活动中有主见，学会独立思考解决问题；学习自我保护的常识和技能；帮助他们体验独立自主、获得成功的喜悦，培养他们独立的个性品质。

（四）学习养成良好的习惯

习惯是一定情况下比较固定的、完成某种动作的自动化倾向，是一种信念和行为的定势，具有稳定持久的特点。培养幼儿良好的习惯，对其一生将会产生积极的影响。幼儿阶段主要是培养幼儿良好的生活习惯、卫生习惯和行为习惯。

（五）进行早期性教育

幼儿对自己性别的认识，对自己在社会生活中应起作用的认识，以及性意向的发展，是他们社会化发展的一个重要部分。这一发展结果，不但会影响到幼儿期的心理活动和行为特点，而且关系到他们最终形成的个性，会影响到他们的一生。幼儿早期性教育的内容主要有：确立正确恰当的性别同一性和性别角色；防止性压抑和性抑制；让幼儿正确地了解有关性的问题。

（六）预防心理障碍和行为异常

教师要依照心理健康的标准，通过调查、观察、筛查和诊断等方法，及早发现幼儿的各类行为问题、心理障碍和心理疾病，确定问题的性质，采取有针对性的措施，进行早期教育、早期干预或早期治疗。

三、学前儿童心理健康教育的实施

（一）专门的心理健康教育活动

专门的心理健康教育活动是指针对学前儿童心理健康教育的目标和内容精心设计的有目的、有计划、有组织的教育活动，如培养学前儿童勇敢、活泼、积极向上、热爱集体等优良品质的体育游戏，学习交往知识和交往技能的合作游戏，训练学前儿童生活自理的生活活动。专门的心理健康教育活动具有很强的目标性和针对性，学前儿童通过游戏、参观、观察、模仿、操作等方法，学习相关的知识和技能，培养健康的心理，提高独立生活、社会交往等社会适应能力。

（二）全面渗透

全面渗透就是把心理健康教育融合到学前儿童教育的全过程中，使幼儿一日生活的各个环节和幼儿园教育工作的方方面面都能体现对学前儿童心理健康的维护。科学、合理地安排和组织好幼儿的一日生活，不仅有利于幼儿形成相对稳定的生活秩序，也可以满足他们的心理需要，培养其独立性，提高其自我管理能力。通过日常生活常规指导和训练，可以帮助幼儿养成良好的行为习惯。且幼儿日常生活的各个环节都蕴含着丰富的教育内容，既有德育、智育等教育因素，也有心理健康教育因素；既有兴趣、情感成分，又有意志、个性成分，是心理健康教育不可忽视的重要资源，应充分利用一日常规生活来实施心理健康教育。

（三）心理咨询与辅导

心理咨询与辅导是学前儿童心理健康教育的重要组成部分，它是指在幼儿园开设专门的心理咨询与辅导机构，有关经过专业训练的人运用心理学的理论和技术，借助语言、图片等媒体，与幼儿建立一定的人际关系，进行信息交流，帮助幼儿消除心理健康问题与障碍，提高其心理素质，发挥其自身潜能，使其能有效地适应社会生活环境。它可以面向全体幼儿，开展小组或团体心理咨询和辅导，更主要的是关注有心理困惑或有强烈心理冲突与矛盾的个别儿童。教育者通过对具体问题和行为进行辅导，提高儿童应对挫折和各种不幸事件的能力，使之能自己面对和处理生活中的问题，改善自身心理机能，恢复心理健康水平。

（四）创设心理健康环境

环境是重要的教育资源。心理健康环境包括家庭环境、幼儿园环境和社会大环境。对于幼儿园来说，不仅要为幼儿创设清新、直接、丰富和优美的生活物质环境，例如，改善空气、饮水、居住与活动场所的环境条件，改善膳食结构及进食环境，更要提高幼儿教师的心理健康水平，端正教育态度和方式，为幼儿营造一种温暖、关爱、民主和平等的心理气氛，创造相互尊重、理解、信任、关爱和民主的教育环境，保障幼儿心理健康成长。

（五）家园同步教育

家庭是儿童生活和初级社会化的场所。教育的一致性要求幼儿园教育与家庭教育必须协调同步才能得到预期的教育效果。家园同步是实施学前儿童心理健康和社会适应教育的重要途径。幼儿园可以通过开设专门的心理健康教育讲座、座谈会、家园联系册等，向家长宣传培养学前儿童健康的心理、独立能力和社会交往能力的重要意义，并提供相关的教育内容及方法，请家长来园观察、指导；或请家长带儿童有目的地参加某种有益于心理健康的社会交往活动，并互相反馈信息，这些教育方式有助于对学前儿童进行一致性的家园同步教育。

四、学前儿童心理健康教育应注意的问题

（一）教师及周围成人自身心理素质的提高

心理健康问题已引起社会各界的广泛关注。由于生活节奏加快、工作压力增大等原因引发的心理问题困扰着人们，在一定程度上也影响了人们的生活质量和工作态度。教师群体也面临着职业倦怠、焦虑等心理隐患。而教师和家长的心理健康与否，直接影响着身边的孩子。因此，要对儿童进行心理健康教育，教师和家长，包括周围的其他成年人首先应注意提高自身的心理健康水平。应该能够调整自己的情绪，合理排解工作、生活压力，保持自信、乐观、开朗、向上的良好心态；对自己有正确的评价，生活目标切合实际，保持人格的完整与和谐；具有良好的社会适应能力、融洽和谐的人际关系、良好的行为习惯，给儿童以积极、正面的影响。尽量不要在孩子面前宣泄不良情绪，不应因为自己心情不好影响孩子，更不应向孩子发泄。

（二）渗透在日常教育工作中

心理的发展受多种因素影响，并且具有连续性，因此要在一日生活的各个环节关注幼儿的心理健康教育，并保持要求的一致性。这需要教师、保育员及其他幼儿园工作人员的支持，也需要家长的配合。如教师在集体活动中教育孩子要互相帮助、团结友爱，接着分餐时保育员装作不小心扭伤了腰，教师赶紧跑过去提供帮助，并要求幼儿也表示关心，整个教育过程自然而连贯，幼儿也得以应用、巩固所学内容。

（三）善于观察，适时疏导

儿童在成长过程中渐渐学会了将情绪由外露转为内隐，如伤心时不哭出声音来、受了委屈不敢表现出来等，但又由于情绪调节能力不足而强制压抑。或有时由于缺乏必要的语言表达能力，不懂得如何表达自己的情感体验，影响情绪和精神状态。这就需要教师善于观察，熟悉每个孩子的个性特点和表达方式，及时发现孩子的反常情绪，适时帮助其疏导情绪，以爱心来呵护孩子的心灵。教师可以通过讲道理、讲故事帮助孩子调整心态，或教给适当的方式来合理宣泄，或者转移其注意力，防止其过度沉溺于某一不良情绪中。

（四）师生平等，尊重幼儿人格，不要妄下结论

幼儿虽小，但在人格上和教师是平等的，要尊重每个孩子，保护他们健康成长。不要随便下结论，如指责某幼儿有"多动症"，或断定某幼儿是"自闭症"，这会对

孩子幼小的心灵造成严重伤害，而且影响其社会性的发展。

当然，如果发现某幼儿有一些症状与幼儿易患心理疾病的表现相似，教师应及时提醒家长带孩子去医院检查，以免错过最佳治疗年龄。即使幼儿真的患有某方面心理疾病，教师也应尊重并保护其隐私，尽量为其提供正常的交往环境，并在家长的配合下尽可能帮助治疗，促进其健康发展。

（五）正确看待幼儿个性差异

随着年龄增长，幼儿逐渐有了个性萌芽，表现出明显的个性倾向。这是幼儿心理发展的自然规律，教师应根据这种差异因材施教，使每一个幼儿都得到全面和谐的发展。不要因幼儿个性有差异而表现出对一部分孩子偏爱，更不要因此认为某些孩子发展不正常。如因为气质的差异，幼儿有的热情而暴躁，有的活泼而好动，有的沉静而迟缓，有的敏感而细腻，这都是正常的心理特征，教师应有针对性地采取相应策略，使得每个孩子都能在此基础上形成有利于自己发展的个性心理特征。不要因为某幼儿较活泼就认为其"多动"，也不要因为某幼儿特别敏感而认定其"抑郁"。教师的态度和暗示对幼儿的自我评价影响极大，因此一定要慎重、公平、公正地对待每一个孩子。

（六）幼儿园与家庭、社会密切配合

幼儿的思想很单纯，对这个世界的认识基本上还是一片空白，而且幼儿缺乏明辨是非的能力，所以对于周围成人的教育容易全部接受，对周围成人的言行举止尤为注意，教师或家长不雅的一句话，沿途路人的一个动作，都可能误导孩子。幼儿是在幼儿园、家庭、社区的合力作用下成长的，只有各方面力量保持一致，才能促进其心理健康发展。如果各方面要求相冲突，会大大削弱正面教育的力量，甚至使幼儿养成某些不良的心理品质，增加教育的难度。

 延伸阅读

如何关注幼儿的心理健康

《纲要》明确指出："幼儿教育要树立正确的健康观念，在重视幼儿身体健康的同时，更要高度重视幼儿的心理健康。"这是每一个幼儿教师的神圣职责。那么如何着眼于孩子一生的幸福，正确引导，细心呵护，让孩子的心理健康发展呢？

一、树立正确的科学教养观念

望子成龙、望女成凤的家长十分重视智力投资，让孩子参加特长班、速成班，渴望使孩子们成人后能以成功的姿态立足于社会。然而，却忽略了对孩子健康心理的培养，无视孩子或以不当的方法对待孩子成长中的"出格"和"异样"，乃至最后无法教育孩子时，就出现了抱怨、打骂、惩罚，产生"这孩子怎么啦"的困惑。原因很简单，孩子的心理发展是一个从量变到质变的过程，有许多问题的积累都在不经意之间。

正是我们在这一过程中的疏忽和误导，才使得孩子的问题积少成多，最后出现这样或那样的问题。

因此，我们应与孩子建立良好的师生、同伴关系，让孩子在集体生活中感到温暖。幼儿教师不仅要以慈母的胸怀去关心每一个孩子，还要努力成为孩子的朋友，充分尊重孩子的人格，以民主、宽容的态度走近孩子，认识孩子，用亲切的微笑驱散孩子的自卑，用信任的目光消除孩子的胆怯，用慈爱的抚摸鼓励孩子的进步，用赞赏的语言肯定孩子的成功，让"你真棒！""你真了不起！"成为孩子积极进取的动力。

二、营造良好的教育氛围和环境

创造一个适合幼儿心理安全需要的环境，对其心理的健康成长有着十分重要的意义。早上入园时，老师和蔼亲切的微笑、一声友好的问候、一个自然的爱抚，就会让孩子逐渐融入一个心理安全、情绪稳定的环境，确立起新的依恋对象，开始新的社会交往。相反，如果幼儿入园后得不到相应的关怀，就会感到茫然不知所措。此时大多数孩子会哭泣，会拒绝，不久后哭泣虽然会停止，但仍会表现出不快乐，不主动与人交往，表情淡漠。有些外向型的孩子会以破坏玩具、打骂等方式来表达自己的怒火，这说明一个感情温暖、心理安全的幼儿园环境对幼儿的心理健康发展是十分重要的。

所以，教师应充分利用幼儿园活动室内外一切可利用的资源，拓展幼儿的活动空间，创造条件，营造自由、宽松的气氛，让孩子自由自在地活动。如室外设置的适合幼儿年龄特点的大、中型玩具，形象逼真的动画或卡通画；室内便于幼儿随时阅读的书架、图书，幼儿自由取放的小型玩具。设置美工区、娃娃家等活动区域，鼓励孩子根据自己的兴趣和需要自由选择，引导孩子在这些区域中自己建立规则，自己设置游戏内容，逐渐学会分享，懂得谦让、合作。

三、组织开展多种健康教育活动

由于健康心理的形成是多方面影响、多种行为综合作用的结果，因此我们可将心理健康教育融入幼儿一日生活中去。通过语言、艺术、健康、社会等活动的组织，各种游戏的开展及一日生活常规管理，有意识地将心理健康教育的内容渗透其中。例如，语言活动"阿文的小毯子"中阿文不管到什么地方去、做什么都要带小毯子。现实中许多孩子也有这样"恋物"的心理问题，教师可以利用这个故事，设计系列活动，让故事中的阿文通过表演和感受，并附之以针对性的谈话，帮助孩子改掉"恋物"行为，形成良好的个性。在游戏活动中，可以利用游戏自身的特点为孩子提供自由活动的场所："娃娃家"的孩子今天去郊游，而且坐火车去；"小餐馆"的大厨索性搬到郊外，为郊游的孩子做出可口的午餐；"游乐场"附近还有一个开心"书吧"，郊游的孩子当然乐意光顾，不仅可以坐下来休息，还有好听的故事、好看的图书……孩子在游戏中体验合作的愉悦，增强了合作意识，提高了合作能力，促进了自我意识的良好发展，这能帮助幼儿克服任性、霸道、孤僻等不良的个性心理倾向。在生活中，我们还要善于发现和利用幼儿感兴趣的事物及偶发事件中所隐含的心理健康教育价值，把握时机，积极引导，进行健康教育活动。

四、注意幼儿的个体差异，进行个别辅导

每个孩子在生理和心理上都有各自的特点，存在着差异，有的孩子胆怯，不敢大声说话，遇到困难就哭；有的孩子总爱告状、打小报告……教师要做有心人，细心观察、分析每个孩子，对每个孩子心理的发展水平、每天的状况乃至对整个活动的反应，都要有大致的了解，从而及时调整自己的教育策略，改变教育方法，满足不同幼儿的心理需要，有针对性地进行辅导，对有心理缺陷、障碍、行为怪异的问题儿童，更要进行跟踪研究，还要密切与家长联系，相互沟通，达成共识，形成家园合力，促使每个孩子都健康快乐成长。

模块三 学前儿童常见心理卫生问题与对策

学前儿童心理卫生问题主要指各种因素引起的学前儿童心理发展方面的障碍和不适应行为。在儿童身心发展的过程中，不少学前儿童在发展的某些阶段会出现一些情绪或行为问题，在社会化方面会出现一些障碍，如任性、胆怯、自卑等，这些问题或障碍的性质往往并不十分严重，一般不被看作心理疾病；有的则属于相对严重的心理问题，如多动症、孤独症。学前儿童在心理方面的异常和障碍，大多数是发育过程中特有的问题，通常表现为行为方面的某种独立的偏异，或表现为行为的某些特征方面的问题。这类行为在一定的发育阶段出现属于正常现象，只有当它过分突出或者与该年龄段的表现不相符时，才被认为是问题行为，与精神性疾病没有直接关联。随着年龄增长，有些问题会自行消失，有些问题可以通过矫正治疗。

一、品行障碍及对策

品行障碍表现为幼儿反复而持续地出现违反与其年龄相适应的社会道德准则和规范、侵犯他人或公共利益的行为。比较常见的品行障碍有攻击性行为、偷窃、说谎、对小动物残忍、破坏公物等。品行障碍在幼儿中较为常见，男幼儿的发生率明显高于女幼儿。品行障碍不属于道德问题，它与幼儿的心理健康有密切的关系，下面以攻击性行为和说谎为例加以说明。

（一）攻击性行为

攻击性行为又称侵犯行为，是指基于愤怒、敌意、憎恨和不满等情绪，对他人、自身或其他目标所采取的破坏性行为。在幼儿中，攻击性行为表现为：当幼儿遭受挫折时显得焦躁不安，采取打人、咬人、抓人、踢人、冲撞别人、夺取别人东西、扔东西以及其他类似的方式表现出来，是一种非常消极的行为。

【案例一】 "知名人物"宇宇

宇宇是个不满5岁的男孩，别看他年龄不大，但在小区里可是个"知名人物"呢！有的孩子家长说话含蓄一些，说宇宇这孩子"从来不吃亏"；有的家长说话难听些，说宇宇"太霸道，就是一个小霸王"。到底怎么一回事呢？原来，宇宇在小区里以爱打人闻名，经常把比他大一两岁、个子比他高的孩子打得哇哇直哭，更不用说比他小的孩子了。有一次宇宇的妈妈和邻居同时接孩子回来，上楼梯的时候两个大人正在聊天，忽听"啪"的一声脆响，两个大人回头一看，宇宇正得意地笑着，另一个孩子捂着脸在号啕大哭。孩子间的矛盾大人不好插手，挨打孩子的妈妈虽然生气，却也不好说什么。奇怪的是，虽然宇宇打了小朋友，但是宇宇的妈妈却像没事人一样带着孩子回去了。时间久了，小区里再没孩子愿意和宇宇玩了。有时候一群孩子正在院子里玩，看见宇宇来了，孩子们立马消失得无影无踪。

案例分析：

从此案例中不难看出，宇宇的行为属于品行障碍，诱发幼儿品行障碍的因素是多方面的。

（1）遗传因素。从有攻击性行为的幼儿父母身上可以发现攻击性倾向甚至攻击性行为。有专家研究认为，这些大人可能存在着某种微小基因缺陷，受到遗传基因影响的幼儿在后天的环境中会将其表现出来。

（2）心理因素。一般来说，有情绪问题或行为障碍的幼儿易产生攻击性行为。如多动症的患儿因冲动、任性、自控力差，当情绪稍有激动，便头脑发热，与人发生争吵或动手打人。

（3）教育因素。幼儿的攻击性行为与教育不当有很大关系。本案例中宇宇妈妈看见孩子打人而没有进行适当的教育显然是不妥当的。在现实生活中，有的家长怕自己孩子吃亏常"教育"孩子说：如果别人打了你，你就狠狠地打他，下次他就不敢打你了。类似的例子举不胜举。显然家长的不当教育使幼儿产生了一种随时可以攻击别人的合理感，特别是在攻击性行为中占了"便宜"、得到了"好处"的幼儿，更是攻击欲望增强，攻击性行为加重。

（4）模仿学习。幼儿辨别能力差，模仿性强，许多攻击性行为都是从父母、同伴等周围人那里和影视作品中模仿学习而来。如有的父母对孩子打骂，孩子也学父母的方式来对小朋友。研究证实，影视作品中的一些暴力行为对幼儿的影响较大，因此幼儿应在家长的监督下有选择的欣赏影视作品。

矫治对策：

在幼儿期，攻击性行为经过适当干预可以减少。幼儿期的攻击性行为可以发展成为成人期严重的人际交往和社会交往困难，极少数还可能发展为斗殴、凶杀等违法行为。攻击性行为干预方法主要有家庭治疗、消退法、榜样法、代币法、示范和强化疗法等。如对幼儿的日常环境进行适当的控制，尽可能减少接触侵犯行为的机会，尽量避免观看武打、凶杀、暴力性的影视节目，不玩暴力游戏等。要注意给孩子树立好的行为榜样，家长尽量杜绝争吵、谩骂或大打出手等侵犯行为；如果发现孩子在与伙伴的冲突中以暴力的方式解决问题，家长或教师应予以批评教育，教会孩子宣泄自己不良情绪的方法：说悄悄话、大哭一场、蒙头大睡等。

（二）说谎

说谎，就是撒谎，是一种不诚实的行为，是指幼儿运用一定的方式掩盖自己的意图或隐瞒事实，从而故意欺骗他人的行为。对于幼儿来说，撒谎的一般目的是获得好处或者逃避责任。经常撒谎的幼儿，品行比较虚伪，在短期内虽然能够糊弄别人，但长此以往，必然在小朋友间失去信任与友爱，造成人际关系交往障碍。

【案例二】　说谎的子浩

幼儿园里经常会开展评小红花活动，许多小朋友都得到了小红花，子浩也不例外，可比起佳佳来，还是少了一朵。到了放学时，小朋友都把自己的小红花贴在评比栏里，并请爸爸妈妈来看自己得到的小红花。子浩的妈妈也来了，子浩告诉妈妈自己得到的小红花是全班最多的。王老师随着子浩的妈妈一起走到评比栏前，这时，老师发现佳佳的红花少了一朵，而子浩的却多了一朵。发现这一现象，王老师轻轻地把子浩妈妈叫到旁边，告诉她这个情况。子浩妈妈生气地对老师说："子浩平时在家里就是很会撒谎，什么事都想争第一，我得好好教训他。"老师听了立刻制止了她的行为，并请她回家再仔细了解这件事情。

第二天，子浩偷偷地把小红花贴了回去。老师走过去，笑着对他说："子浩，拿别人的东西是不对的，以后可不能这样了。做错事能马上改正还是好孩子！老师奖你一朵小红花。"子浩高兴地说："谢谢老师！我以后再也不会这样了。"

案例分析：

幼儿撒谎行为非常复杂，形成原因多种多样，一般来说幼儿撒谎主要有以下几种原因。

（1）认知水平因素。幼儿心智尚不成熟，认知水平较低，在对客观世界的认识、理解和记忆上存在不足或偏差。幼儿常常把现实与想象相混淆，从而产生表述与客观事实不一致的情况，这属于无意说谎，这类说谎随着年龄的增加和认知水平的提升会逐渐减少，大约5岁以后就基本消失了。

（2）环境因素。幼儿生活和成长的环境也是影响其说谎行为的重要因素。幼儿具有模仿的天赋，如果在日常环境中经常看到成人或者同伴说谎，那么受其影响，幼儿也会对其模仿，发生说谎的行为。

（3）自身心理因素。当幼儿希望取悦成人、获得奖励，或意识到自己的某种错误行为可能会带来严重后果时，就会产生说谎行为以达到开脱责任、逃避责罚的目的。幼儿在明确事实的前提下编造，弄虚作假，意图明显，属于有意说谎。这类说谎反映了幼儿品德发展中存在的问题,需要及时纠正和矫治。案例中的子浩就是这种因素,为了获得妈妈的表扬而故意把别人的小红花贴到自己的展示栏里。针对幼儿的这类行为,家长在日常教育过程中要加强心理健康知识的学习,同时还要注意对幼儿行为的奖惩要得当。

矫治对策:

预防和纠正幼儿的说谎行为,关键在于教育。应让幼儿懂得从小就要说老实话,做老实事,用诚实的行为规范要求自己。要让幼儿从小就生活在和谐、融洽的环境之中,家庭和幼儿集体成员之间要相互信任,即使幼儿犯了错误也要尽量避免训斥,要给予热情的帮助。在幼儿面前,成人应该实事求是,不弄虚作假,这对幼儿诚实行为的形成能起到潜移默化的作用。

二、儿童睡眠障碍及对策

(一)夜惊

夜惊是睡眠中突然出现的短暂性惊扰和意识蒙眬状态,通常男孩多于女孩,表现为儿童在入睡不久后突然坐起、惊叫、哭喊、呈惊恐状,伴随着呼吸急促、心跳增快、出汗、瞳孔散大、对周围事物无反应。夜惊发生时,儿童很难被唤醒,若强行唤醒可能出现定向障碍或意识混乱。每次夜惊发作可持续1~10分钟,发作后再入睡,严重者夜间可频繁发作几次,次日一般对发作经过不能回忆。

受惊和紧张不安是导致夜惊的主要精神因素,如父母离异、亲人伤亡、白天受到严厉的惩罚或者睡前看惊险电影、听情节紧张的故事。鼻咽部疾病导致睡觉时呼吸不畅、肠寄生虫病使小儿的睡眠受骚扰或手压迫前胸、晚餐过饱、卧室空气污浊、室温过高、盖被过厚等也是导致夜惊的常见原因。值得注意的是,癫痫、脑瘤等器质性疾病也会导致夜惊发作,如果婴幼儿夜惊次数频繁,则需要去医院进行治疗。

在确保学前儿童没有躯体疾病后,一般不需特殊治疗。只需要改善不良环境,解除可使儿童精神紧张的种种诱因,培养学前儿童良好的睡眠习惯,起居有常,则一段时间后症状可自然消失。

(二)梦游

1. 表现

学前儿童在睡眠中突然坐起或下床活动,意识蒙眬不清、徘徊走路或做些游戏的动作,不易被唤醒,持续大约数分钟后又可安静入睡,醒后全部遗忘。此外,梦游的儿童常伴有夜间遗尿。

2. 诱因

家庭性遗传是导致学前儿童梦游的一个重要原因。白天游戏过于兴奋,以致睡眠中出现模拟白天游戏的动作或者精神焦虑不安,不良情绪得不到缓解,均会导致梦游。

许摸的。其父亲性格内向，一般很少说话。家里设定了数不清的清规戒律，这使得小刚性格内向、被动和依赖。父母对孩子的教养态度不一致，母亲坚持要孩子上幼儿园，父亲则愿意把孩子留在家中，并为之提供可口的食品和玩具。父母在小刚两岁时把他送到托儿所，由于他入托时哭得太伤心，又将其抱回家，让小保姆陪着他。

案例分析：

这是典型的入园焦虑。导致小刚产生入园焦虑的原因是：第一，家庭对小刚的过分宠爱和教养态度不一致；第二，孩子在两岁入托时的不愉快经历，使其对幼儿园产生"过敏"反应，而待在家中又可得到食品和玩具，于是小刚"学到"了焦虑行为；第三，父亲的内向性格对小刚的性格具有直接影响。

矫治对策：

首先进行家访，深入了解幼儿的家庭背景等多方面情况，以便对症下药。其次采取几个针对性较强的措施：第一步，运用消退法，不理会小刚的哭闹，入园时，任由他哭闹，直到哭累安静下来；第二步，在活动中开展"笑比哭好"的讨论，从而解决孩子的认识问题，让他明白"笑比哭好"的道理，这样哭闹行为将自然减少；第三步，开展"找朋友"的音乐游戏，让小刚认识同伴，与同伴建立友好的关系；最后，做好家访工作，使家庭和幼儿园充分配合，统一教养方式，直至消除孩子的入园焦虑。

（二）恐惧

幼儿恐惧症是指幼儿对某一特定物体、人际交往或某一处境，产生异乎寻常的、难以自控的强烈恐惧感或紧张不安的内心体验，从而表现出回避倾向。幼儿恐惧症和一般的恐惧不同。恐惧是人的心理发展过程中普遍存在的心理体验，是人对周围客观事物正常的心理反应，比如对于蛇，绝大多数人都是心存恐惧的，这是正常的情绪体验。而恐惧症则是对本不应该产生恐惧的对象产生过度的恐惧感，并且出现回避倾向，比如被蛇咬过之后，对本不应该引起恐惧的井绳也产生了恐惧感，这是异常的情绪体验。恐惧症产生之后，持续时间比较长，一般不容易随着年龄的增长而消失，而且对患者进行的劝慰、说服、解释都基本是无效的，严重影响着患者的正常生活和学习，也影响其健康成长。

【案例五】 患恐惧症的贝贝

贝贝5岁多了，虽然已经和父母分床睡了，但晚上睡觉时必须有亮光，没有亮光他就会感到恐惧，所以要求爸爸妈妈一定要等到他睡着了才能关灯。有时候该上床了，他会很担心地问爸爸："爸爸晚上看不看书？看不看电视？"如果得到肯定的答复，他会因为爸爸在客厅看书或看电视能给他带来亮光而放心地睡觉；如果爸爸说不看，他就会因为没有亮光好长时间睡不着。有一次爸爸妈妈睡得早，贝贝因为家里黑咕隆咚而吓得满头大汗，生怕有怪物从黑暗中冒出来。

案例分析：

经诊断该幼儿患有轻度恐惧症。那么，是什么引起了他的恐惧呢？

（1）幼儿消极的直接经验，是引起恐惧症的主要原因。案例中贝贝对黑暗产生了恐惧，是因为在乡下居住的奶奶怕他不好好睡觉，就吓唬他说："天黑了不能到外面去走，黑夜里鬼会从坟墓里爬出来找替身，晚上要是出去会被鬼抓走的。"有些成人害怕黑暗，也可能是幼年时曾被关在黑屋子里作为惩罚，致使其产生对黑暗的恐惧而长时间不能消除。

（2）幼儿的认知水平。由于知识经验的欠缺，幼儿对很多事物都是陌生的、不能理解的，而幼儿的想象力又很丰富，想象与现实容易混淆，因此易产生恐惧。如有的孩子看了日本动画片《奥特曼》，晚上会梦见怪兽来到自己家，而奥特曼却不能来帮忙，于是孩子的噩梦就不可避免了。

（3）家长不当的教养方式。许多家长在教育孩子的时候，为了制止孩子的某些行为可能会选择使用恐吓的手段。如有的家长在孩子哭时就说："再瞎闹就让老虎来把你叼走。"看到孩子爬树就大喊："别上去，会摔着的。"这些不妥的教育方式都易使孩子患上恐惧症。

矫治对策：

对于恐惧的矫治可采用行为治疗的暴露疗法，即通过多种不同的形式来呈现令幼儿恐惧的情景或物体。这些形式包括呈现现实的情景或物体、计算机虚拟的情景或物体、角色扮演，通过想象或观察他人在面对这些情景或物体时的表现，得到应对的有效方法。

（三）抑郁

抑郁症主要是指以情绪抑郁为主要特征的情感障碍，不仅包含有抑郁寡欢、忧愁苦闷的负面情感，而且有怠惰、空虚的情绪表现。但是，以往我们常误以为抑郁症只会发生在有自我意识能力、情感丰富的成人身上，而忽视了儿童也可能得抑郁症。抑郁对孩子的身心发展十分有害，会使孩子心理过度敏感，对外部世界采取回避、退缩的态度，还可以造成儿童身高发育不良等。我国目前约有20%的儿童出现抑郁症状，其中4%为临床抑郁，即需要接受临床治疗的重症抑郁。当一个既往表现良好的儿童出现不当行为时，家长要高度警惕抑郁症的发生。

【案例六】 患抑郁症的娜娜

娜娜的爸爸是某公司的业务经理，妈妈是一名列车员，他们通常在家的日子很有限，因此5岁的娜娜便由外婆带着。以前的娜娜活泼开朗，很喜欢笑。每当看到别的小朋友在星期天有爸爸妈妈领着到公园玩，娜娜就很羡慕，因为她很少有这样的机会。

最近一段时间，爸爸妈妈发现娜娜变得不爱笑了，她常常一个人坐着发呆，整天不说话，好像一下子乖了许多，但这种"乖"总显得有点不对劲。另外，幼儿园老师也反映娜娜现在上课经常注意力不集中，目光呆呆的，远不像班里其他孩子那么活泼。

案例分析：

从上述各种表现，我们可以看出娜娜表现出了较强的抑郁倾向，应及时给予帮助与治疗。

儿童抑郁症的主要特征是情绪低落、思维迟缓、郁郁寡欢、闷闷不乐、无精打采，它往往可以出现许多伴随症状，常见的有：

(1) 情绪症状：目光垂视、呆滞无神，表情冷漠，易激怒，敏感，哭闹，好发脾气，焦躁不安，厌倦，胆小，羞怯，孤独，注意力不集中，易受惊吓，常伴有自责感，认为自己笨拙、愚蠢、丑陋、没有价值，灰心丧气，自暴自弃，唉声叹气，对周围的人和事不感兴趣，退缩，抑制，没有愉快感等。

(2) 行为症状：多动，攻击别人，害怕去学校，不愿社交，故意回避熟人，不服从管教，冲动，逃学，表达能力差，成绩差，记忆力下降等。

(3) 躯体症状：睡眠障碍，食欲低下，体重减轻，疲乏无力，胸闷心悸，头痛胃痛，恶心，呕吐，腹泻，遗尿遗粪等。这类情形常容易被误诊为躯体疾病，但是吃了药以后"病"也无好转迹象。

矫治对策：

导致儿童抑郁症的病因尚不十分清楚，但我们仍可以从儿童的生活经历中找出某些原因。根据患儿发病的有关因素和症状特征，可以采取以下方法。

(1) 心理治疗，包括行为疗法、游戏疗法、暗示疗法等。

(2) 耐心的教育引导。通过细致耐心的教育，帮助患儿克制情绪上的障碍，逐步培养其坚强健全的性格，鼓励他们积极参加实践活动，改善情绪，增进与同伴间的交往，使他们更好地适应环境。同时要帮助家长正确教育孩子，改善家庭环境，以减少对患儿心理上的不良影响。

(3) 药物治疗。可根据主要症状选用药物，对焦虑、恐惧症状可适量服用抗焦虑药，但必须在医生指导下用药，家长切勿随便给孩子乱用药物。

四、发展障碍及对策

简单地说，发展障碍其实就是幼儿智能方面的发展障碍，主要表现在注意力、记忆力、创造力、计划组织能力、解决问题的能力、大脑的灵活性和抽象思维以及洞察力等方面。

(一) 精神发育迟滞

精神发育迟滞是指18岁之前发生的在智力和适应行为方面存在的不足。具体来说，第一，其智力功能水平低于平均值：在IQ测验中，IQ分数约为70分或以下；第二，在沟通、自理、家庭生活、社会、人际关系技能、社会资源的利用、自我指导、学业技能、工作、休闲、健康和安全等各项技能中至少有两个领域同时伴有当前适应功能的不足或损害。精神发育迟滞的孩子通常智力显著低下，同时伴有幼儿学习困难及社会适应能力缺陷。根据智力水平的不同，精神发育迟滞分为轻度、中度、重度和极重度四级，各级表现如下：

1. 轻度（又称愚笨）

轻度患者占精神发育迟滞患者的75%~80%，智商在50~69之间，心理年龄约9~12岁。在发育早期就可观察到这类孩子较正常幼儿发育延迟，特别是语言发育迟缓，词汇不丰富，理解分析能力差，抽象思维不发达，计算力差，但仍有一定的表达能力。这些孩子往往在幼儿园后期或进入小学后被发觉有学习困难才被确诊。这类孩子有一定的社交能力，适应能力低于同龄幼儿，因此不能应付外界的变化。通过辅导能得到一定的提高，成年后具有低水平的社会适应能力，可做简单具体的工作。

2. 中度（又称愚鲁）

中度患者占精神发育迟滞患者的12%，智商在35~49之间，心理年龄约6~9岁。这类孩子自幼智力和运动发育都明显比正常幼儿迟缓，语言发育差，表现为发音含糊不清，能掌握日常生活用语，但词汇贫乏，不能完整表达自己的意思。经过长期教育和训练，能学会简易的书写和个位数加、减法，不能适应在普通小学就读。成人后，在他人的指导和帮助下可学会自理，在监护下可从事简单的体力劳动。

3. 重度（又称痴愚）

重度患者占精神发育迟滞患者的7%~8%，智商在20~34之间，心理年龄3~6岁。这些孩子往往具有某些躯体畸形和脑部较重损害，多数出生不久就被发现精神及运动发育明显落后。成年后能学会简单语句，但不能进行有效的语言交流，动作笨拙，易冲动，情感幼稚，不会计数，不能学习，不会劳动，生活不能自理，没有社会行为能力，经过长期训练，长大后可在他人监护下从事最简单的劳动。

4. 极重度（又称白痴）

极重度患者占精神发育迟滞患者的1%~5%，智商在20以下，心理年龄约在3岁以下。这类患者有明显的躯体畸形和严重的脑部损害，完全没有语言能力，不认识亲人及周围环境，对危险不会躲避，仅有原始性情绪，如用哭闹、尖叫来表示需求，生活完全不能自理，有的运动功能也受阻或终身不能行走。这类孩子多数都会早年夭折。

部分精神发育迟滞的孩子还可能伴随一些精神症状，如注意缺陷、情绪易激怒、冲动行为、刻板行为或强迫行为。有的孩子同时存在相应的先天性缺陷疾病的症状和体征，如躯体、颜面、五官、皮肤、指、趾甚至内脏异常，还可能有视、听觉障碍，癫痫发作，肢体瘫痪等神经系统体征。

【案例七】 "我不是笨小孩"

明明，男，6岁，中班。明明在接受心理评估时，将近5岁，其日常的衣着、游戏和词汇量都与3岁幼儿相近，社会技能非常有限，表现得像一个年龄较小的幼儿。明明总爱发脾气，老师担心他会对班上的小朋友有攻击性行为，日常教育格外小心。通过韦氏幼儿智力测量表Ⅲ测验，明明所得分数为58分，其在适应行为量表中的适应能力分数为62分。

【案例八】 智力低下的儿子

提起自己的儿子，王女士就泪眼婆娑。她5岁的儿子，智力发育水平明显低于同龄人，现在他还不会讲话，眼珠转动困难，经常目光呆滞。去医院一检查，医生说是中度智力低下。

案例分析：

分析以上案例均是智力发育迟缓，低下。幼儿精神发育迟滞一般因遗传、先天或后天的种种有害因素导致。具体分析如下：

1. 遗传和结构因素

染色体异常、单基因状态等对精神发育迟滞具有明显的影响。其他影响智力和认知功能的综合征是由以遗传为基础的代谢方面的缺陷导致的，这种异常会导致某个特定发育阶段所必需的某些化学物质的过剩或短缺。

2. 神经生物学影响

胎儿和婴儿的发育也会受到不利的生物学条件的影响，例如营养不良、接触有毒物质和各种生前和围产期的应激性刺激。任何不能被母亲的免疫系统或周围系统所处理或调整的生物化学物质的感染，都会增加胎儿及其智力能力发展的危险。

3. 社会和心理因素

社会和心理因素包含的范围很广，例如婴儿缺乏身体和情感照顾的刺激，生活中的一些精神障碍如孤独症等。

矫治对策：

（1）帮助家长了解一些正常幼儿的心理发展规律，对幼儿的动作、行为、语言进行早期观察。帮助家长判断孩子是不是与同龄幼儿有比较大的差异，如果发现落后，则需做智力测验，知道孩子在哪方面落后并及早进行早期训练，包括动作训练，如翻身训练、爬的训练、坐立、走的训练等，发音训练，认知活动训练。需要帮助他们去认识周围发生的事，提高认识世界的积极性，还要多问一些"为什么？""这是什么？"以激发他们去思考，久而久之就会提高他们的认识水平。

（2）教育家长开展早期教育要从符合孩子智力水平的基础开始，不要求高、求快，不要用对正常幼儿的期望来要求智力落后的孩子。无论患儿精神发育迟滞的程度如何，都应当让他们有机会与正常幼儿在一起活动，在共同的游戏活动中进行模仿和学习，这对患儿是极有帮助的。

(3) 通过劳动技术的教育和训练使他们能自食其力，以减轻社会和家庭的负担。劳动技术教育必须适合患者的智力水平和动作发展水平，注重现实性和适应性，重视安全教育以及个别差异性。

(4) 可从自我生活服务劳动培养开始，如洗脸、穿衣、吃饭、扫地等，逐渐进入社会生活服务劳动技术的培养。在实际的劳动中进行日常工具的性能和使用方法的教育，进而到职业技术教育，并根据患者在心理上、生理上和疾病上的差异，掌握每个人的特点进行选择职业的指导。

(二) 孤独症

孤独症，又称自闭症或孤独性障碍，是一种较为严重的发育障碍性疾病。孤独症的患病率报道不一，一般认为约为幼儿人口的 2~5/万人，男女比例约为 3∶1~4∶1，女孩症状一般较男孩严重。该症一般起病于 36 个月以内，主要表现为三大类核心症状，即社会交往障碍、交流障碍、兴趣狭窄和刻板重复的行为方式。

1. 社会交往障碍

该症患儿在社会交往方面存在质的缺陷。在婴儿期，患儿回避目光接触，对人的声音缺乏兴趣和反应，没有期待被抱起的姿势，或抱起时身体僵硬、不愿与人贴近。在幼儿期，患儿仍回避目光接触，呼之常无反应，对父母不产生依恋，缺乏与同龄幼儿交往或玩耍的兴趣，不会以适当的方式与同龄幼儿交往，不能与同龄幼儿建立伙伴关系，不会与他人分享快乐，遇到不愉快或受到伤害时也不会向他人寻求安慰。学龄期后，随着年龄增长及病情改善，患儿对父母、同胞可能变得友好而有感情，但仍明显缺乏主动与人交往的兴趣和行为。虽然部分患儿愿意与人交往，但交往方式仍存在问题，他们对社交场景缺乏理解，对他人情绪缺乏反应，不能根据社交场合调整自己的行为。成年后，患者仍缺乏交往的兴趣和社交的技能，不能建立恋爱关系和结婚。

2. 交流障碍

(1) 非言语交流障碍。

该症患儿常以哭或尖叫表示他们的不舒适或需要，稍大的患儿可能会拉着大人的手走向他想要的东西。患儿一般缺乏相应的面部表情，表情也常显得漠然，很少用点头、摇头、摆手等动作来表达自己的意愿。

(2) 言语交流障碍。

该症患儿言语交流方面存在明显障碍，包括：①语言理解力不同程度受损；②言语发育迟缓或不发育，也有部分患儿 2~3 岁前曾有表达性言语，但以后逐渐减少，甚至完全消失；③言语形式及内容异常：患儿常常模仿言语、刻板重复言语，语法结构、人称代词常用错，语调、语速、节律、重音等也存在异常；④言语运用能力受损：

部分患儿虽然会背儿歌、背广告词，但却很少用言语进行交流，且不会提出话题、维持话题或仅靠刻板重复的短语进行交谈，纠缠于同一话题。

3. 兴趣狭窄及刻板重复的行为方式

该症患儿对一般幼儿所喜爱的玩具和游戏缺乏兴趣，而对一些通常不作为玩具的物品却特别感兴趣，如车轮、瓶盖等圆的可旋转的东西。有些患儿还对塑料瓶、木棍等非生命物体产生依恋行为。患儿行为方式也常常很刻板，如常用同一种方式做事或玩玩具，要求物品放在固定位置，出门非要走同一条路线，长时间内只吃少数几种食物等，并常会出现刻板重复的动作和奇特怪异的行为，如重复蹦跳、将手放在眼前凝视或用脚尖走路等。

4. 其他症状

约 3/4 孤独症患儿存在精神发育迟滞。约 1/3 ~ 1/4 孤独症患儿合并有癫痫。部分孤独症患儿在智力低下的同时可出现"孤独症才能"，如在音乐、计算、推算日期、机械记忆和背诵等方面呈现超常表现，被称为"白痴学者"。

【案例九】 患孤独症的家家

家家，男，出生于美国；母亲38岁，全职太太；父亲42岁，旅美华人，职业不详。家家还有两个哥哥和两个弟弟。家家出生以后睡眠一直不好，晚上总是很闹。2岁半还没有语言功能，其他肢体发育都比较正常。他在美国幼儿园能够和别的孩子一起玩，跑跳运动都没有问题，只是和其他孩子配合有点困难。他非常喜欢蹦床，喜欢玩具，常常和其他兄弟一起玩，如果捉迷藏，他总是不知道要藏起来。家家中文英文都有一定的词汇量，但是需要说的时候他不知道如何表达出来。家家3岁的时候在美国进行全面的评估，医生发现家家脑部中度缺氧，被诊断为孤独症。家家的父母在美国为家家做过康复治疗、排毒治疗、营养治疗、高压氧治疗……可惜效果都不明显。

【案例十】 患孤独症的牛牛

牛牛是一个3岁半的男孩，身材敦实，长着一双大大的眼睛。母亲抱着他走向测试老师。牛牛看了老师一眼，没有笑也没有问好。走进游戏室，牛牛的母亲把他放下来，他就坐在地毯上，面前摆着几个玩具。他捡起两块积木，互相敲了一下，然后开始搭积木块，一块接着一块地向上搭，直到搭完了全部的积木，他才停下来。无论在牛牛玩的时候还是在积木搭完以后，他都没有看老师一眼，他始终一声不吭。老师要求牛牛帮忙拿一块儿红色积木，但他没有做出任何反应。

案例分析：

上述案例中的两名幼儿都在不同程度上表现出了孤独症的相关症状。

虽然孤独症的病因还不完全清楚，但目前的研究表明，某些危险因素可能同孤独症的发病相关。引起孤独症的危险因素可以归纳为：遗传、感染与免疫和孕期理化因子刺激。

1. 遗传因素

研究显示，某些染色体异常可能会导致孤独症的发生。某些性染色体异常也会出现孤独症的表现。较常见地表现出孤独症症状的染色体病有4种：脆性X染色体综合征、结节性硬化症、15q双倍体和苯丙酮尿症。孤独症是一种多基因遗传病，可能是在一定的遗传倾向性下，由环境致病因子诱发的疾病。

2. 感染与免疫因素

早在20世纪70年代末就有研究发现，孕妇患病毒感染后，其子代患孤独症的概率增大。后来数个研究均提示，孕期感染与孤独症发生可能有一定的关系。目前已知的相关病原体有：风疹病毒、巨细胞病毒、水痘-带状疱疹病毒、单纯疱疹病毒、梅毒螺旋体和弓形虫等。目前推测，这些病原体产生的抗体由胎盘进入胎儿体内，与胎儿正在发育的神经系统发生交叉免疫反应，干扰了神经系统的正常发育，从而导致了孤独症的发生。

3. 孕期理化因子刺激

受孕早期孕妇若有反应停和丙戊酸盐类抗癫痫类药物的用药史以及酗酒等，可导致子代患孤独症的概率增加。

矫治对策：

1. 教育训练

教育训练是治疗孤独症患儿最主要、最有效的方法。教育训练的目的是教会患儿掌握最基本的生活技能、自理生活能力和与人交往的能力。教育训练操作者多为家长和特教老师，训练成功与否，首先取决于家长和老师是否对患儿有爱心、耐心和热心，能否常与孤独症患儿交往，使患儿先对训练者感兴趣，双方能相互沟通，这一阶段往往是最困难的阶段。尤其在早期阶段，把孩子交给保姆、阿姨是起不到治疗作用的，甚至是不负责任的做法。

家长和特教老师可把要学的技能分成若干个细小步骤来完成，而不是一下子就全部教给他们。譬如教患儿正确使用筷子，先把自己拿筷子的姿势展示给他，让他从数只筷子中捡出两只，粗细端对齐，并用手握住他的手保持在正确握拿状态，反复进行，直到他自己掌握握拿技术。孤独症患儿很容易因失败而烦躁或放弃学习，所以，在训练中要边教边做边鼓励。

训练时要动作、言语、奖励有机结合起来，这种方法实际上是行为治疗中的"阳性强化法"。在教他们做某一技能时，要不断地讲解每一步骤和意义，当完成时便给予患儿适当的物质奖励（多为孩子喜欢的食品或玩具）。这种方法可以增加孩子对训练的兴趣和减少不愉快情绪的发生。

在教育训练过程中，切忌操之过急，要有恒心。不可期望孩子在短时间内就能掌握一种技能。例如，上厕所，对正常发育的幼儿，可能在很短时间内便学会了蹲马桶、擦屁股、拉水箱、洗手等一系列动作，并理解每一步的意义，但对孤独症患儿，可能要半年、一年甚至更长的时间才能掌握和运用。

2. 行为治疗

行为治疗或行为矫治的目的在于减少病态行为，如攻击行为、自伤、刻板行为和在公共场合引起家长难堪行为的发生，增加社会化行为。

在行为矫治的开始阶段，由于很多家长对行为治疗的原则和方法不了解，所以一定要有专业人员，如行为治疗师、精神科医师、心理治疗师、特教老师等，在治疗的同时把矫治方法教给家长。对每个患儿出现的每个行为，如尖叫、攻击行为都要尽量去理解，在他每一个行为出现以前或即将发生时，家长就要预计到他可能会去干什么、会出现什么样的后果。如有的患儿出现攻击行为可能是因为他喜欢的玩具堆放位置发生了改变，另一些患儿可能是对某种事件产生了恐惧。

行为矫治最终目的是阻止种种令人不快的行为，促进建设性行为。由于孤独症患儿行为表现各异，行为矫治最好是采用一对一的方法来纠正患儿的退缩性行为，让恐惧远离患儿的世界。

延伸阅读

正确区分多动症儿童与正常多动儿童

多动症称为注意缺乏多动障碍（Attention deficit hyperactivity disorder，简称ADHD），以儿童注意力缺乏、唤起过度、活动过多、冲动性和延迟满足困难等为核心症状，并伴有儿童学习障碍、同伴和亲友交往关系障碍、人格心理健康障碍、品行不良等派生症状的一系列心理与行为问题的总称。它是儿童期最普遍、最复杂的心理与行为障碍之一。多动症儿童出现率占3至15岁儿童的3%～10%，已成为广大家长、教师在教育、教学中急需解决的实际问题。尤其是在教育过程中，正确区分多动症儿童与正常多动儿童已成为当务之急。

一、多动儿童的身心发展与儿童多动症的发病原因

好动是儿童的特征之一，是儿童好奇心强的表现。幼儿生活经验贫乏，对周围的一切事物都有好奇心，表现出明显的好动特征。从儿童生理的发展特点看，儿童的神经系统尚处于发育中，兴奋过程大于抑制过程，好动是这种发展不平衡的表现。

儿童多动症的发病原因是多方面的，归纳起来可以从内因和外因两方面探索。内因主要有遗传因素、生理因素、心理因素、脑部病变、生物化学因素等，外因主要有脑外伤、环境因素、教育不当等。

二、儿童多动症的鉴别与诊断

一个儿童是否患多动症，要通过多方面的科学鉴定才能确定。如果轻易下结论，

将会影响孩子今后心理的健康发展。鉴别与诊断多动症儿童需要采用大量的心理测验来评价被试者在警觉水平、保持注意、分配注意、集中注意、选择性注意和冲动性等六个方面的实际情况。

三、多动儿童与多动症儿童的心理行为表征

多动症儿童，特别是轻症小儿的临床表现很容易与正常多动儿童的举动混淆。就自制力而言，多动症儿童与正常多动儿童之间没有质的不同，只是量及频度的差别，所以在诊治上容易造成困难。如果做以下诸方面的观察，有助于多动症儿童与正常多动儿童的区别。

（1）多动症儿童的活动常无目的性，活动多有始无终，杂乱无章，不停地变换动作的花样。如上课时一会儿玩铅笔，一会儿做鬼脸逗周围同学发笑等。多动儿童的多动常常出于某种动机，欲达到某种目的，如向小朋友借橡皮用；为了表现自己，不举手就抢先回答教师的提问等。

（2）多动症儿童的行为常常不分场合，不顾后果，无法自制；多动儿童的行动受时间、地点、环境的限制而有所约束。

（3）针对多动症儿童的行为，老师家长的劝说常无效，屡教屡犯，而多动儿童在启发教育后会有所收敛，或要间隔相当一段时间才会重犯。

（4）注意力：顽皮、爱动、好奇、好学是儿童的主要特点，因此，正常儿童虽然顽皮爱动，但遇到感兴趣的、新鲜的事物时，不仅会聚精会神地去看去做，还讨厌别人干扰他的活动。多动症儿童却恰恰相反，似乎没有什么兴趣和爱好，无论玩什么、做什么都心不在焉，无法有始有终。

（5）自我控制能力：正常儿童在陌生的环境中能够约束自己，静坐静待，至少不会去干扰别人，而多动症儿童却没有这种能力。

（6）行为活动：正常儿童好动是有原因有目的的，而多动症儿童的行为往往具有冲动性、缺乏目的性。此外，多动症儿童的症状与环境有很大关系，当他们在课堂或小组学习需要受纪律的约束时，主要症状就特别明显，甚至看电视、做游戏时，也忙碌不停。

（7）治疗性观察：多动症儿童服用镇静药后不但不安静，反而更加兴奋多动；正常儿童用药后，可产生催眠镇静作用。

四、几点建议

（1）利用各种训练班，安排儿童多动症和儿童行为问题的课程，让教师对儿童多动症等有全面了解和客观认识，以便配合心理医师进行治疗，并可进行多动症儿童的教育研究。

（2）通过各种渠道让父母了解儿童心理发育的规律和特点，幼儿园和小学开家长会时可请心理医生去讲课。

（3）幼儿园或学校教师发现学生有多动症可疑倾向，可直接与心理医生联系或

嘱咐家长带孩子去心理医生处就诊，早发现，早治疗。

（4）小学可利用暑假对新招收入学的儿童举办短期"入学过渡训练班"，内容可包括参观校园、介绍小学学习情况，采用接近小学的教学方法，如采取逐渐延长上课时间的训练和适应课堂秩序的训练，从而缩短学生入学后的适应期，使其能很快进入正规学习，防止多动症发生。

（5）对多动症儿童的学业困难，可采取个别化教育和巡回辅导。

（6）要大力宣传和坚决贯彻执行有关保护儿童的法律与法规。每位家长应努力提高自身修养，遵守全国人大常委会批准的《儿童权利公约》《中华人民共和国未成年人保护法》和《九十年代中国儿童发展规划纲要》等一系列法律与法规，杜绝任意打骂孩子的行为发生，注重保障孩子的个人权利，只有这样，儿童身心健康才能得到切实的保证。

第七单元　学前儿童体育教育

【学习目标】
- 了解幼儿体育的特点及基本组织形式。
- 掌握幼儿体育教育活动的目标。
- 掌握幼儿体育教育活动的设计与实施。

模块一　学前儿童体育教育概述

一、幼儿体育的内涵

体育是人类社会发展中，根据生产和生活的需要，遵循人体身心的发展规律，以身体练习为基本手段，为增强体质、提高运动技术水平、进行思想品德教育、丰富社会文化生活而进行的一种有目的、有意识、有组织的社会活动，是伴随人类社会的发展而逐渐建立和发展起来的一个专门的科学领域。

体育有广义和狭义之分。广义的体育包括大众体育、竞技体育和学校体育；狭义的体育仅指学校体育，它是指学校系统里进行的体育，是人的全面发展教育的重要组成部分。学校体育是指按照儿童的生长发育特点与基本规律，以促进其正常的生长发育、增强体质、提高健康水平为目的所进行的一系列的教育活动。

幼儿体育教育是遵循幼儿生长发育、发展的特点和规律，以身体练习为基本手段，以促进幼儿的体质、发展幼儿的身体素质和初步运动能力，提高幼儿的健康水平和健康意识为主要目的而进行的一系列锻炼身体的教育活动。

二、幼儿体育的特点

（一）以身体练习为主要特征

幼儿体育活动，不仅需要认知活动的参与，更需要的是幼儿身体的直接参与，以动作练习为主要特征。幼儿参与体育活动的过程实质上就是完成各种身体练习的过程，因此，身体练习是幼儿体育活动最基本、最重要的手段。身体练习包括走、跑、跳、投掷、钻爬、平衡、攀登等。在活动中，幼儿的身体处于不断的运动状态，情绪非常活跃，这是与其他教育活动本质的区别。

（二）运动负荷适宜

运动负荷也称运动量，是指进行身体运动时，人体所承受的生理负荷量。它反映了运动过程中身体生理机能的变化状况。适宜的运动负荷是指在体育教学中，根据教学目标、活动内容的特点、幼儿的实际水平和教学条件，使练习和间歇性休息相互交替，以达到有效增强体质、促进幼儿身心全面发展的目的。

与成人锻炼中的负荷相比，幼儿体育活动的时间较短，需要强调节奏，做到急缓结合、动静交替。幼儿体育活动必须根据幼儿的生长发育规律和身体活动的规律、身体健康素质状况、动作发展的实际水平及基本的运动素质、身体对刺激的反应等情况，来安排适宜的活动内容和运动负荷。

（三）教学组织难度较大

幼儿体育活动多在室外开展，幼儿的学习活动也是在不断的运动中进行的，要与各种运动器械接触和相互作用，受季节、气候、场地、器材以及室外各种干扰因素的影响较大。此外，幼儿活泼好动，注意力易分散，也在一定程度上增加了教学组织的难度。

（四）体育活动的游戏化

游戏是对幼儿进行全面发展教育的重要形式。作为幼儿健康教育的重要方面，幼儿体育活动以体育游戏为基本活动形式，体育游戏也是主要的教学内容。

（五）内容简单、灵活性强

幼儿体育活动的内容以促进身体均衡发展的简单体操和发展身体基本动作的体育游戏为主。这些活动是幼儿未来学习和发展的基础，在组织时形式多样，具有动作要求低、灵活性强的特点。

（六）强调直观性和兴趣性

体育活动本身对幼儿就有很强的吸引力，而且幼儿体育活动还讲究富有变化和童趣的模仿、配乐练习、幼儿表演和创新动作等。生动形象、具体直观、注重活动过程的趣味性是幼儿体育活动的突出特点。如发展跳的动作时，可与幼儿玩"小青蛙找妈妈""我是小兔子"等游戏。

三、幼儿园体育活动的基本组织形式

按照不同的分类标准，幼儿园体育活动的组织形式有多种分类方式。比如，按照体育活动地点的不同，我们可以把它分为园内体育活动和园外体育活动，或室内体育活动和室外（户外）体育活动；按照体育活动组织的严密程度和教师指导方式的不同，我们可以把它分为正规性体育活动和非正规性体育活动。按照幼儿在园一日活动中参与体育活动的时间和内容的不同，我们通常把幼儿园体育活动的组织形式分为以下几种。

（一）早操活动

这里所指的早操活动，并非一般意义上所指的晨间体操活动，而是做操和晨间其他体育锻炼活动的总称。在天气晴好的情况下通常要求在幼儿园户外场地上进行早操活动（遇雨天，可在教室内做操，或利用走廊开展体操和小型游戏活动；在天气炎热或寒冷的季节，有条件的幼儿园可在专门的体育活动室中进行）；活动时间约半小时左右，且要求每天都按时进行；其活动形式大多采用集体（如集体做操等）和自选活动（如利用运动器械，尤其是利用各种小型器材进行的小型多样的体育游戏和活动）相结合的方式（具体内容和形式可参见本章第三节内容中"幼儿早操活动的设计"部分）。这种活动方式在全面锻炼身体、养成幼儿良好的身体姿态、培养幼儿自觉参与和积极参加身体锻炼的良好习惯等方面，都有十分重要的作用。坚持每天做操，还有利于培养幼儿持之以恒、不怕寒暑等良好的意志品质，能有效地提高幼儿机体对环境的适应力，增强幼儿对疾病的抵抗力。

（二）体育教学活动

体育教学活动（传统意义上的上课）是幼儿园体育活动的基本组织形式，它通常采用集体（全班或小组）教学活动的方式，在无特殊情况（主要指下雨或天气过热、过冷）的条件下，亦要求在户外场地上进行。体育教学活动并非每天都进行，在现今的幼儿园中，各年龄班的体育教学活动一般每周安排1~2次，且大多采用游戏的方式来进行。

延伸阅读

幼儿园体育教学活动常规

一、备课

（1）了解情况。

（2）钻研教材教法。

（3）编写课时计划（教案）。

课时计划的格式为：活动内容、活动目标、活动准备、活动过程，活动效果分析。

（4）小助手的培养和教学物质条件的准备。

二、上课

幼儿园体育课多采用"开始—基本—结束"的结构模式。

（1）开始部分。

内容：集合幼儿、整队、向幼儿简要说明课的内容要求、排队和变换队形练习、走步、慢跑步、徒手操和轻器械操等，以及提高身体素质的练习，一些动作简单的、负荷量不大的身体运动内容。

（2）基本部分。

内容：以《纲要》所规定的内容为主，选择和安排要符合科学规律性。应该根据幼儿认知活动的特点，将新内容安排在基本部分的开始阶段，以便使幼儿能有较集中的注意力、饱满的情绪和充沛的体力去学习和练习。至于能引起幼儿高度兴奋或活动量较大的游戏活动，则应该放在基本部分的后半段，以便使之与幼儿身体机能活动的水平相适应。

全课的运动负荷高峰，一般出现在基本部分，教学时要掌握好负荷的节奏。基本部分活动的时间一般约占总时间的70%左右。

（3）结束部分。

内容：一般包括两个方面，一是做一些身体放松的游戏或动作，帮助幼儿放松肌肉，消除疲劳，使幼儿的身体和情绪由高度的紧张、兴奋、激动状态逐渐过渡到相对平静的状态。二是进行本节课的简单小结，肯定和称赞幼儿的努力和成功，同时要继续激发和保持幼儿对身体活动的兴趣和积极性，并组织幼儿整理教具，养成做事有始有终的好习惯。

结束部分活动的时间约占总时间的10%左右，并视具体的活动情况增减。

三、课后辅导和复习

四、检查和评定

（三）户外体育活动

对户外体育活动的理解，我们不能笼统地认为户外体育活动泛指在"户外"进行的体育活动。如果这样理解，容易与上述两类活动混为一谈。

首先，与户外进行的体育教学活动相比，这里所指的户外体育活动，是指非正规性的体育活动。一般来说，它并不强调活动组织的严密性，且教师大多采取间接指导的活动方式来组织和实施活动，而体育教学活动作为一种正规性体育活动则往往比较强调活动组织的严密性，并且教师主要采取直接指导的方式来组织和实施活动。

其次，与户外进行的早操活动相比，早操活动一般由两部分活动组成，一是做操（这是早操活动中较为固定的常规内容），二是晨间其他体育锻炼活动。从活动形式和内容上分析，早操活动中第二部分的活动实际上是这里所指的"户外体育活动"的组成部分（可以称为晨间户外体育活动），但户外体育活动在时间的安排上更为灵活，其活动形式更加多样，活动内容也更为广泛。

户外体育活动也是幼儿园体育活动的重要组织形式。在正常情况下，户外体育活动必须在幼儿园户外场地上进行（遇特殊情况，可利用室内某些专门的"体育活动区域"，如"室内海洋球池""感觉统合训练室"等，或专门的室内体育活动场地进行活动）并确保每天活动的时间，《规程》规定幼儿每日户外体育活动不得少于1小时。在时间安排上，户外体育活动一般有两个时间段，一是晨间或上午的某个时间段，二是下午的某个时间段，活动的内容主要是器械运动或利用小型器材进行自主游戏和活动，有时也安排做操（如幼儿午睡后的户外活动）；活动的形式多种多样，但通常采用自选活动的方式。因此，户外体育活动更能发挥幼儿活动的积极性、主动性和创造性，也更有利于教师因人施教。

除上述基本组织形式外，幼儿园体育活动还有幼儿体育节、幼儿运动会、幼儿远足或短途游览等组织形式。

四、幼儿园体育活动应注意的问题

（一）早操活动

（1）做好活动前的准备工作。

（2）给幼儿提供足够的活动器材，并提供幼儿进行自选器材、自由活动的机会和条件。

（3）培养幼儿活动的创造性，全面锻炼幼儿的身体。

在活动的不同时间，指导幼儿利用同一器材或选用不同的器材尝试各种玩法，实现"一物多用"，从而培养儿童的创造力。

（4）丰富早操活动的内容。

早操活动的内容通常是教师和幼儿基本学会和掌握的内容，一般不进行新内容的学习（器材的不同玩法例外）。基本体操的内容可以一学期更换1~2次，以提高幼儿做操的积极性，培养幼儿做操的能力。做操时应注意幼儿动作姿势是否正确、到位，发现错误应及时用语言提示或提供具体的帮助方法加以纠正，并注意引导幼儿做操时动作和呼吸的配合。为避免幼儿憋气和提高做操的兴趣，教师有时可采用以声助力的方法。

（5）根据季节和气候灵活调节早操活动的时间和内容。

要注意早操活动的安全和卫生、场地的整洁、所用器材的安全和卫生、播放音乐的音量要适中等。

（6）做好个别教育工作。

（二）体育教学活动

（1）做好活动前的准备工作。

学前儿童体育活动前的准备工作包括幼儿的知识准备、活动前的场地、器材和玩具的置备和布置，熟悉活动计划及做好活动前幼儿及场地的安全、卫生工作。

（2）以积极的态度和高昂的情绪投入活动的组织和指导中去，提高学前儿童参加体育活动的兴趣。

教师的情绪、态度、语调和姿态会直接影响幼儿的情绪和兴趣。因此，教师要注意自身的言行对幼儿情绪、兴趣的影响和感染，要以积极的态度和高昂的情绪投入活动的组织和指导中去，要有高度的责任心，要有灵活性。

（3）灵活运用多种指导方式，既面向全体，又应注意个体差异，做好个别教育。

（4）控制好活动的时间。

小班体育教学的时间为15～20分钟，中班为20～25分钟，大班为30分钟。

（5）重视在活动中发展幼儿的智力，并通过建立体育活动常规，利用与活动相关的内容培养幼儿良好的品质和个性，促进幼儿身心全面健康地发展。

（6）做好活动后的复习辅导和检查评价工作。

在学前儿童体育教学中，要不断总结经验教训，不断提高自身的组织指导能力和教育教学质量。

（三）户外体育活动

户外体育活动与早操活动有一定的相似之处，但由于户外体育活动内容、活动形式等灵活性更大，因此教师要重视指导工作。

（1）保证幼儿足够的户外活动时间。

（2）提供足够的活动器械和活动内容，并提供幼儿自由活动的机会和条件。在活动的不同时间，应注意投放新的、不同的活动器材和活动内容。

（3）活动前应向幼儿提出活动的具体要求和注意事项。

户外活动中要注意观察和了解每个幼儿的具体情况，有针对性地、灵活地加以指导，注意因材施教，做好个别教育工作。

（4）启发幼儿在活动中积极思考，发展幼儿活动的创造性，应要求幼儿遵守活动规则，活动结束时，要求幼儿整理和收拾好活动器材。

特别在小型多样的体育活动中，要鼓励和引导幼儿尝试不同的玩法，创造新游戏形式，发展幼儿的创造性，增进幼儿的智力。

（5）灵活运用多种活动和指导方式开展幼儿的户外体育活动。

应加强幼儿自选活动的指导，避免活动的失控。为此，教师一方面应限制幼儿的不当或过分活动，另一方面又要调动那些态度消极的幼儿积极参与活动，达到锻炼身体的目的。

（6）注意户外体育活动的内容与其他形式的身体锻炼活动的密切配合。

（7）保证户外体育活动的安全和卫生。

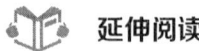 延伸阅读

幼儿体育活动的生理负荷和心理负荷

幼儿在体育活动过程中，做身体练习时要承受一定的生理负荷和心理负荷。负荷适宜才能收到较好的活动效果，过小则效果差，过多则会超过身体所承受的限度，身

体健康和活动任务都会受到不利的影响。因此，合理安排幼儿体育活动的生理负荷和心理负荷是对体育活动的一项重要要求。

一、影响生理负荷和心理负荷的因素

（1）影响生理负荷的因素主要有：强度，指单位时间的生理负荷量；时间，包括连续活动总时间、练习时间、间歇时间等；运动密度（或练习密度），指练习时间和活动总时间的比值；数量，指练习的次数、距离的总和；质量，指练习的正确规格与要求；活动项目的特点，指不同的活动项目对身体的影响不同。

（2）影响心理负荷的因素主要有：练习的难度和重复次数；教师的教态、教法、环境、气候、教具等。例如，如果教师对幼儿的要求过高，就会造成幼儿心理负荷增大，从而影响活动的效果。

二、合理安排体育活动生理负荷和心理负荷的方法

（1）合理安排每一活动的任务和内容。在制订活动计划时，要合理搭配不同性质、不同负荷和适宜数量的活动内容，并注意新老搭配、难易结合。

（2）合理安排和调节活动的节奏：组织各类活动要注意动静结合、有张有弛、兴奋与稳定、有强有弱、有快有慢。

（3）灵活运用教育方法，安排和调节体育活动的负荷。为保证体育活动的负荷合理，可采用集体、小组、个人相结合的活动形式。如要调动幼儿参与活动的积极性，可采用比赛、启发、游戏的方法；如发现幼儿情绪过于激动，可采用转移、降低声调、减缓动作的方法使幼儿的情绪平静下来。而教师的教态、情绪、表情是影响幼儿心理状态和心理活动的重要因素，教师应特别注意。

（4）充分利用场地、器械等影响活动负荷的物质因素。如果场地较小，器械少，而幼儿较多，则负荷会减少。因此，教师要采用积极主动的态度克服困难，因地制宜，提高场地及器械的利用效率。

（5）要根据幼儿体力安排和调节活动的生理负荷。教师在组织幼儿活动中，要特别注意观察幼儿体力的变化，并及时调整活动的强度、节奏等。

（6）要考虑季节、气温、营养和卫生等方面的条件。如冬季可适当增加幼儿活动的负荷，但要防止幼儿因出汗而感冒；在夏季时要适当减少活动的负荷，并及时补充水分，防止幼儿中暑或虚脱等。

（7）合理确定和改变练习的强度、数量、密度、时间等因素。

三、生理负荷的检查和评价

幼儿承受一定的练习量后，就会引起身体各器官机能的变化。练习量与反应程度成正比。

可以通过观察和仪器测量有关身体机能指标，了解幼儿身体承受的生理负荷量。教师通过看、听、问，及时了解幼儿的状况，做出正确的判断和评价，以便调整活动运动负荷。幼儿的生理负荷不应达到非常疲劳的程度，可参见下表：

幼儿活动程度的观察与判定表

项目	轻度疲劳	中度疲劳	非常疲劳
面色	稍红	相当红	十分红或苍白
汗量	不多	较多	大量出汗
呼吸	中速较快	显著加快加深	急促、表浅、节律紊乱
动作	协调、准确、步态轻稳	协调性、准确性和速度均降低	失调、步态不稳、用力颤抖
注意力和反应力	注意力集中,反应正常	注意力能集中,但不够稳定,反应减弱	注意力分散,反应迟钝
精神	情绪愉快,精神爽快	略有倦意,情绪一般	情绪疲乏,厌倦练习
食欲	饮食良好,食欲增加	食欲一般,有时略有降低	食欲降低,进食量减少,甚至有恶心呕吐现象
睡眠	入睡较快,睡眠良好	入睡较慢,睡眠一般	很难入睡,睡眠不安

模块二 幼儿园体育活动的组织与指导

一、幼儿体育教育的总目标

幼儿体育教育总目标是依据《纲要》确定的保教目标和《纲要》中规定的健康领域总目标制定的,具体表述如下。

(1)使幼儿初步掌握各类体育活动的基本方法、规则和要领。
(2)帮助幼儿认识自己身体结构的功能,掌握初步的自我保护技能和安全技能。
(3)在体育活动中促进幼儿认知能力、意志品质和个性的全面发展。
(4)促进幼儿身心正常、协调发展,增强幼儿体质。
(5)培养幼儿参加体育活动的兴趣和习惯。

在这些目标中,最后两条是幼儿体育教育的基本目标,其他目标的达成必须建立在这两个目标实现的基础之上。

二、幼儿园体育活动的设计

《纲要》中指出:"体育是促进幼儿全面发展的重要手段,开展丰富多彩的户外游戏和体育活动,用幼儿感兴趣的方式发展基本动作,培养幼儿良好的意志品质,使他们在快乐的童年生活中获得有益于身心发展的经验。"幼儿园的体育活动包括基本动作、体育游戏、体操、器械练习等。下面就基本动作和体育游戏进行说明。

（一）基本动作

1．走的教学建议

（1）幼儿走时应轻松自然，教学重点是腿的动作和躯干的正直，抬腿不过高或过低，落地要轻。

（2）采用多种手段和方法教学，发展幼儿走的能力。

（3）用散步、游览发展幼儿走的能力。

（4）在日常生活中培养幼儿走路的正确姿势。

（5）教师、家长做幼儿的表率。

各年龄班具体教学建议如下。

（1）小班。

要求：上体正直，自然走，不要求整齐与规格。

内容：听信号向指定方向走；一个跟着一个走。

参考游戏：跟着小旗走；开火车、开飞机；找找小动物。

（2）中班。

要求：上体正直，上下肢协调走，两臂前后自然摆动，走得自然、轻松、有节奏，落地要轻。

内容：听信号有节奏地走；听信号变速走。

参考游戏：听鼓声走；看信号灯走。

（3）大班。

要求：步伐均匀，有精神地走。

内容：听信号改变方向走；一对一对整齐地走。

参考游戏：看谁走得对；找朋友；两人三足。

2．跑的教学建议

（1）跑的内容和教材要多样化。

（2）跑的教学重点是腿的动作。

（3）跑要遵循人体活动规律。

（4）跑的过程中观察孩子，掌握好活动量。

（5）培养孩子正确的呼吸。

（6）注意跑的方向。

（7）小班的孩子不要求速度和节奏。

（8）中、大班可多组织些竞赛活动，培养幼儿的积极性和进取心。

各年龄班具体教学建议如下。

（1）小班。

要求：自然跑。

内容：沿场地周围跑；听信号向指定方向跑；在指定的范围内四散跑。

参考游戏：跑跑跑，跑成一个大皮球；老猫睡觉醒不了；小孩小孩真爱玩；踩影子。

（2）中班。

要求：上下肢协调，轻松跑，摆臂好。

内容：一路纵队跑；四散追逐跑；快跑，10～20米；走、跑交替，100～200米。

参考游戏：老狼老狼几点了；捉星星；抓尾巴；红绿灯。

（3）大班。

要求：上体稍前倾，两手半握拳，屈肘在体侧，前后自然摆动，用前脚掌着地跑。

内容：听信号变速、改变方向跑；快跑，20～30米；走、跑交替，200～300米。

参考游戏：走地道；人、枪、虎；扎绳、解绳比赛。

3．跳跃的教学建议

（1）跳跃教学的重点是起跳和落地。

（2）全面完成教育任务。

（3）克服孩子的害怕心理，保护幼儿的安全。

各年龄班具体教学建议如下。

（1）小班。

要求：轻轻跳起，自然落下。

内容：双脚同时向上跳；在高度15～25厘米处向下跳；双脚向前行进跳。

参考游戏：铃儿响叮当；小鸟找食；小白兔种青菜；小白兔采蘑菇。

（2）中班。

要求：屈膝摆臂，蹬地跳，落地轻，保持平衡。

内容：原地纵跳触物（物体距离幼儿高举的手指尖15～20厘米）；双脚在直线两侧行进跳；双脚立定跳远，距离不少于30厘米；双脚站立在20～30厘米处向下跳；助跑跨跳不少于40厘米的平行线。

参考游戏：种萝卜；小青蛙跳田埂；老虎捉猴子；玩溜溜布。

（3）大班。

要求：屈膝、摆臂，用力蹬地跳起，保持平衡。

内容：原地纵跳触物，物体离幼儿高举的手指尖20～25厘米；从高30～35厘米处向下跳；立定跳远不少于40厘米；助跑跨跳不少于50厘米；助跑屈腿跳过30～40厘米的高度；跳绳、跳皮筋。

参考游戏：小伞兵；小青蛙捉害虫；跳房子。

4．投掷的教学建议

（1）常讲多练，运用各种游戏方法。

（2）贯彻循序渐进的原则，逐步提高难度。

（3）不能长期运用一只手抛。

（4）常变换投掷物，增加孩子的兴趣。

各年龄班具体教学建议如下。

（1）小班。

要求：滚、抛、拍和接滚动的球。

内容：滚、接大皮球；双手抛大皮球；拍皮球。

参考游戏：熊猫滚球；学拍皮球；快快接住它。

（2）中班。

要求：肩上挥投掷物和接抛来的球。

内容：自抛自接高、低球；两人近距离抛接；投远；左右手拍球。

参考游戏：投过小河；运西瓜；火箭上天。

（3）大班。

要求：行进间拍球，变化形式拍球和集体接力拍球。肩投不仅要投远，而且要投准。

内容：2～4米间抛接大球；花样拍球；边跑边拍，边走边拍；投远，投准（距离3米左右、标靶直径60厘米）。

参考游戏：花样拍球；打雪仗；皮球真听我的话；看谁投得准。

5．钻、爬与攀登的教学建议

（1）钻、爬和跑跳相结合。

（2）注意安全。

（3）利用现有的地形、场地，多给孩子练习的机会。

（4）钻、爬，如果老师不能做示范，就要请能力强的孩子做示范。

各年龄班具体教学建议如下。

（1）小班。

要求：学会低头过障碍；手膝协调向前爬；能在攀登架上爬上爬下。

内容：钻过70厘米高的障碍物（橡皮筋或绳子）；两手两膝着地向前爬；在攀登架上爬上爬下。

参考游戏：小猫钓鱼；蚂蚁搬豆。

（2）中班。

要求：低头缩身，手脚协调地钻爬和攀登。

内容：钻过直径为60厘米的圈；手脚着地屈膝爬；手脚协调地攀登。

参考游戏：小猫搬家；网鱼。

（3）大班。

要求：在中班基础上，协调灵敏地钻爬和攀登障碍。

内容：巩固提高。

参考游戏：小猴摘桃；猫捉老鼠；钻山洞。

6．平衡的教学建议

（1）通过各种有情节的游戏活动，让幼儿被情节所吸引，减少孩子的紧张，提高效率。

（2）在有一定高度时，鼓励孩子勇敢，又要有一定帮助。

（3）在有间隔的物体上走，以孩子的小步适应为准。

（4）创造、利用现有的条件、环境，多给孩子练习的机会。

（5）坚持循序渐进的原则。

各年龄班具体教学建议如下。

（1）小班。

要求：自然走，身体不左右摇晃。

内容：在宽15～25厘米的平行线内走；在15～20厘米的斜坡上走上走下。

参考游戏：收玩具；小鹅吃草；走小路。

（2）中班。

要求：上体正直，上下肢协调。

内容：原地转1～3圈；闭眼走5～10步；在高20～30厘米，宽15～20厘米的平衡木上走。

参考游戏：小小侦察兵；唐老鸭盖房子；种小树。

（3）大班。

要求：上体正直，步子均匀，上下肢协调，动作自然。

内容：单脚站立5～10秒；单腿站，闭眼转；在有间隔的物体（砖、木板、硬纸等）上走；在平衡木上变换动作走。

参考游戏：小小飞行员；学体操。

（二）体育游戏

体育游戏又称活动性游戏，是以体育运动为基本内容，以游戏为基本形式，以发展幼儿基本动作、增强幼儿的身体素质为主要目的，具有一定的情节、角色和规则的特殊的体育活动。它在内容、形式、作用上都具有综合性的特点。幼儿园体育游戏依据不同的分类标准，可分为多种类型。

按基本活动技能分类有走、跑、跳跃、投掷、钻、爬、攀登等几类游戏。

按身体素质练习分类有力量性游戏、耐力性游戏、速度性游戏、平衡性游戏、灵敏性游戏、协调性游戏、柔韧性游戏等。

按游戏的组织形式分类有集体性游戏和分散性游戏。

按运动器械分类有球类游戏、圈类游戏、平衡板游戏、沙包游戏、垫上游戏等多种游戏。

此外，还可以按活动量大小分类、按有无游戏情节分类等。

在选择游戏时，应考虑幼儿的认知发展水平和身体机能的发展状况，注意游戏的选择应由易到难，由简到繁。

所选游戏的内容必须与幼儿身体锻炼的教育内容相一致。比如，游戏"吹泡泡"是幼儿练习圆圈走、"小兔跳跳"是幼儿练习双脚向前行进跳的游戏。

（1）游戏前的准备。

游戏前教师要在全面了解幼儿身体、能力、性格、品德等情况的基础上，熟悉游戏的内容、动作要求、玩法、规则和注意事项，准备好体育器材。

① 熟悉游戏的内容和目标。

② 考虑好开展游戏的具体步骤，包括怎样讲解（引导和示范）。

③ 选择和布置场地、运动器械。（可以和能力强的幼儿共同布置）

④ 督促、检查和帮助幼儿整理服装、鞋子。（脱去多余的衣、裤、手套、围巾等）

⑤ 了解幼儿健康状况。

（2）游戏中的组织指导。

组织幼儿，示范讲解游戏的规则、玩法要求，让幼儿分组练习，纠正动作。有角色的游戏，教师要指导游戏的扮演。

① 讲解新游戏。

② 幼儿游戏，教师观察指导。

③ 小结讲评。

④ 游戏进行中应注意的问题如下。

第一，调节活动量，注意孩子的发展。

第二，注意动作的发展。

第三，注意培养幼儿遵守规则，重视品德教育。

第四，注重安全问题。

（3）游戏结束。

掌握幼儿游戏的时间，做到幼儿充分活动而不过量，做好活动后的调节，并做简短评议。

① 组织带领幼儿放松身心，使幼儿身心逐渐平静。

② 全面与重点相结合地讲评（以鼓励为主），激发幼儿下次游戏的愿望。

③ 收拾、整理场地与器材。（可让部分幼儿参与）

【案例一】 玩纸棒（大班）

活动目标：

（1）探索纸棒的不同玩法，进一步使幼儿萌发创新与合作的意识。

（2）在玩纸棒的过程中使幼儿学习助跑跨跳过50厘米左右的平行线。

（3）在玩纸棒中进一步增强幼儿对体育活动的兴趣以及勇于克服困难的信心。

活动准备：

(1) 四根长纸棒；幼儿人手一根纸棒。

(2) 雪碧瓶若干；幼儿制作的玩具若干。

(3) 皇冠每人一个。

活动过程：

1. 准备活动

四路纵队走到四根长纸棒前，以组为单位，右手持纸棒，集体练习纸棒操。

师：让我们一起来做操吧！举一举呀，走一走；举一举呀，走一走；蹲一蹲呀，放一放；荡秋千，荡呀荡；摇小船，摇一摇呀，真快乐，天天做操身体好！

2. 探索玩纸棒的不同方法

(1) 自由玩纸棒，初次探索不同玩法，满足幼儿玩的欲望。

师：请你找一个空地方玩一玩，看谁玩的方法又多又好，还要注意安全。

(2) 请有创意玩法的幼儿在两队之间介绍并演示玩法，让其他幼儿学一学。

(3) 幼儿合作玩纸棒，进一步探索纸棒的多种玩法。

(4) 结伴说说合作玩的方法并进行示范。

(5) 采用师生互动的形式推出助跑跨跳的动作。

(6) 以组为单位用纸棒搭成不同宽度的"小河"，提示幼儿根据自己的能力选择适合自己的宽度跳过小河。

3. 综合游戏

(1) 结合游戏场地，介绍游戏玩法及规则。

师：小动物们想向我们买玩具，我们把自己做的玩具拿去送给小动物吧，但去的路上我们要走过"钢索"、跨跳过"小河"、钻过"山洞"、绕过"大树桩"、拿一样玩具再跑回原地。

(2) 第一遍游戏。

针对幼儿不好的地方进行重点讲评。

(3) 第二次游戏。

(4) 以戴"皇冠"庆祝胜利。

4. 活动结束

放松、整理活动，手持纸棒在音乐声中做拍腿、拍肩、挥手等放松运动。

案例分析：

在这个"玩纸棒"的教育活动中，针对幼儿的年龄特点和能力，提出的活动目标是发展幼儿的跳跃能力。在这个教育活动中，活动目标是最重要的。在活动过程中，教师注意发挥幼儿的主体性，让幼儿自己探索纸棒的玩法，并关注幼儿的个体差异，着重发展幼儿的助跑跨跳能力，让幼儿根据自己的能力跳过纸棒搭成的小河。在游戏环节中，教师逐渐增加动作难度，以走过"钢索"、跨跳过"小河"、钻过"山洞"、绕过"大树桩"等情节的设置，激发幼儿的运动热情和勇于克服困难的信心，使幼儿教育的问题。

体育游戏的教育性原则主要体现在培养幼儿自信、自强的品质和团结友爱的集体主义精神等优良道德风貌的塑造上。一个好的体育游戏或者说一个能较好地体现教育性原则的体育游戏应该既能表现个人价值，又能体现集体力量。为此，在设计体育游戏时，教师应有意识地把个人项目与集体项目有机结合在一起，既不搞单一的个人项目的游戏，也不搞纯粹的集体项目游戏。

（5）安全性原则。

在体育游戏的设计、组织过程中，更应强化安全第一的观念。体育游戏具有竞争、竞技和趣味性强的特点，有一定的激烈程度和完成难度，幼儿参与的欲望一般都比较强烈。这就使得幼儿在参与游戏的过程中比较"忘乎所以"，会不同程度地产生一些激动的情绪，再加上有允许自由发挥来完成游戏的余地，因此，每个幼儿完成游戏的过程可能相同，也可能不同，教师也就无法完全事先预料游戏过程会发生什么事情。因此在设计上要注意，整个游戏空间、场所、环境没有任何尖锐的棱角和坚硬的器具，不会产生撞击情况，不会因摔跤而造成伤害等。这就要求游戏应在有草坪、有木地板或地毯覆盖的平面上进行；应采用质地轻柔、棱角圆滑的木材或塑料、橡胶、泡沫、海绵等制作的器材做游戏的道具；游戏材料的立体高度不能太高，坡度不能太陡，诸如"独木桥""跷跷板""平衡木"之类的安装设计高度离开地面二三十厘米即可；游戏的固体材料或液体材料均应无毒、无臭、无刺激性、无腐蚀性。

（6）发展性原则。

由于3~6岁的幼儿在身体、心理等方面具有明显的差异性，他们在体育游戏活动中表现出来的行为也不同。

三、幼儿园体育活动的实施

（一）制定合理、科学、可行的教学目标

教学目标包括知识与技能、情感态度等方面的目标。在制定教学目标的过程中，教师首先要根据幼儿的年龄特征、实际发展水平确定基本动作的学习。如立定跳远、高跳下、直线两侧行进跳的动作适合于中班以上的幼儿，兔扑、纵跳、蛙跳的动作则适合于大班的幼儿，四散跑、听信号跑、走跑交替适合于小班的幼儿。

其次，在制定目标的过程中要考虑幼儿的社会交往能力、情感品质的培养，不能偏于技能而忽视情感态度的培养。中班"小小解放军"的目标除了学习钻、投掷的动作外，还锻炼幼儿勇敢向上的品质。

（二）活动准备充分是实施活动成功的重要保障

活动准备既有物质的准备，又有知识经验的准备；既有幼儿方面，又有教师自身的准备。在活动组织中，我们常会侧重于物质材料方面的准备，而忽略教师自身的知识技能的准备。虽然物质材料在游戏中占有重要地位，能激发幼儿对体育活动的兴趣，帮助幼儿学习和掌握动作技能，尤其是年龄越小的幼儿，在直观、形象、可触摸的物质刺激下，更能激发他们学习的兴趣。但体育活动中，教师的技能准备不可忽视，尤其在特定基本动作的学习上，教师要让幼儿获取正确的感性经验和动作技能，就必须查阅相关资料，掌握好标准动作。如正面钻的动作要求是：双手交叉抱胸低头团身，一腿屈膝，与头同时钻过圆圈，前腿跨过后站稳，重心前移，接着屈收后腿站稳。如果教师自身在练习的过程中，发现哪些动作会出错，就应该预见到幼儿有可能也会出现类似的错误，此时教师应想到：当幼儿出现类似错误时，我要如何指导？当这些准备工作做好后，教师在执教的过程中，对动作的讲解、示范、指导就能更好地把握。

（三）提升教师的指导策略，更好地组织活动

《纲要》指出：执行教育计划的过程是教师的再创造过程，教师在教育过程中应成为幼儿学习活动的支持者、合作者、引导者。这对教师的指导策略、角色定位提出了更高的要求。

1. 教师的语言要简练、生动，能吸引幼儿的注意力

生动的口头语言固然能吸引幼儿，但适当的肢体语言在某个环节的应用却胜于口头语言。如在示范侧身钻时，教师让幼儿分散在四周，以手势、表情暗示提醒幼儿注意观察老师是怎样侧身钻过圆圈的，此时幼儿的注意力专注，能认真地观察教师的动作。通过肢体语言的示范，老师再引导幼儿说说要怎样完成侧身钻的动作，这时幼儿的积极性被调动起来，争先回答，然后教师再根据幼儿的回答，将侧身钻的动作用语言进行描述，边描述边慢动作示范，在这样一静一动的示范中，幼儿对侧身钻的动作印象加深了，在练习时，动作的准确性就会提高了。

2. 有的放矢地指导幼儿学习基本动作

（1）在幼儿自由练习时，教师可充分利用幼儿榜样的影响作用，激发幼儿互相学习的兴趣。如学习侧身钻时，幼儿两三人一组进行练习，提醒幼儿在练习时要注意观察同伴的动作是否正确；如不正确错在什么地方。互相观察、互相纠正的学习氛围，既调动了幼儿练习的积极性，又能有效地发挥同伴的示范作用。此做法适用于中班下学期以上的幼儿。

（2）教师的观察、指导能力要提高。有的教师在指导时，一般只关注前排的幼儿动作掌握差不多了就进行下一环节的活动，而忽略了对后排幼儿的观察指导，其实往往后排幼儿动作出错的概率更高，导致游戏环节时很多幼儿没办法完成基本动作。有的教师指导时过于关注个别，而忽视了观察其他幼儿练习的情况，此时要求教师不仅要关注个别，还要注意观察周边幼儿练习的情况，及时提醒、暗示幼儿有序地练习。

（3）练习时应注意密度、强度的分配，避免幼儿肢体疲劳。如学习蛙跳动作时，教师要考虑动作的密度和强度的有机结合，过长时间地练习双手撑地，下蹲向前跳，有可能会使幼儿的手臂和腹部肌肉疲劳，出现酸、痛的现象。为避免这一现象，教师

的组织方式可从集体练习到分组练习或个别示范,再到集体练习,让幼儿在整个练习的环节里既有充分练习的时间,又有身心调适的休息,以达到更好的练习效果。

(4)把握重难点,从易到难地进行练习。如练习高跳下时,教师先让幼儿在20～30厘米处往下跳,掌握基本高跳下的正确动作,知道落地时前脚掌要先着地,双手后摆,屈膝保持平衡,进而过渡上升到30～40厘米的高度往下跳。此时要特别关注个体差异,教师要帮助幼儿克服心理障碍,以鼓励、帮助的方式增强其自信心,勇敢地往下跳。

(四)游戏环节的组织和指导

游戏是幼儿园的基本活动方式,作为巩固动作练习的环节,能增强幼儿对活动的兴趣,反映动作练习的掌握程度,但在这一环节中,教师应注意以下几点:(1)游戏环节的设计要合理。(2)游戏讲解应简单明了,语速要适当。在活动中,常发现教师讲解游戏玩法很清楚,但游戏时,幼儿还是不能按规则玩,于是教师就重复地强调三四遍,结果还是出错。为避免这些现象,我觉得教师在组织这一环节时,先让幼儿观察一下场地,再讲解游戏玩法,讲时语速不要过快或是多次重复,可请幼儿或是自己示范一次游戏的玩法,这样既省时又能让幼儿清楚玩法。(3)进行游戏的评价。游戏评价活动起着承上启下的作用,教师在评价时应以发展的眼光看待幼儿,既要看到幼儿的闪光点,表扬鼓励幼儿,又要针对幼儿的不足提出改正的方法,激发幼儿下次游戏的兴趣。

其实,体育活动的组织并不是那么难的,只要活动常规养成后,教师充分地利用幼儿园的环境、器材、人力和物力资源,做好课前的各项准备,就能驾驭自如地开展体育活动。

儿童民间体育游戏的改编

儿童民间体育游戏是由劳动人民自发创编,在民间广泛流传的、儿童喜闻乐见的活动。它具有形式简单、取材方便、灵活多样、内容广泛、娱乐性和竞争性强等特点,能激发儿童浓厚的兴趣,有助于儿童在体能、感知、社会性、语言等各方面得到发展。在日常教学实践中,我们对儿童民间体育游戏进行了适当的改编,并与幼儿园课程及教学内容整合,使之更好地促进幼儿各方面能力的发展。

一、增加或降低游戏玩法难度,以满足各年龄段幼儿游戏的需求

一般儿童民间体育游戏的玩法都比较单一,如"小孩小孩真爱玩"的游戏就非常简单,只要幼儿一起念诵儿歌"小孩小孩真爱玩,摸摸这个,摸摸那个,摸摸某某再回来",然后一起跑向指定的地方,仅适合小班幼儿。在和大班幼儿玩这个游戏的时候,我和幼儿共同进行了改编:一是让幼儿摸2～3个物体;二是奔跑路线中加长奔跑的

距离;三是增加障碍物,如平衡木、山洞、小桥等,使玩法多样化,既增加了游戏的趣味性,又满足了不同年龄幼儿的需求。

再如"跳格子房"的游戏,原来的游戏规则是由幼儿单脚跳过一个个格子房,仅适合中大班幼儿游戏,小班孩子玩的时候就明显难度太大了。于是,我们从降低难度的角度考虑,改变了游戏规则,让小班幼儿头戴小兔头饰,伴着小兔跳的音乐练习双脚跳格子,孩子们的兴趣极高。随着孩子经验的积累和动作的熟练,我们再逐渐增加难度,把游戏玩法改为数数跳、双脚分开跳、单脚跳和交叉跳,提高了游戏的趣味性。这样,一个游戏不同的玩法,适应了不同年龄段幼儿的游戏需要。

二、利用同一种材料,创编不同的玩法

在儿童民间体育游戏中,多数游戏是借助材料展开的,如踢毽子、玩沙包、跳绳、推铁环等。在这些游戏中,有的玩法多样,深受幼儿喜爱,但有的玩法却很单一,长时间玩会觉得乏味。我们除了改编游戏玩法之外,更想办法改进材料,使之具有不同的功能。如"推铁环"的游戏,传统玩法是用一根铁钩推着铁环走或跑,对幼儿园的幼儿来说是有一定难度的。于是,我在材料上下功夫,和孩子们一起寻找适合自己的铁钩和铁环。通过探索发现,小班幼儿适合小而宽一点的铁钩和小铁环,而中、大班幼儿则分别用中、大铁环和中粗、细铁钩。我们由此还想出了各种新的玩法,如滚铁环、推铁环、拉铁环、跳大小不同的铁环圈等。此外,我还让幼儿想一想,怎样才能让铁环在地上滚的时间更长一点。经过尝试,大家发现,在铁环向下坡路滚动时,几个幼儿共同合作推一个铁环时,铁环滚动的时间会长一些。这让我们又有了一个合作游戏的新玩法,让幼儿初步感知了力的作用和团结协作的力量,培养了幼儿的合作意识。

三、与科学、语言等领域整合,丰富游戏内容

许多儿童民间体育游戏,为了增加趣味性,常伴有儿歌;为了决定游戏的胜负,常伴有计数。在游戏中,我充分利用这一特点,除了学习原有的儿歌外,还进行了适当的内容添加,与科学、语言、艺术等领域进行整合,促进了幼儿多方面知识的学习。如"砸沙包"的民间游戏,主要以锻炼幼儿的奔跑、躲闪能力为主,其玩法是4人或4人以上一组,两边各一人,其余幼儿在中间来回跑,两边的幼儿用沙包砸中间幼儿,被砸到者为输,幼儿接住沙包为赢。在玩这个游戏时,我让幼儿和数学联系起来,通过进行砸、接沙包次数的计数,看谁被沙包砸到的次数多,谁接到的沙包多。再如"夹沙包"的游戏,其玩法是幼儿站在圈内,两脚夹住沙包跳起并向远处甩出沙包,看甩出沙包的远近,以决胜负。我让幼儿学习用不同工具,如用脚、木棍、绳子等进行测量计数。这样既达到了锻炼幼儿体质的目的,也增加了游戏的趣味性,又复习巩固了不同领域的知识内容,使民间游戏融于课程之中,实现了玩中学。

我们发现,在儿童民间游戏中,童谣占有很大的比例,这些童谣朗朗上口,十分押韵,包含许多自然、社会知识,如《数九歌》《一朵红花红又红》等。于是,我们在引导幼儿开展民间游戏的同时,也对这些游戏童谣进行了适当的改编。如童谣《小

麻雀》，原为"小麻雀，尾巴长，娶了媳妇忘了娘，咕噜咕噜把娘滚下床"。我和幼儿一起改编为"小麻雀，尾巴长，找虫子，本领强。妈妈夸，爸爸抱，麻雀乐得喳喳叫"。经过改编，内容更贴近幼儿的现实生活，也增添了游戏情趣。再如童谣《马兰花》，其中的数字数到了近一百，远远超过了幼儿的数数能力。于是，我把童谣修改为："马兰花，2和1，1234567，7654321；马兰花4和3，3456789，9876543……"这样可根据幼儿的数学知识不断递增，复习10以内的正数和倒数，使幼儿边游戏边在童谣中复习相关的知识内容。儿童民间体育游戏是承载民间传统文化的宝典，通过对儿童民间体育游戏和相关童谣的适当改编，幼儿学习民间游戏的兴趣高了，体质得到了锻炼，知识面广了，思维也活跃了。

第八单元　幼儿园健康教育活动的评价

【学习目标】
- 了解幼儿园健康教育评价活动的含义、原则及作用。
- 掌握幼儿园健康教育评价活动的内容和方法。
- 理解幼儿园健康教育评价活动的组织与实施。

模块一　幼儿园健康教育活动评价概述

　　幼儿园教育活动是一种有目的、有计划的活动。这个活动是否围绕活动目标而展开，是否能满足社会经济发展的需求，是否反映了正确的儿童观和教育观，有没有达到预期的效果，能不能促进幼儿按照社会对人的要求健康发展等，这一切都需要通过评价来获取答案。因此，评价是幼儿园教育活动整体机构的一个重要组成部分，幼儿园健康教育的评价也不例外。幼儿园健康教育评价的主要目的在于建立一种积极反馈信息的途径，从而形成有效调节和优化幼儿园健康教育过程的机制。

一、幼儿园健康教育评价的含义

（一）教育评价的含义

　　对于教育评价的含义，可以追溯到1929年美国教育家泰勒（R. Tyler）的首次提出。他认为教育评价可以对实现理想的教育目标起到促进和推动作用。但是由于人们看待问题的角度、方法不同，更由于教育评价在理论和实践上都处于探索和研究阶段，对教育评价至今还没有形成一个确切的、严谨的、公认的定义。关于教育评价的有代表性的提法有以下几个。

　　第一，教育评价是以教育为对象，对其效用基于价值上的判断；

　　第二，教育评价是利用所有可行的评价技术评价教育所预期的一切效果；

　　第三，教育评价是对照教育目标，对由于教育行为而产生的变化所进行的价值判断；

　　第四，教育评价是人们按照一定社会的教育性质、教育方针和教育政策所确立的教育目标，对所实施的各种教育活动的效果以及儿童发展水平进行的科学判定；

第五，教育评价是系统地、有步骤地从数量上测量或从性质上描述儿童的学习过程和结果，据此判定教育是否达到预期目标的一种手段。

尽管现在对如何界定教育评价还处在争论之中，但通过分析可以发现上述观点在最基本的意义上是一致的。一般来讲，教育评价具有以下几个方面的特点。

第一，教育评价是一个活动过程。它是一种特殊的、连续的活动，其中包含着一系列的步骤和方法。

第二，教育评价是有目的、有计划的活动过程。它与日常生活中的价值判断不同，是由确定目标、收集资料、分析资料、形成判断、指导行动等工作组成的活动。

第三，教育评价活动中的评价者和被评价者是统一的。在教育评价过程中，不能把评价者和被评价者孤立开来，而应该使两者在评价活动中相互合作、协同工作。

根据上述分析，我们认为，教育评价是对教育的社会价值做出判断的过程，即以教育为对象，对其效用进行价值判断的过程。幼儿园教育评价就是对幼儿教育的社会价值做出判断的过程。它以幼儿园教育为对象，对其效用进行价值上的判断。

（二）幼儿园健康教育评价的含义

幼儿园健康教育评价是指在系统地、科学地和全面地收集、整理幼儿健康教育信息的基础上，对幼儿园健康教育的社会价值和个人价值做出判断的过程。

二、幼儿园健康教育评价的原则

为了保证幼儿园健康教育评价能够对幼儿园健康教育的个人价值和社会价值做出正确的、科学的、合理的判断，在对幼儿园健康教育进行评价时，应遵循以下原则。

（一）实效性原则

注重健康教育的实际效果主要有两个方面：一是对幼儿的知识、态度、行为习惯的改善情况的评价，其中以健康行为习惯的形成率为最重要的评价指标；二是注重对幼儿生长发育水平、身心健康状况、疾病的控制情况等结果的评价，从而分析健康教育的效果。

（二）方向性原则

对幼儿园健康教育目标的实现程度做出判断，可以及时调整和纠正健康教育的方向，使之有目的、有计划地开展。

（三）发展性原则

对过程进行评价的主要功能是通过揭示存在的问题，向有关人员及时反馈信息，以促进工作的改进。通过幼儿园健康教育评价，了解幼儿的发展需要，以便为幼儿提供更适宜的帮助和指导，从而促进幼儿的发展。

（四）可行性原则

幼儿园健康教育评价应坚持较强的实践性和操作性，一方面在保证评价指标体系科学合理的同时，力求做到简便易测；另一方面，评价指标要有一致性，在同一范围内，对相同的评价对象必须采用统一的标准。

（五）客观性原则

客观性原则即要客观、科学地确定评价标准，不能主观臆断或掺杂个人感情，标准一经确立，就不能在评价过程中随意改变，避免因评价对象不同而随意变化评价标准。

（六）定量与定性相结合的原则

要使健康教育评价客观、科学，就必须对健康教育状况进行定量分析。但教育现象异常复杂，有的可定量测量，有的只能定性描述，有的需先定性再定量，有的可以直接定性，有的需先定量再定性，把定量测量转化为定性测量，所以必须将定量与定性测量结合起来，才能更全面、综合地对幼儿园健康教育做出科学、合理、全面的评价。

总之，在对幼儿园健康教育进行评价时必须遵循以上原则，力求评价的科学性和合理性。当然，由于不同地区、不同地方的托幼机构都有自己的实际情况，因此，可以根据各自的实际情况灵活运用，但都应该把评价的重点放在幼儿的发展上。

三、幼儿园健康教育评价的作用

幼儿园健康教育评价是衡量、判断幼儿园健康教育计划及其实施过程的科学性、必要性和可行性等方面最客观、最重要的方法。

（1）评价工作可以帮助了解幼儿园健康教育计划是否符合幼儿的普遍要求，是否把握了存在于幼儿中的主要健康问题。如根据幼儿生长发育指标，如身高、体重、血红蛋白等的检查结果，分析营养教育计划的可行性或必须完善之处。

（2）评价工作可以检验是否通过健康教育促进了幼儿健康态度和健康行为的改变，是否激发了幼儿学习健康知识的积极性，是否达到了健康教育的预期目标。通过评价可以不断总结健康教育的规律，观察健康教育的效果，研究不同教育方法的作用，从而探索幼儿园健康教育的最佳途径。

（3）评价工作可以加强上级机关或同行专家对幼儿园健康教育工作的监督力度，促使幼儿园按照健康教育目标、标准和要求进行规范化管理，同时也为行政、教育等部门提供对幼儿园评价考核的参考内容。

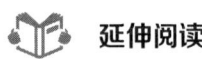 **延伸阅读**

幼儿健康教育评价的分类

从不同的角度，用不同的标准，可以将幼儿健康教育评价划分为不同的类型。

一、按评价涉及的范围可以将幼儿健康教育评价划分为以下三种类型

1. 幼儿健康教育宏观评价

幼儿健康教育宏观评价是以幼儿健康教育整个领域或涉及宏观决策方面的幼儿

健康教育问题为对象的教育评价。譬如，对幼儿健康教育的总目标、国家或地方的幼儿保健制度、特定历史时期的幼儿健康教育的发展状况等进行的评价。

2. 幼儿健康教育中观评价

幼儿健康教育中观评价是以幼儿园健康教育的开展为对象进行的教育评价。譬如，对幼儿园进行健康教育的条件的评价，对健康教学工作的评价，对日常健康教育水平的评价，对教师是否重视健康教育、能否胜任健康教育的评价，对家园健康教育一致性的评价，对幼儿园保健工作的整体评价，对幼儿常见病和传染病的患病率、发病率等方面的评价，对幼儿园卫生设施配备情况的评价，等等。

3. 幼儿健康教育微观评价

幼儿健康教育微观评价是以幼儿身心的健康发展为对象的教育评价，往往针对发展的某一方面进行。譬如，对幼儿身高、体重、血色素、心肺功能等生理指标的评价，对幼儿动作发展、言语发展、情感发展等心理指标的评价，对幼儿保持个人卫生、不偏食挑食等执行健康行为情况的评价，等等。

二、按评价的基准可以将幼儿健康教育评价划分为以下三种类型

1. 相对评价

相对评价是在被评价对象的集合总体中选取一个或若干个对象作为基准，然后将其余评价对象与基准加以比较，也可以是用某种方法将所有被评价对象排列成先后顺序的评价。譬如，进餐时，有的幼儿吃得快或吃得多或吃得干净，而有的幼儿则吃得慢或吃得少或吃得不太干净，这里的"快"与"慢"、"多"与"少"、"干净"与"不太干净"都是因人而异的相对评价。

2. 绝对评价

绝对评价是在被评价对象的集合之外确定一个客观的标准，将被评价对象与这个客观标准进行比较，并做出价值判断。幼儿健康教育的绝对评价标准往往按照幼儿园卫生保健制度、幼儿园管理条例、幼儿园健康教育目标等加以确定，不以被评价者的具体情况为转移，所有被评价对象都与客观标准对照比较。譬如，对幼儿身高、体重、血色素、心跳频率等反映幼儿生长发育及生理功能的评价就是绝对评价，其中的评价标准都有相应的科学规定。

3. 个体内差异评价

个体内差异是将被评价者集合总体中的各个对象的过去和现在进行比较，或者将某一个对象的若干侧面相比较的评价方法。譬如，某幼儿园膳食中优质蛋白占所提供的蛋白质的比例由上月的38%提高到本月的43%，评价结果是"优质蛋白质提高了，更有利于幼儿的生长"，这一结论就是通过个体内差异评价做出的；又如，评价一个幼儿园的健康教育水平，可以从幼儿健康行为的形成、健康知识的掌握及健康态度的改善等方面加以评定，对于某一幼儿而言，有可能通过评价发现其健康知识得分偏高、健康态度得分居中、健康行为得分偏低，这样可以启发教师和家长在后两方面加强

教育。

在幼儿园健康教育评价中，我们更倾向于将相对评价、绝对评价及个体内差异评价结合起来使用。

三、按评价的功能及运行的时间可以将幼儿健康教育评价划分为以下三种类型

1. 诊断性评价

诊断性评价又称前期评价，是在开展健康教育活动之前进行的预测性的评价，或者对评价对象的发展基础和条件加以测定。诊断性评价的目的在于了解评价对象的基本情况，发现存在的问题。譬如，制定健康教育计划前，要对幼儿发展状况、健康需求及兴趣有所了解，否则无法决定健康教育的内容及重点。将来在更充分地认识幼儿的兴趣和需要的基础上，再制定新的健康教育计划。

2. 形成性评价

形成性评价又称中期评价，是在健康教育活动中针对活动效果进行的持续性的评价，其目的在于及时获取反馈信息，适时调整教育进程、方法、手段，以便达成教育目标。譬如，幼儿的健康知识是否因为健康教育计划干预后产生有利的改变，这是健康教育效果的即时评价，根据即时评价结果考虑继续实施计划或修改计划。另外，教育策略的方方面面，如健康教学的艺术、环境的创设、幼儿的反应等都是评价内容。

3. 总结性评价

总结性评价又称终期评价，是在健康教育计划实施后对其终极结果进行的评价。它以预先设定的健康教育目标为依据，判断评价对象达成目标的实际水平，包括是否进一步解决了幼儿的健康问题、提高了幼儿的生活质量等幼儿健康教育工作者最关心的问题。总结性评价既是最终的评价结果，也是制定新的健康教育计划的依据。由于幼儿的身心健康还受到非行为因素和非健康因素的影响，因此，总结性评价中应实事求是，既充分肯定已取得的健康教育成果，又不有意掩盖教育中的不足之处。

四、按评价对象的复杂程度可以将幼儿健康教育评价划分为以下两种类型

1. 单项评价

单项评价是指对健康教育某一方面的评价。譬如，健康教学活动的组织水平、日常健康教育的水平、幼儿生长发育的水平、幼儿园膳食管理制度等。

2. 综合评价

综合评价是指对幼儿园健康教育的全面评价，评价范围可以涉及一个国家、一个地区或某一幼儿园。

五、按定量或定性的评价方法可以将幼儿健康教育评价划分为以下两种类型

1. 定量评价

定量评价是指在幼儿健康教育评价中采用数学方法进行定量计算或数字描述的评价。譬如，每年六一国际儿童节前后，幼儿园都要对幼儿进行身体检查，从而对幼儿的生长发育进行定量评价，其中诸如身高、体重、头围、胸围、皮下脂肪厚度、坐高、

心跳频率、血色素等都是以数字表述的。

2. 定性评价

定性评价是指对不便量化的评价对象，采用定性的方法做出价值判断。譬如，幼儿健康教育评价中使用的生长发育五等级评价法、对幼儿生活自理能力的评语等都属于定性评价。

在具体实施幼儿健康教育评价时，应注意定性评价与定量评价相结合。定量评价不以人们的主观意志为转移，而以搜集来的客观资料为依据进行科学统计，因而较为公正，但有时简单化，容易掩盖健康教育过程中的复杂性；定性评价能够考虑到健康教育过程中作为主体的幼儿的生理、心理、社会等方面的多元因素，常常通过自然情境下的观察和谈话来获得有价值的信息，因而往往不同的评价者会得出相异的结论。如何在幼儿健康教育评价中将定量分析的方法和定性分析的方法结合起来综合运用是有待进一步探讨的问题。

六、按参与评价的主体可以将幼儿健康教育评价划分为以下两种类型

1. 自我评价

自我评价是指评价者参照一定的指标，对自己的健康教育工作做出的价值判断。作为一名幼儿教师，平时也要开展自我总结和自我评定，在教育过程中不断进行自我反思和总结，以提高教育教学水平。

2. 他人评价

他人评价是指评价主体对被评价者的评价，即来自外部的评价。譬如，上级业务指导人员和其他幼儿教师观摩健康教育活动后的评价、园长和幼儿教师对幼儿生长发育情况的总体评价、幼儿教师及家长对幼儿园环境安全性的评价、幼儿教师对家长配合幼儿园进行健康教育的观念与水平的评价，等等。外部评价一般较为慎重，有时也需要较多的人力和物力才能完成。

模块二　幼儿园健康教育活动评价内容与方法

一、幼儿园健康教育活动评价的内容

学前儿童健康教育评价涉及的范围较广、内容很多。从宏观层面上讲它包括对学前儿童健康教育的整体规划的评价，对学前儿童健康教育目标、内容、组织形式和方法的评价，对进行健康学习的学前儿童的评价，对进行健康指导的幼儿园教师及其他相关人员的评价；从中观层面上讲它包括对学前儿童健康教育活动的评价，对幼儿本身生长发育和发展状况的评价（即对幼儿的健康知识、态度、行为状况的评价和幼儿

生长发育指标达成情况的评价），对卫生保健工作状况的评价；从微观层面看它则主要涉及学前儿童在健康认知水平、健康意识与态度、健康行为与习惯三个方面的评价。

根据学前儿童健康教育的实际，我们可以从两个维度讨论学前儿童健康教育的评价内容。

（一）从教育系统所包含的对象来看，包括对幼儿、教师和环境的评价

1. 对幼儿的评价

幼儿自我评价从依从性评价向独立性评价发展，从个别评价向多方面评价发展，健康状况观察、测查是幼儿健康领域的主要评价方式。对幼儿的评价具体来说包括以下几方面。

（1）具有初步的生活习惯与自理能力，具有一定的安全意识和自我保护意识，保持良好的心理状态。

（2）经常对幼儿身体发育情况及基本活动能力进行调查。

（3）充分发挥幼儿在活动中的主体作用，积极、主动地参与健康领域内的活动，在活动过程中用探索、发现去建构知识与技能，体育活动中能主动地配合教师放置、收拾器材和场地。

（4）体育活动中，幼儿能随教师的预设积极探索，愉快地投入动作的体验，情绪愉快高涨，有成功感。

2. 对教师的评价

健康领域中对教师的评价应以自评为主，园评应以自评为依据，在广泛听取各方面意见及日常保育岗位检查、幼儿健康状况及家长反馈的基础上进行全面评价。

（1）教师能关注多数孩子的健康状况，同时能注意幼儿的个体差异，能满足个别孩子的合理需求，使每位幼儿在原有的基础上得到提高。

（2）教师在健康教育活动中扮演着启发者、引导者、观察者、合作者的多重角色。虽然教师在活动中直接灌输的东西减少了，甚至取消了，但教师事先对环境、材料的准备工作、组织工作都大大增加，所以对教师的作用不应有丝毫的忽视。

（3）贯彻保教结合原则，充分利用日常生活、体育活动等各环节，培养幼儿良好的生活卫生习惯、自理能力和自我保护能力。

（4）教师应主动培养自己对体育活动的兴趣，不断提高自己的动作能力和身体素质，使自己的动作规范、充满活力，为幼儿起示范作用。

（5）健康教育活动中，教师应在可能的条件下，组织或创设合作活动的环境，并对幼儿合作过程进行引导。

3. 对环境的评价

（1）幼儿生活、活动的物质环境安全符合幼儿健康卫生要求：房屋、设备、场地安全；周围环境安静、整洁、优美；室内光线充足、通风良好、空气新鲜；桌椅高矮适合幼儿的身材；家具、电器、玩教具、书籍等符合安全卫生要求；幼儿有自己的

毛巾、喝水杯等，并按时消毒；盥洗室保持清洁卫生。

（2）通过为幼儿提供、创设丰富的符合健康领域教学内容要求的机会、情景、环境，鼓励幼儿主动思考、推理和解决问题，从而增强幼儿的健康意识，使幼儿养成健康习惯。

（3）营造宽松自由、接纳理解、尊重支持的氛围，使幼儿获得安全感，稳定情绪，主动愉快地参与各种活动。

（4）保证幼儿有充足的户外体育活动的时间，通过提供丰富的器材、宽阔的场地及游戏情节的创设，满足所有幼儿运动的需求。器材要体现出层次感，满足幼儿个体差异及对运动需要的不同兴趣爱好，满足幼儿自我评价的需要。

（二）从教育活动的过程和效果来看，包括以下几个方面的评价

1. 学前儿童健康教育活动评价

学前儿童健康教育活动评价是学前健康教育评价最重要的组成部分，主要包括过程评价和效果评价。

（1）过程评价。

过程评价是对学前儿童健康教育活动及其计划执行情况进行的价值判断，主要是对学前儿童健康教育活动目标达成情况、内容安排、组织形式、组织方法等的评价。

① 活动目标评价，具体包括：目标是否包含了认知、情感和能力三个领域的内容；目标设置是否符合学前儿童的身心发展特点，通过活动能否对儿童的身心发展起到促进作用；目标的制定是否根据儿童的实际、从本地实际情况出发，是否切实可行。

② 活动内容评价，包括：内容的选择与目标的要求是否一致；活动内容与儿童的年龄特点和实际水平是否相符；内容是否符合儿童的兴趣与需要；内容的组织主次是否分明、布局是否合理、重难点是否突出，各环节的衔接和过渡是否自然流畅。

③ 活动过程评价。活动过程评价主要包括活动方法和组织形式的评价：活动方法的选择与运用是否依据活动目标、内容以及儿童的年龄不同而变化；教的方法与学的方法是否合适；方法的运用能否使儿童在活动过程中感到情绪愉悦，儿童能否积极、主动地参与；活动的组织形式是否丰富多样，是否因材施教；活动中是否考虑到了情感、人际关系等因素的影响。

④ 活动准备和材料使用评价，包括：活动和材料准备是否考虑到活动的需求和安全卫生；物质环境创设是否符合儿童的实际和兴趣爱好；材料的准备是否能够照顾到儿童不同的发展水平；材料的使用在活动过程中是否被最大限度地利用。

⑤ 活动结果评价，即教育活动能否在不同程度上促进儿童身心发展，是否有利于儿童健康行为和习惯的养成。

（2）效果评价。

效果评价主要关注学前儿童的知识、态度和行为是否因为健康教育活动的干预而

发生有利的变化；健康教育活动是否解决了大部分学前儿童的健康问题。

学前儿童健康发展状况评价主要涉及幼儿生长发育、健康状况、健康认识行为等方面的评价。

2．幼儿发展状况评价

学前儿童健康发展状况评价主要涉及幼儿生长发育、健康状况、健康认知行为等方面的评价。

（1）生长发育评价。

生长发育是婴幼儿和青少年期所特有的生理现象，它包括身体方面的变化、心理和社会适应能力的变化等。常见的评价学前儿童生长发育的指标有形态发育指标、生理功能指标、心理发展指标、基本运动指标等。

① 形态指标，是指身体及其各部分在形态上可测的各种量度（如长、宽、围度以及重量等）。对学前儿童来说，最重要和最常用的形态指标有身高、坐高、体重、头围和胸围等。

② 生理功能指标，指身体各系统、各器官在生理功能上可测出的各种量度，如肺活量、血压、脉搏、握力、背肌力等，还有视功能（包括视力、色觉、眼位等）、听力、血功能（包括红细胞数目、血红蛋白、肝功能等）。

③ 心理发展指标，如智商测量、心理健康状况测量、社会适应能力测量等。

④ 基本运动指标，如坐、站、走、钻、跑、跳、攀、爬、蹲、投掷、平衡等能力。

（2）健康状况评价。

健康状况主要指标为患病率与发病率、营养状况等，如常见病的发病率等。

（3）健康认知行为评价。

健康认知行为评价主要是通过对幼儿的健康知识、健康态度和健康行为习惯的养成状况进行调查，来评价健康教育效果，进一步了解幼儿对健康教育的需求。

① 健康知识评价，通常采用前后对照测试的方法对幼儿健康知识水平进行评价，一般通过口头测试了解幼儿对健康知识的掌握情况。

② 健康态度评价，主要是对幼儿执行和保持健康行为的积极态度进行评价，通常是考察幼儿是积极主动还是消极被动地执行和保持某一健康行为。

③ 健康行为评价，主要是对学前儿童良好的生活、卫生、品德、行为习惯等的形成和表现进行评价。

3．卫生保健工作状况评价

幼儿卫生保健工作状况评价包括对学前儿童健康服务和健康环境的检查与评价。

（1）对学前儿童健康服务的评价。

对学前儿童健康服务的评价主要是对学前儿童的一切卫生保健措施的评价，包括卫生保健工作的领导、管理和组织，保教、保健人员的培训，卫生保教制度的制定，各种保健资料的存档，保育、保健责任的落实等。

（2）对学前儿童健康环境的评价。

学前儿童健康环境的评价主要包括物质环境和精神环境的评价。

① 物质环境评价主要包括对幼儿基本用房和活动场地等空间条件及其合理使用情况，室内外的通风、采光、绿化、安全、卫生状况，玩具、教具、家具、设备的拥有及其充分利用状况等的评价。评价一般可以通过用具消毒合格率、厨房设备及用具卫生状况、室内空气质量等指标进行评价。

② 精神环境评价主要通过对幼儿园内的人际关系（教师与教师、教师与幼儿、幼儿与幼儿之间的关系）是否融洽，是否充满温馨的情感气氛，是否有利于幼儿与人交往、互助、合作和分享，是否能满足幼儿的生活、活动、安全等各种需要，能否关注不同的个体并给予个别化的照顾、指导和咨询等的调查进行评价。精神环境评价要经过多次反复的观察和了解才能做出比较合理的评价。

二、幼儿园健康教育活动评价方法

幼儿园健康教育评价常用的方法有测验法、问卷法、观察法、访谈法等，一般要根据实际情况需要选择适宜的评价方法。

（一）测验法

测验法是根据评价内容编制定的等级量表和标准的试题，用以收集评价信息的方法。它主要用于易量化的评价对象和形成性评价，如收集教师教学效果、幼儿掌握知识与技能情况、幼儿各项体能发展状况、幼儿心理发展状况等信息，见表8-1。

表8-1 幼儿健康及体能发展记录测查表

幼儿健康及体能发展记录测查表

幼儿姓名：　　　　　　　　　　　　　　　年龄：

	项目	评价
走	能自然走：上体正直，两臂自然摆动，轻轻落地，不跺脚	
	协调、轻松地走：不低头，不东张西望，上下肢摆动自然、协调	
	听信号自然、协调、轻松地走：步伐均匀，听信号急走、改变方向走、倒走等	
跑	自然跑：两臂屈肘在体侧，头部保持正直，面向前方	
	协调、轻松地跑：上下肢协调，前脚掌着地，落地轻，躯干稍前倾	
	听信号改变方向跑和变速跑：前和后转跑，按口令或乐器节奏变化快、慢跑 听到口令后反应及时，动作准确	
跳	立定跳远60米	
	立定跳远80米	
	立定跳远100米	
	项目	评价

		续表
平衡	单脚站立10秒	
	单脚站立20秒	
	单脚站立30秒	

（二）问卷法

问卷法是通过对评价对象进行书面调查而获取评价信息的方法，主要适用于对范围广的问题进行大面积调查。调查者可以直接填写问卷，也可以通过通信方式将问卷寄发给调查对象。采用问卷法可以在短时期内获取大量的信息，但编制科学合理的问卷和获取真实的统计结果是一项技术性强、要求高的工作。

在幼儿园健康教育评价中，问卷法的主要对象是幼儿、家长、幼儿教师等。

附：影响3～6岁幼儿体质健康因素的调查问卷（家长）

"首都幼儿体质发展与体质健康促进研究"课题组

亲爱的家长：

您好！体质健康状况关系着每一名幼儿的生长发育和健康发展。我们编写此问卷目的是进一步了解影响3～6岁幼儿体质健康的因素。请您抽出几分钟时间，认真填写真实情况或选择最符合自己想法的选项，我们负责对您的问卷内容保密。衷心感谢您的参与和支持！

本问卷由填空题和选择题组成，请您根据真实情况在括号内或下划线处填写或在您赞同的选项的序号下打"√"。

1. 您的孩子年龄是（　　）岁（　　）个月。
2. 您是孩子的（　　）。
①爸爸　②妈妈　③爷爷　④奶奶　⑤外公　⑥外婆　⑦其他
3. 您的文化程度是（　　）。
①小学　②初中　③高中　④大学　⑤硕士或硕士以上
4. 您家庭住房面积约（　　）平方米（具体数值），客厅约（　　）平方米（具体数值），居住人口（　　）。
5. 您与孩子每周一起体育活动或游戏有（　　）次，每次体育活动或游戏的时间约（　　）分钟。

6. 在幼儿园以外，您的孩子平均每天户外活动的时间（　　）。
①30分钟以下　②30分钟～1小时　③1～2小时

④ 2～3 小时　　⑤ 3 小时以上

7. 您与孩子进行户外体育活动的场所通常选择在（最多选 5 项）（　　）。

① 在社区空地　② 在社区儿童乐园　③ 在社区其他健身场所

④ 在住所附近的学校　⑤ 在附近公园　⑥ 在住所附近的体育场馆

⑦ 在体育系统体育场馆　⑧ 在商业性体育场所　⑨ 其他

8. 幼儿园之外，您的孩子户外活动的主要项目（最多选三项）（　　）。

① 与家人一起户外散步　② 滑板车　③ 体操　④ 轮滑　⑤ 舞蹈

⑥ 跳绳　⑦ 武术、跆拳道　⑧ 骑童车　⑨ 游泳　⑩ 身体活动类游戏

⑪ 健身路径　⑫ 其他

9. 您认为 3～6 岁幼儿期间最重要的是（　　）（按重要程度选择 3 项）。

① 不生病　② 生活习惯培养　③ 体质发展　④ 知识学习

⑤ 技能学习　⑥ 亲子关系　⑦ 社会交流能力培养　⑧ 其他

10. 您获取有关体质与健康知识的来源（　　）（可多选）。

① 书刊、报纸　② 电视（DVD，录像）、广播　③ 互联网

④ 学校教育　⑤ 幼儿园教师的传授　⑥ 小区讲座、宣传栏

⑦ 朋友交流　⑧ 其他

11. 您通过何种方式来了解孩子的体质健康状况（　　）（可多选）。

① 幼儿园老师　② 幼儿园保健医生　③ 医院医生

④ 幼儿体质测试结果　⑤ 在家中测试　⑥ 没有想过

12. 您（　　）（①是，②否）了解评价幼儿体质健康的标准，您（　　）（①是，②否）想知道如何使幼儿体质达到优秀标准，您（　　）（①是，②否）愿意在周末让幼儿参加体质健康促进的训练营。

13. 您觉得家长与幼儿一起进行体育活动存在的主要问题是（　　）（可多选）。

① 缺乏科学的指导　② 家庭居住面积小　③ 社区缺乏体育活动场地

④ 缺乏体育器材　⑤ 体育游戏项目少　⑥ 工作忙或家务忙，没时间

⑦ 自己对体育运动的兴趣　⑧ 安全问题（运动中受伤）

⑨ 其他（注明）_____

14. 下表列出了各种影响幼儿体质健康的因素，请您根据各种因素影响程度的等级大小（"1"的回答表示该因素对幼儿体质健康影响的程度最小，"7"的回答表示该因素对幼儿体质健康影响的程度最大），在相应的空格处按影响程度等级划"√"，请每项都划。

影响因素＼影响程度	1 非常小	2 很小	3 较小	4 一般	5 较大	6 很大	7 非常大
例如：我通常很喜欢体育活动							
孩子的性别							

影响因素 \ 影响程度	1 非常小	2 很小	3 较小	4 一般	5 较大	6 很大	7 非常大
孩子的年龄							
孩子的运动能力							
家庭居住的面积							
社区体育活动场地							
社区幼儿体育游戏的器材							
家庭幼儿体育游戏的器材							
孩子对体育活动的兴趣							
家长对体育运动的兴趣							
家长的体育运动水平							
家长参与体育锻炼的热情							
周围人对体育锻炼的关注程度							
社区体育活动的开展情况							
家长的体质状况（形态、机能和运动素质）							
家长身体健康状况（是否经常患病）							
孩子的身体能量代谢水平							
宏量营养素（蛋白质、脂类、碳水化合物）							
微量营养素（矿物质、维生素）							
其他膳食成分（杂粮和水等）							
家长的文化和教育水平							
家长从事的职业/工作性质							
家庭的经济收入							
家庭居住地的小区/地理环境							
家庭居住地的医疗卫生条件							
家长对幼儿体质健康状况关注的程度							
家长对幼儿体质、健康知识的了解和掌握							
家长对幼儿体育活动方法的了解和掌握							
幼儿每天户外活动的时间							
幼儿每天户外活动的具体内容							
幼儿的性格和兴趣							
家长对体育活动的兴趣							
家长每天参加体育活动的时间							
家长工作以外可支配的时间							
亲子一起体育活动的时间							

续表

影响因素 \ 影响程度	1 非常小	2 很小	3 较小	4 一般	5 较大	6 很大	7 非常大
幼儿园的保健条件							
幼儿园室内体育活动的场地							
幼儿园户外体育活动的场地							
幼儿园体育活动的器材							
幼儿园教师促进幼儿体质健康发展的能力							
幼儿园园长对幼儿体质健康重视程度							
幼儿园体育活动课开展情况							
幼儿在幼儿园里的户外活动时间							
幼儿园的相关规章制度							

（三）观察法

观察法是评价者根据评价对象的特点和指标内涵的要求，有目的、有计划地在自然状态下（自然观察法）或控制条件下（试验观察法）观察评价对象并获取评价信息的方法。观察法主要是听和看，可充分利用录像机、照相机等仪器作为辅助工具。观察法适用面广，收集资料的机会较多，可广泛运用于幼儿园健康教育评价的各个方面，如既可运用于评价幼儿的心理和社会适应能力方面，也可运用于对幼儿日常行为的评价。

下面列举运用观察法评价幼儿洗手的及时性和干净程度等。在自然观察状态下，判定幼儿洗手属于下面的哪种情况。

（1）在成人的强烈要求下，有时甚至是强迫下，幼儿才洗手。

（2）成人帮助洗手时能够很好地配合。

（3）在成人提醒下自己洗手。

（4）能够主动使用肥皂把手洗干净。

（5）饭前、便后、活动后都能主动用肥皂把手洗干净。

（6）其他表现。

（四）访谈法

访谈法是一种口头调查法，是评价者按照访谈提纲，通过与评价对象面对面谈话或是小组座谈会的方式直接搜集信息的一种方法。访谈法适用于了解评价对象的心理状态，不受文字能力的限制。访谈时，可以根据评价对象的心理适应状况，把人群进行分类，从而较深入地了解问题。如对幼儿心理发展中的常见问题进行访谈，以便找到问题背后的原因。

附：幼儿园教师安全教育访谈提纲

（1）您是怎样理解安全教育的？幼儿安全教育的目标是什么？

（2）您认为对幼儿进行安全教育应该如何进行？您在平常是怎样教育幼儿的？通过哪些办法进行教育？

（3）您在班里开展安全教育的形式有哪几种？有没有安全主题活动？

（4）您进行的安全教育是有计划的还是随机的，有专门教材吗？

（5）您认为在经过教育后孩子们能否掌握自我保护的方法？

（6）幼儿最容易发生哪方面的伤害？为什么？

（7）您怎样理解幼儿的健康？

（8）您在幼儿一日生活环节中是如何渗透安全教育的？

（9）您认为还应该在哪些方面加强安全教育？

（10）您认为进行安全教育是否存在困难？如果有，主要指哪些方面？

（11）如果教育孩子如何防止被诱骗，应该从哪些方面入手呢？您将如何教育孩子呢？

（12）如何尽量避免幼儿在园发生意外？您有什么看法？

（13）关于幼儿的自我保护方面，您认为培养幼儿哪些方面的能力是必要的？该如何进行？

（14）您是如何看待幼儿心理安全教育的？孩子们的个性差异显著，您会针对个别孩子出现的异常心理进行专门的对待吗？

延伸阅读

幼儿体育游戏中的评价内容与技巧

《纲要》明确指出："评价是了解教育的适宜性、有效性，调整和改进工作，促进每一个幼儿发展，提高教育质量的必要手段。"正是在这个意义上，我们认为有必要研究幼儿体育游戏的评价内容和指标。

一、幼儿体育游戏的评价内容

1. 身体健康评定

对身体形态的评定，主要从身体姿势、体型等身体外部表现，并结合体格检查和幼儿体质健康标准的相关内容对幼儿做出全面科学的评定。一是对体格和体质的评定，如身高、体重、头围、胸围等。二是对体能的评价，如速度、力量、耐力、灵敏度等。三是对生活习惯的评定，如是否有健康的生活规律、是否形成了良好的身体保健意识等。

2. 体育健康知识与运动技能的评定

对幼儿体育与健康知识学习的评定主要包括：对体育与健康的认识；体育与健康对于人、社会的价值和重要性；掌握体育与健康的相关知识并能运用于实际情况；能掌握符合一定学习水平目标要求的运动技能以及运用于实际的情况。

3. 学习态度与行为表现的评定

对幼儿进行体育学习态度的评价指标包括：体育游戏活动中对待学习与练习表现是否积极？体育游戏中是否遵守纪律，表现良好？能否主动、自觉地参与体育游戏？在体育游戏过程中能否全身心地投入？能否积极主动思考，为达到目标而反复练习？能否认真接受老师的指导？

4. 情感意志与合作精神的评定

在体育游戏活动中，对幼儿的心理健康的评价主要表现在：情绪要素，即能否较好地调控自己的情绪，表现出很高的热情；自我概念要素，即能否战胜胆怯、自卑，充满自信地进行学习与练习，努力展示自我。对幼儿的社会适应能力的评价主要表现在：能否分享同伴进步与成功的喜悦，遇到困难能否勇于克服；集体活动中能否与他人积极合作，配合小组成员完成体育游戏任务等。

二、幼儿体育游戏的评价技巧

1. 语言式评价

（1）评价语言要多一些赏识与鼓励。大量实践证明，对幼儿的赏识与鼓励，不仅可以激发其学习兴趣，增强自信心，而且可以培养幼儿欣赏他人、相信自己、积极向上的品格。教师应多用肯定性词语代替否定性词语。

（2）评价语言要多一些商讨。一般情况下，幼儿不喜欢教师居高临下的训斥或说教，所以教师的评价语言应尽可能用商量探讨的语气。

（3）评价语言要多一些创新。教师的评价语言要常常推陈出新，尽可能丰富一些。例如，请一个小组的幼儿做示范时，教师可以说："你们小组的成员配合得很好，请你们给大家示范一下。"示范结束后，教师可以说："请用掌声来感谢他们。"如此，让做示范的幼儿体验到成功，让观看的幼儿学会感激与欣赏。

2. 非语言性评价

教师的评价语言，可以不拘一格，它既可以是有声的语言，也可以是无声的语言。

（1）手势。在体育教学中，手势是最常用的教学"语言"之一。当幼儿很好地完成练习，教师及时竖起大拇指，给予无声表扬；当幼儿做练习失败时，教师轻拍幼儿肩膀，做一个重新再来的手势；当幼儿跑步落后意志消沉时，教师握拳用力向他挥动，使幼儿获得奋力向前的动力，这些看似平常无声的手势拉近了教师与幼儿的距离，更能收到比直言不讳的正面教育更加有效的教育效果。

（2）目光接触。眼神在非语言性评价中用途最广。在体育教学过程中，师生之间很多信息与情感的交流,都是通过目光接触实现的。当幼儿在练习中有明显进步时,教师用赞许的目光给予肯定和激励;个别胆子较小的幼儿,做练习总是躲躲闪闪,教师要用鼓励的目光注视他,给他信心和勇气,使他相信自己一定行。

(3) 面部表情。表情是情绪表达的一种方式,也是人们交往的一种手段。表情比言语更能显示情绪的真实性。当幼儿在游戏中表现得活泼、机灵时,教师眉开眼笑,使幼儿感受到教师的认可和关注;当幼儿正确地完成一个动作后,教师给予一个真诚的微笑,幼儿会更加积极主动地完成练习。

(4) 动作暗示(点头、鼓掌、身体接触)。点头是最简单、常见的非语言信号之一。点头的常见作用是强化。幼儿在练习过程中看见教师点头,他的行为会随着教师的点头得到强化。相反,如果幼儿在练习过程中看到教师摇头,那么他的行为会随着教师的摇头得到抑制。体育教学中,掌声是教师使用较多的一种教学信号。在特定环境下,巧妙运用掌声,不仅能传达信息,有时还能起到语言无法代替的效果。当教师讲解、示范时,难免会有调皮幼儿"爱发言"、做小动作,教师"啪、啪"两声掌声,既是提醒,又是善意的批评,保护了幼儿的自尊心;当幼儿动作优美,取得进步时,教师的掌声则意味着表扬和赞赏。

在体育教学中,教师与幼儿的身体接触较为频繁,除保护、帮助等参与性身体接触外,还有教师对幼儿的表现给予肯定、鼓励、安慰、警示等的情感性身体接触。当幼儿进行队列队形练习时,个别幼儿在队伍里说笑、做小动作、精神不集中,教师轻拍该生肩膀或后背,给以警示;当幼儿做肩上投物练习,个别幼儿总是违反规则时,教师轻拍该生手臂,予以提醒,比直接点名批评的效果要好。

(5) 哨声使用。哨声具有非口头语言所能表达的语言功能。在体育教学中,哨声一般代表教师的命令和指示。当个别幼儿不认真做练习时,教师"嘟、嘟"两声短促的哨声,既是提醒,也是警告;当比赛中有幼儿违反比赛规则,教师"嘟、嘟、嘟"三声尖厉的哨声,给其黄牌警告,违规者会心知肚明,立即改正错误。

模块三 幼儿园健康教育评价的组织与实施

一、确定评价目的

确定评价目的是对学前儿童健康教育评价实施的第一步,它是评价者根据需求,拟对健康教育的哪些方面做价值判断的过程。目的的确定对评价的内容、方向、手段等都有直接的影响,对后期目标的分解和评价指标的设计起着直接的指导作用。它是评价的起点,也是落脚点。

二、设计评价目标

确定评价目标后,就要设计评价指标,以使评价过程有章可循、有标准可依。在这一阶段,要将目标进行分解,形成在目标之下的一级指标和二级指标,形成合理的指标体系。然后,确定采用多少等级来进行评价,分别赋值,并为每一指标的等级编制出相应的评价标准。最后,根据各指标在指标体系中的地位和作用,赋予一、二级指标适宜的权重值,编制出评价标准表。这一阶段最后由专业人士协助进行或辅导。

三、确定资料收集的方法

根据所设计的评价指标,确定评价资料的收集方案,做好人员分工和实施的培训。

四、实施评价、收集资料

这一阶段主要是做好宣传和动员工作,统一评价者和被评价者的思想,防止产生各种消极因素和各种抵制情绪,使有关人员抱着良好的心态和积极的参与态度参加评价工作,保证按预定的评价方案和使用设计好的评价指标开展评价活动。

实施评价过程之中和之后,要及时收集好资料,这是评价实施过程中最为费时、费力,但也是最重要、最为实质性的工作,要求评价者对资料的收集要准确、及时、有条理。

五、分析整理资料

在掌握和占有大量有关资料的基础上,评价人员要对每一具体的项目进行评分,即根据评价对象的实际状况与指标的符合程度,认定相应的分数或等级。汇总后的评分可由计算机来完成,整理后写出总结报告材料,并将汇总材料按材料项目分类归档。

六、形成评价结论

在汇总整理的基础上形成评价结论,由专人写出评价工作的总结汇报材料,并分类归档。

七、及时反馈修订

将评价结果以恰当的方式反馈给有关人员,并使其在此基础上改进健康教育措施和方法,使教育工作获得更大的进步。同时对评价过程进行反思,进一步修订评价方案,使之更完善、更合理、更科学。

【案例】 中班健康活动"蔬菜王国"

活动目标：

（1）知道几种常见蔬菜的名称和营养价值。

（2）初步掌握正确的切菜方法，会自己动手尝试做蔬菜沙拉，有安全卫生意识。

（3）喜爱蔬菜，养成喜欢吃蔬菜的意识，愿意将自己做的蔬菜沙拉与大家分享，体验成功的快乐。

活动准备：

（1）情景动画片，菜市场实景录像。各种蔬菜的彩色图片若干（萝卜、小西红柿、玉米、茄子、莴笋）。

（2）各种能制作沙拉的实物蔬菜（胡萝卜、卷心菜、黄瓜、莴笋、小西红柿、塑料小手套）、制作沙拉的调料（盐、糖、沙拉酱、醋）、制作沙拉的工具（塑料小刀、塑料小菜板、篮子、盘子若干、筷子）。

活动过程：

一、开始部分

谜语导入。

（1）谜面：像柿子，没有盖，又当水果又当菜。（谜底：西红柿）

（2）谜面：头戴绿帽子，身穿紫袍子，小小芝麻子，装满一肚子。（谜底：茄子）

二、基本部分

（一）观看动画片

播放情景动画片：一对兄妹平常不爱吃蔬菜，只喜欢吃肉，结果变得胖胖的，不能和小伙伴一起做运动，小伙伴们渐渐都不理他们了。他们在老师和好朋友的帮助下，认识到了只吃肉不吃蔬菜的危害，慢慢改变了饮食习惯，并加强锻炼，终于变瘦了，健康了，和小伙伴们一起开开心心地做游戏了。

教师通过提问引导幼儿明白吃蔬菜好处多，要养成多吃蔬菜的好习惯。

（二）观看录像：菜市场的蔬菜

为幼儿播放事先拍摄的幼儿园附近菜市场的录像，让幼儿认识各种新鲜的蔬菜。教师请小朋友说说认识的蔬菜的名字，有什么营养。教师为小朋友讲解一些不熟悉的蔬菜的知识。

（三）游戏：蔬菜商店

将准备好的各种蔬菜进行分类整理，设立蔬菜超市，带领小朋友玩超市游戏。

首先，教师先当售货员，向来超市买菜的小朋友介绍各种蔬菜的名称，营养价值。然后，请小朋友来扮演售货员，向前来买菜的小顾客推销新鲜的蔬菜。

（四）动手做蔬菜沙拉——做做尝尝

教师出示用番茄、黄瓜、胡萝卜、紫甘蓝做的沙拉，请幼儿品尝，交流蔬菜沙拉的制作方法。让幼儿分组进行沙拉制作，边吃边讲讲蔬菜的营养，学会与小朋友分享美食。

三、结束部分

在优美的乐曲中自然结束本次活动。

活动延伸：

请小朋友回家后和爸爸妈妈一起做美味的蔬菜沙拉来享用，并给爸爸妈妈讲讲这些蔬菜的营养。

活动评价：

1. 评活动目标

现在幼儿园中越来越多的幼儿不喜欢吃蔬菜，由于营养不均衡，从而出现了不少的小胖墩，还有的孩子有便秘现象，严重影响了幼儿身体的正常发育和身心健康。针对这些现实问题，教师设计了本次活动"蔬菜王国"，并将情感态度目标设定为"产生喜爱蔬菜和喜欢吃蔬菜的情感和意识"，并在此基础上提出了认知目标"知道几种常见蔬菜的名称和营养价值"，同时还考虑到幼儿的课堂参与性而制定了本次活动的技能目标"初步掌握正确的切菜方法，会自己动手尝试做蔬菜沙拉"。目标定位符合幼儿的年龄特点，难度适中，既考虑到了增加幼儿的知识储备，又满足了幼儿动手操作的兴趣需要。

活动目标的表述全面，涵盖了认知、情感态度与技能三方面的目标；角度统一；操作性强，对幼儿具有较大的吸引力。

2. 评活动准备

本次活动的物质准备充分，既有各种新鲜蔬菜，还有能够激发幼儿学习兴趣的情景动画和市场实景录像，丰富了幼儿的直观感受。同时，教师为幼儿制作蔬菜沙拉准备了科学易操作的材料，如选用了适合幼儿用的能开合的小刀；为了降低幼儿切菜的难度，把洗干净的菜切成长条形提供给幼儿等。在活动中，材料的提供最大限度地帮助了幼儿顺利完成教学任务。

3. 评活动过程

本次活动过程安排得科学合理。谜语导入的形式符合幼儿的年龄特点，在一定程度上引起了幼儿的学习兴趣。教师将本次活动的基本部分分成了四个环节来开展。

第一环节，观看动画片。教师选用了与本次活动相适宜的动画内容融入活动环节，通过观看动画片的情节，让幼儿自己去观察、感受不吃蔬菜对身体带来的危害。教师采用启发诱导法层层提问，步步深入，使幼儿逐步理解两兄妹从不爱吃蔬菜到喜欢吃蔬菜的变化过程，认识到蔬菜对身体健康的重要作用。

第二环节，观看录像，认识菜市场的蔬菜。通过观看菜市场的录像，充分调动幼儿已有的生活经验，认识自己熟悉的蔬菜，了解还不认识的蔬菜，这样更贴近幼儿生活，幼儿更乐于接受，同时也为下面的游戏做了隐性铺垫。

第三环节，游戏"蔬菜商店"。游戏是幼儿最喜爱的活动，通过游戏充分调动了幼儿已有的生活经验，使幼儿在游戏中既积极动脑思考又玩得开心。

第四环节，动手做蔬菜沙拉。在活动中幼儿通过自选蔬菜、自己切菜、自己做蔬菜沙拉，进一步丰富了生活经验，充分体验到成功的快乐，幼儿情绪高涨，在做做尝尝中将活动推向了高潮。

本次活动教师运用了启发诱导、演示、示范、游戏、操作等教学方法组织教育活动，使幼儿能够在活动中始终保持浓厚的学习兴趣，积极思维，主动参与，丰富了幼儿对蔬菜的认知经验，激发幼儿对蔬菜喜爱的情感和喜欢吃蔬菜的意识，从而顺利实现了预期的活动目标。

 延伸阅读

浅议鼓励性评价在幼儿园健康教育中的运用

健康活动是幼儿日常活动的基本形式，也是幼儿获得感官体验和提高表达能力的基本途径。鼓励性评价是健康教育中最主要的，也是最有效的手段。鼓励的最终目的是把它作为一种积极的手段，对幼儿良好的思想和行为给予肯定。恰当适时的鼓励不但可以使幼儿看到自己的长处和优点，激发幼儿的学习动机，激励其进取和自信，还会对其他幼儿的思想行为起到积极的导向作用。教师要有效发挥教学中的即时评价作用，把握评价的时机，给予恰当的评价，激发学生学习的动机，使他们建立学习的信心。

那么，教师在健康教学中应如何有效实施鼓励性评价呢？

（1）用心了解每一个幼儿——鼓励性评价的基础。教师要全面关注不同层次、不同类型的幼儿的各种心理需求；要善于发现动作学习困难幼儿的闪光点，及时鼓励他们在原有基础上有所进步；对各方面素质较好的学生，要鼓励他们向更高的目标努力。鼓励性评价要做到公正、合理、符合实际。夸张的鼓励和评价，不但不能起到积极的群体效应，而且也不会对受鼓励者产生积极的、良好的影响。

（2）细致观察每一个幼儿——鼓励性评价的依据。在活动中，教师的鼓励能促使幼儿产生积极向上的情绪，增强幼儿的自尊心和自信心，并促使幼儿将这种积极的情绪迁移到以后的健康活动中。

案例：在"跨跳"活动的幼儿自由练习环节结束后，老师说："请小朋友注意了，你跳过最多的是几个盒子，那就请你站在几个盒子的旁边。"幼儿们就选择了自己跳过最多的盒子，在旁边站好了。小鱼和佳烨两人站在了一个盒子旁边。老师鼓励了跳过四个、三个和两个盒子的小朋友，对小鱼和佳烨没有进行鼓励。小鱼和佳烨明显地在接下去的活动中兴趣不高，而且对老师的要求也是草草完成。

在这个案例中，老师没有注意到在自由练习的时候，小鱼和佳烨一开始连一个盒

第八单元　幼儿园健康教育活动的评价

子都没有跳过去，两人是在相互鼓励下，才跳过一个盒子的。她们俩在这个群体里是属于比较落后的，但是，对于她们自己来说，也是经过努力跳过一个盒子的，在自己的基础上也得到了进步，也应该值得鼓励，此时她们俩还是有比较向上的学习动机的。但是由于自己的努力没有得到老师的注意，没有得到老师的鼓励，在接下去的活动中，以及在最后的竞赛游戏中，她们俩的情绪都不是很高，学习动机明显下降，很明显地拖了小组的后腿。这样对于她们俩跨跳这个动作的完成和后续的发展是没有作用的。假如当时教师能够仔细观察她们俩，将她们作为"进步最快，坚持到底"的鼓励对象，相信在接下来的活动中，她们会很积极地参加活动，很认真地完成动作，并能对以后的健康活动产生积极的情绪影响。

（3）积极回应每一个幼儿——鼓励性评价的运用。在宽松、愉悦、不断获得鼓励的环境中，幼儿的思维才会变得活跃，教师要及时抓住幼儿稍纵即逝的新奇、独特的想法，给予赞扬，使幼儿的创造性思维得以发展；应正确对待幼儿的标新立异，多给幼儿创造性思维活动的机会，鼓励幼儿勇于尝试，并在失败面前不气馁。

案例：小班健康活动"海狮抛球"，老师拉了几根高度不一样的绳子，便于教师和幼儿检测球抛的高度是多少。一开始的时候，老师说："小海狮，你们真棒，都能够将球抛上来。"此时，老师发现檬檬没有将球按要求向上抛，而是向前抛，于是对檬檬说："你的球怎么在前面了？没有在上面。"檬檬随即将球往上抛。当然，由于不熟悉动作要领，檬檬的球抛得并不高，还没有到达最低的那根线的高度。老师又说："檬檬，就差一点点你就能将球抛得比这个线还要高了。加油！"檬檬过来轻声说："老师，你教我。"于是，老师将动作要领又示范了一遍。这下，檬檬的球越过了最低的线。老师又说："已经超过了，来，我们向第二根线进攻。"于是，檬檬经过努力越过了第二根线，最后努力地朝最高的那根线进攻。

在这个案例中，一开始由于檬檬没有听清楚动作要领，所以没有达到老师所要求的高度。经过老师正确的信息反馈，檬檬意识到了自己对这个高度可能不行，所以就来求助于老师。老师对檬檬的请求积极地进行了回应，让她觉得老师关心她。当她了解了动作要领，达到了最低的高度，老师又及时地运用了肯定性的评价，促使檬檬动作的发展，球抛起来的高度慢慢地在升高。当老师及时地给她"已经超过了"这样非常符合实际的评价和鼓励，檬檬越发得到了鼓励，学习动机得到了激发，所以就朝最高高度努力。

总之，鼓励作为健康教学中促进幼儿发展的最常用的手段之一，教师如果持有正确的鼓励观，有艺术性地对幼儿进行鼓励，就有利于幼儿选择正确的健康行为，掌握技术、技能和知识，激发幼儿的学习动机，形成幼儿之间的学习竞争行为。因此我们幼儿园老师有必要深入研究鼓励性评价，最有效地发挥它在幼儿健康教育活动中的作用。

参 考 文 献

[1] 王金洪,潘一.学前儿童健康教育[M].北京:北京出版社,2014.

[2] 许铁梅,赵永利.学前儿童健康教育[M].南京:南京大学出版社,2015.

[3] 庞建平,柳倩.学前儿童健康教育与活动指导[M].上海:华东师范大学出版社,2014.

[4] 叶平枝,徐宝良.学前儿童健康教育与活动指导[M].长沙:湖南大学出版社,2015.

[5] 单敏月.学前儿童健康教育与活动指导[M].上海:华东师范大学出版社,2014.